Surur Abdul-Hussain, Samira Baig (Hg.)
Diversity in Supervision, Coaching und Beratung

Surur Abdul-Hussain, Samira Baig (Hg.)

Diversity in Supervision, Coaching und Beratung

facultas.wuv

Bibliografische Information Der Deutschen Nationalbibliothek

Die Deutsche Nationalbibliothek verzeichnet diese Publikation in der Deutschen Nationalbibliografie; detaillierte bibliografische Daten sind im Internet über http://dnb.d-nb.de abrufbar.

Alle Angaben in diesem Fachbuch erfolgen trotz sorgfältiger Bearbeitung ohne Gewähr, eine Haftung des Autors oder des Verlages ist ausgeschlossen.

1. Auflage 2009
Copyright © 2009 Facultas Verlags- und Buchhandels AG
facultas.wuv Universitätsverlag, Berggasse 5, 1090 Wien, Österreich
Alle Rechte, insbesondere das Recht der Vervielfältigung und der Verbreitung sowie der Übersetzung, sind vorbehalten.
Umschlagfoto: One Hundred Doors © Peter Austin, istockphoto.com
Lektorat: Verena Hauser
Satz und Druck: Facultas Verlags- und Buchhandels AG
Printed in Austria
ISBN 978-3-7089-0307-1

Gedruckt mit Unterstützung des Bundesministeriums für Wissenschaft und Forschung in Wien.

Inhaltsverzeichnis

Vorwort 9

1 **Diversity – eine kleine Einführung in ein komplexes Thema**
  Surur Abdul-Hussain, Samira Baig 15
  1.1 Vielfältige Vielfalt – Diversity in Österreich 16
  1.2 Diversity – die Vielfalt der Unterschiede 27
  1.3 Managing Diversity – historische Entwicklungen 32
  1.4 Einen Umgang mit Unterschiedlichkeit finden –
      Managing Diversity 42
  1.5 Diversity in Supervision, Coaching & Beratung 48

2 **Diversity sozialpsychologisch betrachtet**
  Samira Baig 61
  2.1 Bilder im Kopf prägen unser Denken 63
  2.2 Bilder im Kopf – Abbilder gesellschaftlicher Realität 69
  2.3 Unsere Bilder und deren Auswirkungen auf andere 79
  2.4 Eine sozialpsychologisch fundierte Diversitykompetenz –
      ein erster Ansatz 84

3 **"Walk a mile in my shoes"**
  Systemische Beobachtungen von Diversität
  Sabine Eybl, Siegfried Kaltenecker 92
  3.1 Systemtheoretische Konzentrationspunkte 93
  3.2 Systemische Beratung 96
  3.3 Diversität systemisch 102
  3.4 Diversitätsbewusste Interventionen in der systemischen
      Beratung 106
  3.5 Der Nutzen der Systemtheorie für eine diversitäts-
      bewusste Beratungsarbeit 115

4 Diversitätskonzepte im Kontext politisierter Zugänge der Cultural Studies
Gabriele Bargehr 121

- 4.1 Kontextualisierung 121
- 4.2 Exkurs: Ambivalenzen in der Polarität von Sprache 122
- 4.3 Queer-Theorie und dekonstruktivistische Bewegungen .. 124
- 4.4 Cultural Studies und antirassistische Bewegungen 128
- 4.5 Diversitätskompetenz als „Verstehenspraxis" in der Beratungsarbeit 135

5 Exklusive Behinderungen! Inklusive Beratung?
Norbert Pauser 141

- 5.1 Behinderung 141
- 5.2 Inklusion 149
- 5.3 Diversity and Inclusion 157
- 5.4 Beraterische Praxis 160
- 5.5 Schlussfolgerungen 164

6 Über Diversity integrativ ko-respondieren
Grundlagen Integrativer Theorie und ihre Bedeutung für den Umgang mit Diversität
Surur Abdul-Hussain 172

- 6.1 Integration und Integrität 173
- 6.2 Das Menschenbild in der Integrativen Theorie 178
- 6.3 Intersubjektive Begegnungen 181
- 6.4 Lern- und Verstehensprozesse 189
- 6.5 Reflektieren auf mehreren Ebenen 192
- 6.6 Vielfältige Perspektiven 195
- 6.7 Conclusio 201

7 Diversitysensible Reflexion – eine mehrperspektivische und multitheoretische Herangehensweise
Surur Abdul-Hussain, Samira Baig 205

    7.1   Diversity reflektiert – Ein TOOL für SupervisorInnen, Coaches & BeraterInnen 207

AutorInnen 267

Vorwort

"All Women are White. All the Blacks are Men. Some of us are Brave." Gloria T. Hull, Patricia Bell Scott und Barbara Smith (1982) gehörten mit diesem Zitat zu jenen, die Intersektionalität, also die Verflochtenheit von strukturellen Identifizierungsmerkmalen, zum Ausdruck brachten und damit den Diskurs über Diversität in den 1980er Jahren entscheidend mitprägten. In diesem Zusammenhang thematisierten sie Dynamiken von Ausschluss- und Inklusionsprozessen, von Identitäts- und Zugehörigkeitsprozessen – zentrale Themen von Diversity, die auch für uns von Anfang an im Mittelpunkt standen und unseren intensiven Austausch über unsere Erfahrungen mit Diversität als Supervisorinnen, Coaches und Beraterinnen und als Supervisandinnen und zu Beratende bestimmten.

Zu unseren Erfahrungen zählten Beobachtungen wie die folgende, die wir exemplarisch für eine Reihe von Beobachtungen in Bezug auf das Selbstverständnis von BeraterInnen schildern möchten: Bei einer im Anschluss eines Vortrages zum Thema „Interkulturalität und Supervision" stattfindenden Diskussion meinte ein etablierter und geschätzter Kollege im Plenum, dass wir als SupervisorInnen ohnehin für die Arbeit mit unterschiedlichen Kulturen bzw. Unterschiedlichkeiten ausgebildet seien. Er erachte es allerdings für wichtig, dass sich Minderheitenangehörige aufgrund ihrer Betroffenheit mit ihrer Minderheitszugehörigkeit vermehrt auseinandersetzen sollten. Diese und ähnliche Aussagen von BeraterInnen, SupervisorInnen und Coaches zeigen die Notwendigkeit einer „Entproblematisierung" von Minderheitenzugehörigkeiten und einer „Problematisierung" von Mehrheitszugehörigkeiten.

Darüber hinaus bestätigen Erfahrungsberichte von Menschen mit Migrationshintergrund, von Frauen und Männern mit Behinderungen, von gleichgeschlechtlich liebenden Menschen, von Angehörigen verschiedener Glaubensgemeinschaften und -vorstellungen sowie von Frauen und Männern verschiedenen Alters, die aus der Perspektive der zu Beratenden von Diskriminierungen und Verletzungen ihrer Integrität berichteten, wie sehr eine vertiefende Auseinandersetzung mit Unterschieden erforderlich ist.

Hinzu kommt, dass eine Sichtung der Literatur zu den Themen Diversity und Diversity Management ergeben hat, dass mittlerweile viele Publikationen erschienen sind, die sowohl Begrifflichkeiten als auch Vorgehensweisen gut beschreiben, aber kaum eine theoretische Verortung der Konzepte und keine ausgewiesenen Hilfestellungen für den Umgang mit Diversität in Supervision, Coaching und Beratung im Speziellen anbieten.

Aus allen diesen Beobachtungen und Reflexionen entstand schließlich unser Konzept für das vorliegende Buch, das sich zum Ziel gesetzt hat, speziell für SupervisorInnen, Coaches und BeraterInnen eine Auswahl theoretisch relevanter Zugänge für eine vertiefende Auseinandersetzung mit dem Thema Diversity vorzustellen, diese praxisnah zu diskutieren und schließlich im Sinne einer integrativen Theoriebildung zusammenzuführen, um so nicht nur die Komplexität des Themas sichtbar zu machen, sondern auch die Bedeutung aller gewählten theoretischen Konzepte im Sinne einer notwendigen Mehrperspektivität herauszustreichen. Der Grundidee dieses Buches folgend ist uns bewusst, dass es mit vielen weiteren theoretischen Ansätzen erweitert werden könnte, indem beispielsweise Gender Studies, Black and Postcolonial Studies, die Psychoanalyse oder philosophische Überlegungen zur Differenz thematisiert und vernetzt werden. Unser Ziel war es, eine Verknüpfung von Theorien, auf die sich Beratung bezieht, und Theorien, die aus Empowermentbewegungen entstanden sind, vorzustellen. Vor diesem Hintergrund haben wir uns dazu entschlossen, die im Folgenden beschriebenen Ansätze exemplarisch darzustellen, um einen ersten Beitrag für den Diskurs über Diversität im Beratungskontext leisten zu können. Allen Kapiteln gemeinsam ist eine inhärente Genderperspektive und laufende Reflexion von Gender anhand praktischer Beispiele und theoretischer Bezüge.

Im ersten Kapitel dieses Buches wird der Begriff „Diversity" als Unterschiedlichkeit und Gemeinsamkeit von Menschen in ihrer Vielfalt definiert sowie demografisch und legislativ verortet. Die historische Entwicklung macht deutlich, dass Managing Diversity aus der US-amerikanischen Grassrouts-Bewegung heraus entstanden ist und dass sich mittlerweile politische, wirtschaftliche und organisationsdynamische

Ansätze entwickelt haben, die auf der individuellen, interpersonellen und organisationalen Ebene ansetzen. Darüber hinaus erläutern die Herausgeberinnen Aspekte diversitykompetenter Supervision, Coaching und Beratung.

Die Aufbereitung wesentlicher sozialpsychologischer Grundlagen im zweiten Kapitel erklärt in enger Verknüpfung mit praktischen Illustrationen, wie durch soziale Kognitionen Bilder in unseren Köpfen entstehen und unser Denken und Handeln prägen, wie wir Vorurteile und Stereotypisierungen bilden und somit an Diskriminierungsprozessen teilhaben können, auch wenn es uns nicht bewusst ist oder unabsichtlich geschieht. Darüber hinaus verdeutlicht Samira Baig die Bedeutung gesellschaftlicher Werte und Normen anhand sozialer Repräsentationen und beschäftigt sich mit Identitäts- und Machtaspekten im Zusammenhang mit Diversität. Aus diesen Überlegungen leitet sie laufend konkrete Anregungen für die Praxis ab.

Sabine Eybl und Siegfried Kaltenecker stellen im dritten Kapitel zentrale Aspekte systemischen Denkens wie zum Beispiel die Begriffe Komplexität und Kontingenz vor, um deren Bedeutung für systemische Beratung zu beleuchten und Diversität auf dieser Basis systemisch zu betrachten. Anhand von Praxisbeispielen beschreiben sie darüber hinaus den Nutzen systemischer Interventionstechniken für diversitätsbewusste Beratungsprozesse. Es wird deutlich, dass systemisch gefasste Organisationsmodelle, ein systemisches Verständnis von Komplexität und ein systemisches Interventionsverständnis einen hilfreichen Beitrag zu diversitätskompetenter Beratungsarbeit leisten.

Im vierten und fünften Kapitel werden theoretische Ansätze aus den Humanity Studies vorgestellt, welche aus gesellschaftskritischen theoretischen Diskursen der jeweiligen Empowermentbewegung heraus entstanden sind und sich mittlerweile wissenschaftlich etabliert haben.

Im vierten Kapitel beschäftigt sich Gabriele Bargehr mit der Bedeutung der Queer und Cultural Studies für den Umgang mit Diversität in der Beratungsarbeit. Sie zeigt die Bedeutung von Sprache bei der Erhaltung von Normen auf, zeichnet den poststrukturalistischen Diskurs der Queer Studies nach und thematisiert antirassistische Haltungen und Strategien mit Hilfe der Cultural Studies. Für die Praxis verknüpft sie diese Überlegungen zu einem Verständnis von Diversitätskompetenz als Verstehenspraxis.

Aus der Perspektive der Auseinandersetzung mit Behinderung thematisiert Norbert Pauser im fünften Kapitel Diversität in Beratungsprozessen, indem er Behinderung aus dem medizinischen, sozialkonstruktivistischen und aus dem Kontext der Disability Studies beschreibt und die Entwicklung von der Integration zu Diversity Management und Inklusion in der Auseinandersetzung mit Behinderung darstellt. Für die Praxis stellt er Partizipations- und Empowermentstrategien vor, die in Supervision, Coaching und Beratung umgesetzt werden können.

Im sechsten Kapitel stellt Surur Abdul-Hussain Grundzüge Integrativer Beratungstheorie vor, indem sie den Begriff Integration als Verknüpfung definiert, die Neues und Vollständigeres ermöglicht, und indem sie die ethische Prämisse der Erhaltung und Erweiterung von Integrität vorstellt. Eingebettet in das Menschenbild Integrativer Theorie erläutert sie für die Praxis verschiedene Modelle, welche ein theorieübergreifendes, mehrperspektivisches und vernetzendes Arbeiten begründen, das zu Transversalität, also zur Entwicklung übergreifender Denkarten führen kann. Anhand praktischer Beispiele und Bezüge zu den vorangegangenen Kapiteln zeigt sie die Anwendung dieser Modelle im beraterischen Alltag.

Alle genannten Zugänge werden im siebenten Kapitel in Form des Tools „Diversity reflektiert" zusammengeführt. Die Herausgeberinnen haben Fragen und Vernetzungsmöglichkeiten zur Selbstreflexion und zur Reflexion konkreter Supervisions-, Coaching- und Beratungsprozesse zusammengestellt und den theoretischen Hintergrund dieser Fragen sichtbar gemacht, wobei die Herangehensweise auf Integrativer Beratungstheorie beruht. Dieses Reflexionstool soll das Wahrnehmen von Unterschiedlichkeiten und Ähnlichkeiten in ihrer Vielfalt und Komplexität unterstützen und sichtbar machen, welche Unterschiedlichkeiten einen Unterschied machen, ohne vorhandene Ähnlichkeiten zu negieren. Denn das Wahrnehmen von Ähnlichkeiten schafft Nähe und Vertrauen und ist somit die Basis für die Auseinandersetzung mit Unterschiedlichkeiten, die aufmerksam betrachtet Beziehung und Entwicklung ermöglichen. Supervision, Coaching und Beratung können einen Raum dafür bieten.

So ein Buch schreibt sich nicht nur zu zweit und lässt sich auch nicht nur zu zweit herausgeben. Daher möchten wir uns bei jenen bedanken, ohne die dieses Buch nicht entstanden wäre. Zunächst danken wir den AutorInnen Gabriele Bargehr, Sabine Eybl, Siegfried Kaltenecker und Norbert Pauser für ihr großes Engagement, ihre Bereitschaft, sich auf das Konzept einzulassen, und das vorbehaltlose Einbringen ihrer Expertise. Für inhaltliche Impulse bedanken wir uns herzlich bei Araba Evelyn Johnston-Arthur, die nicht nur das Buch durch gemeinsame inhaltliche Diskussionen bereichert, sondern auch unsere Perspektiven durch ihre Inputs erweitert hat. Sie hat uns vorgeführt, aus gewohnten Bahnen des Denkens herauszutreten – Erfahrungen, die sehr bereichernd waren, sehr nachhaltig sind und nachwirken und immer wieder aufs Neue helfen, verkrustete (gesellschaftlich beeinflusste) Mechanismen zu erkennen und subtile Ausschlussmechanismen (auch die eigenen) zu thematisieren. Roland Engel danken wir als Experte für Diversity Management für seine Unterstützung und insbesondere für die engagierte Durchsicht der US-amerikanischen historischen Entwicklungen und seine ergänzenden Anmerkungen. Hilarion G. Petzold danken wir ganz besonders für die Begründung der Integrativen Theorie als bereichernde Hilfestellung im Umgang mit Diversität und darüber hinaus für seine Bemühungen und seine erweiternden und kritischen Anmerkungen zur Darstellung der Integrativen Theorie.

Verena Hauser hat uns anfangs als Programmleiterin unterstützt und blieb uns danach als kritische und wohlwollende Diskussionspartnerin, großzügige Freundin und Beraterin und nicht zu vergessen als engagierte Lektorin kontinuierliche Wegbegleiterin bei diesem Projekt. Vielen herzlichen Dank!

Schließlich möchten wir uns sehr herzlich bei Cornelia Posch für ihren kontinuierlichen Rückhalt, ihr großes Engagement und ihre hilfreiche Unterstützung als Programmleiterin von facultas.wuv bedanken.

Die Erarbeitung dieses Buches hat uns viele Türen geöffnet, hinter welchen wir die Breite und Vielfältigkeit des Themas Diversity erblicken konnten, und wir hoffen, dass es Ihnen mit diesem Buch ähnlich ergeht.

Surur Abdul-Hussain & Samira Baig

1 Diversity – eine kleine Einführung in ein komplexes Thema

Surur Abdul-Hussain, Samira Baig

Globalisierung und Gleichstellungsbemühungen gehen Hand in Hand, wenn es um die Auseinandersetzung mit Vielfalt und Unterschieden bzw. Diversität oder Diversity in Ländern, Gesellschaften, Organisationen und Unternehmen geht. Betrachtet man die Mitgliedstaaten der Europäischen Union, dann verändert sich die Altersstruktur von MitarbeiterInnen, homosexuelle Menschen haben das Recht, offen zu leben, fast jedes EU-Land ist mittlerweile ein Einwanderungsland und die gesetzliche Lage für sowie die Förderung von Menschen mit Behinderung verbessert sich zusehends. All diese Aspekte und noch viele mehr führen zu sichtbarer und wahrnehmbarer Vielfalt in unseren Lebens- und Berufszusammenhängen. Nicht immer ist diese Diversität angenehm und oft wird sie zur Herausforderung. Wie sollen wir miteinander umgehen? Wer spricht aus welcher Position? Sagt sie das „nur" weil sie behindert ist? Ist ein schwuler Mann nicht zu sehr selbst betroffen, um über Homosexualität in Supervision, Beratung und Coaching zu reden? Haben Mehrheitsgesellschaftsangehörige ausreichend Empathie, um zu Diversitätszugehörigkeiten Stellung nehmen zu können? Missverständnisse, Verletzungen, Verwirrungen und Konflikte können den Umgang mit Unterschieden erschweren und werden so auch immer mehr zum Thema in Supervision, Coaching und Beratung.

Mit diesem ersten Kapitel wollen wir zentrale Aspekte und Entwicklungen von Diversity und Managing Diversity beleuchten. Dazu betrachten wir zunächst die demografische und rechtliche Situation in Österreich, um den gesellschaftlichen Rahmen zu verdeutlichen. Anschließend gehen wir dazu über, den Begriff Diversity zu klären. Über die historischen Entwicklungen von Managing Diversity in den USA, welche in einem kurzen Abriss die Bedeutung der Empowermentbewegung sichtbar machen, wenden wir uns dem Konzept Managing Diversity und damit der Umsetzungsebene zu. Schließlich werden diese Darstellungen mit Supervision, Coaching und Beratung verknüpft und zentrale Aspekte für diversitykompetente berufliche und psychosoziale Beratung abgeleitet.

1.1 Vielfältige Vielfalt – Diversity in Österreich

In Österreich kann erst seit der Jahrtausendwende von einer Verbreitung und öffentlichen Thematisierung von Diversity und Managing Diversity gesprochen werden. Rechtliche Aspekte wie die Richtlinien der EU oder die Verabschiedung der Novellierung des Gleichbehandlungsgesetzes (GlBG 2004), darauf basierende politische Entwicklungen hin zu Geschlechterdemokratie und gesamtgesellschaftliche Gleichstellungsbestrebungen, aber auch demografische Veränderungen, die Forderungen der US-amerikanischen Firmen an ihre Niederlassungen in Österreich sowie Globalisierungsprozesse und die damit verbundene Mobilität können als Katalysatoren für die Entwicklungen von Managing Diversity in Österreich gesehen werden. Im Folgenden wird ein Überblick über die demografischen Aspekte und die rechtliche Situation vorgenommen, um deutlich zu machen, in welchem Kontext Managing Diversity in Österreich stattfindet.

1.1.1 Zahlen, Daten & Fakten

2002 hat die Europäische Kommission eine Eurobarometer-Studie über Einstellungen der EU-Mitbürgerinnen und -Mitbürger zu Vielfalt und Diskriminierung in Auftrag gegeben (Europäische Kommission 2003, S. 10). Untersucht wurden Einstellungen zu den Kerndimensionen Geschlecht, Alter, Ethnie/Herkunft, Behinderung und sexuelle Orientierung: Rund drei Viertel der EU-Mitbürgerinnen und -Mitbürger sind davon überzeugt, dass Menschen mit Behinderungen wie auch ältere Menschen im Arbeitsleben benachteiligt sind. Mehr als die Hälfte denkt, dass Menschen ethnischer Minderheiten von Diskriminierungen im Berufsleben betroffen sind. Ein geringerer Anteil der EU-Bevölkerung gibt an, dass auch Jugendliche und homosexuelle Menschen im Arbeitsleben diskriminiert werden. Darüber hinaus sprach sich die Mehrzahl der EU-BürgerInnen (je nach EU-Staat 70 bis 90%) gegen eine Diskriminierung aus Gründen der Geschlechtszugehörigkeit, der ethnischen Herkunft, der Religion oder Weltanschauung, einer Behinderung, des

Alters oder der sexuellen Orientierung in den vier Bereichen Arbeitsplatz, Bildungsbereich, Wohnung/Unterkunft und Dienstleistungen aus. In der Regel gaben die Befragten an, es sei „meistens ungerecht" oder „immer ungerecht", jemanden zu diskriminieren. (Vgl. ebd., S. 11) Diese Studie zeigt, dass die meisten EU-BürgerInnen davon überzeugt sind, dass Mitbürgerinnen und Mitbürger aufgrund ihres Alters, einer Behinderung, der ethnischen Zugehörigkeit und der sexuellen Orientierung im Arbeitsleben diskriminiert werden. Genauso viele EU-BürgerInnen sprechen sich aber auch gegen diese Diskriminierungen und jene aufgrund des Geschlechts sowie der Religion oder Weltanschauung aus.

Wie viele Österreicherinnen und Österreicher könnten von Diskriminierung aufgrund dieser Kernbereiche betroffen sein?

Frauen und Männer

Strukturelle Diskriminierungen aufgrund des Geschlechts spiegeln sich nach wie vor in Statistiken über Frauen und Männer wider. Das Bundeskanzleramt hat daher statistische Analysen zu geschlechtsspezifischen Unterschieden herausgegeben (2007) und damit interessantes Zahlenmaterial zu den verschiedensten Lebensbereichen bereitgestellt.

Im Jahr 2006 waren 51% der Bevölkerung als weiblich und 49% als männlich erfasst, wobei im langjährigen Durchschnitt 5% mehr Jungen geboren werden, die Lebenserwartung von Frauen mit einer Differenz von 5,6 Jahren nach wie vor deutlich höher liegt und die Sterblichkeit von Männern mit zunehmendem Alter steigt. Die Lebenserwartung von Männern und Frauen nähert sich laut Prognose der STATISTIK AUSTRIA jedoch an (vgl. Bundeskanzleramt – Bundesministerin für Frauen 2007, S. 4f.). Es ist zu vermuten, dass diese Prognose auf dem vermehrten Einsatz von Gesundheitsvorsorgeprogrammen für Männer beruht.

Das Bildungsniveau der Frauen ist seit den 1960er Jahren deutlich angestiegen. Frauen und Männer schließen zu gleichem Prozentanteil (14%) mit Matura ab und der Unterschied bezüglich einer abgeschlossenen Hochschulbildung beträgt nur noch 2 Prozentpunkte (Männer: 11% und Frauen: 9%) (vgl. ebd., S. 12). Vor allem bei den Einkommensverteilungsprognosen wird vermutet, dass sich das steigende Bildungsniveau von Frauen im Einkommen niederschlagen wird.

Als Zeichen der Veränderung von Geschlechtsrollenbildern können die Zahlen über die Verteilung der Haushaltsführung gelesen werden. Der Anteil an ausschließlich haushaltsführenden Frauen ist in den letzten Jahrzehnten deutlich gesunken: Lediglich 9% der Frauen sind ausschließlich „Hausfrauen" (1951 waren es noch 27%), bei Männern sind es 2 von 1000 (vgl. ebd., S. 9).

Dementsprechend deutlich hat sich die Erwerbstätigenquote der Geschlechter verändert: 64% der Frauen und 77% der Männer sind erwerbstätig (vgl. ebd., S. 18). Diese im Sinne eines geschlechterdemokratischen Verständnisses gut klingenden Zahlen müssen jedoch kritisch betrachtet werden, wenn man die Teilzeitarbeitsquote in den Blick nimmt: 84% der Frauen und 7% der Männer (vgl. ebd., S. 31). Mehr als die Hälfte der teilzeitbeschäftigten Frauen (1997 waren es noch 65%) führt die Betreuung von Kindern oder Erwachsenen bzw. andere familiäre Gründe als Motiv für die Teilzeitarbeit an. 15% der Männer begründen ihre Teilzeitbeschäftigung auf die gleiche Weise (vgl. ebd., S. 33). In diesen Zahlen wird die sich sehr langsam verändernde Verteilung der Betreuungsarbeit deutlich. Interessant ist noch, dass 11% der teilzeitbeschäftigten Frauen und 16% der teilzeitbeschäftigten Männer keine Vollzeitarbeit gefunden haben (vgl. ebd.). Hier kommen Veränderungen der Erwerbsstruktur zum Tragen.

Eng verbunden mit der Teilzeitarbeitsquote sind die Einkommensunterschiede, wonach das Einkommen von Frauen 60% des Vergleichswertes von Männern darstellt (vgl. ebd., S. 38). Zudem sind Einkommensunterschiede auch branchenabhängig: So waren beispielsweise 2005 80% der Frauen im Gesundheits-, Veterinär- und Sozialwesen beschäftigt, d. h. in einer Branche mit niedrigem Lohnniveau (vgl. ebd.). Die aus den 1970er Jahren stammende Forderung „Gleiches Geld für gleiche (gleichwertige) Arbeit" ist demnach nicht erfüllt. In Supervision, Coaching und Beratung können sich daraus vielfältige Themen wie Karriereverläufe, Umgang mit Betreuungspflichten, Stundenverteilungen, Gehaltseinbußen – bis hin zu Working Poor u. Ä. ergeben.

Altersverteilung

Im Jahr 2008 zeigte sich die Altersverteilung in Österreich wie folgt:

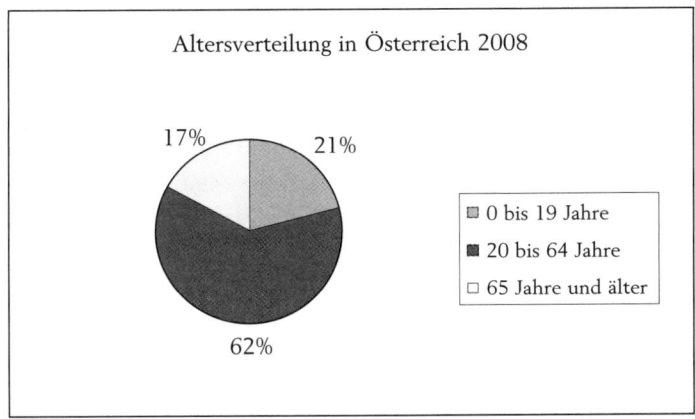

Abb. 1: Altersverteilung in Österreich 2008 (Quelle: STATISTIK AUSTRIA)

Somit stellen Kinder und Jugendliche in Österreich aktuell (2008) etwa ein Fünftel der Bevölkerung dar. Mehr als die Hälfte der Wohnbevölkerung ist im erwerbsfähigen Alter und mit etwa 17% leben im Vergleich zu den Kindern und Jugendlichen nur 4% weniger Menschen im nicht mehr erwerbsfähigen Alter in Österreich. Der Bevölkerungsanteil von Menschen über 60 Jahren hat sich in den letzten 50 Jahren fast verdoppelt, was darauf hinweist, dass sich auch im Arbeitsleben die Altersstruktur noch weiter verändern wird und der Umgang mit Alter, Altern und Altersunterschieden immer häufiger zum Thema wird (vgl. STATISTIK AUSTRIA).

Ausländische MitbürgerInnen

Die Diversitätskategorie „ethnische Herkunft" steht zusammen mit der Religionszugehörigkeit im Mittelpunkt des öffentlichen Medieninteresses. Umso interessanter sind in diesem Feld die Zahlen: Der Bevölkerungsanteil jener Menschen, die keine österreichische Staatsbürgerschaft haben, beträgt am 1.1.2008 10,3% der österreichischen Gesamtbevölkerung, wobei etwa ein Drittel davon in Wien lebt. Jede 10. Person in Österreich ist somit eingewandert. Rund 87% der ausländischen Bevölkerung ist aus Europa (Aufteilung siehe Abbildung 2), davon sind etwa 35% aus den EU-Staaten. Einen nicht unerheblichen Anteil stellen dabei deutsche MitbürgerInnen (17%) dar, die unserer Beobachtung nach im Alltag zwar als „Deutsche", aber weniger als „AusländerInnen" wahrgenommen werden. Nur 2,5% der MigrantInnen ohne österreichische Staatsbürgerschaft sind vom afrikanischen Kontinent eingewandert. Diese Zahl steht im völligen Gegensatz zur Medienberichterstattung, die afroösterreichische MitbürgerInnen[1] in das Zentrum der negativen Berichterstattung über AusländerInnen in Österreich stellt (vgl. STATISTIK AUSTRIA). Multinationale Teams sind zum Teil schon Arbeitsalltag und prägen berufliche Zusammenhänge zunehmend, ebenso wie Integrationsdiskurse die Medien und das Zusammenleben ganz allgemein beeinflussen.

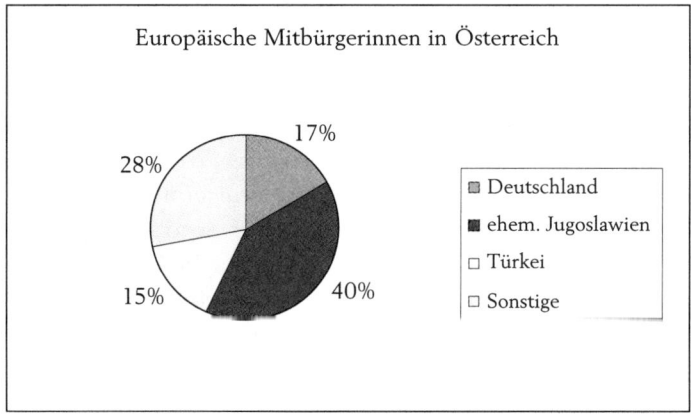

Abb. 2: Europäische MitbürgerInnen in Österreich
(Quelle: STATISTIK AUSTRIA)

---

[1] Mit „afroösterreichischen MitbürgerInnen" bezeichnen wir alle MitbürgerInnen erster und Folgegenerationen, die aus dem afrikanischen Kontinent eingewandert sind und daher unterschiedliche Hautfarbe, ethnische und nationale Herkunft sowie unterschiedlichen Aufenthaltsstatus in Österreich haben.

Religionen

War das religiöse Glaubensbekenntnis noch vor etwa einem Jahrzehnt eher eine Privatsache, so ist es mittlerweile wesentlich stärker in das öffentliche Interesse gerückt und wird auch am Arbeitsplatz durch jeweilige religionsspezifische Tages- und Jahresstrukturierungen oder Essgewohnheiten zunehmend zum Thema.

Die aktuelle Statistik über die Verteilung der Religionszugehörigkeit in Österreich geht auf die letzte Volkszählung 2001 zurück und wurde von der STATISTIK AUSTRIA erhoben. Laut dieser Statistik definieren sich rund drei Viertel der österreichischen Bevölkerung als römisch-katholisch. An zweiter Stelle rangiert die Gruppe von Menschen ohne Bekenntnis mit ca. 12%. Mit etwa 4,7% und 4,2% folgen die Mitglieder der evangelischen Kirche und der Islamischen Glaubensgemeinschaft. Die Israelitische Religionsgemeinschaft umfasst im Jahre 2001 0,1% der österreichischen Bevölkerung (vgl. Bundespressedienst Österreich 2007, S. 9). Auch wenn sich die Zahlen in den letzten Jahren etwas verändert haben: Die Mitglieder der römisch-katholischen Kirche bilden eine deutliche Mehrheit in Österreich. Dementsprechend gelten die römisch-katholischen Feiertage als arbeits- und schulfreie Tage, während andere religiöse Feiertage in der Jahresstruktur keine Berücksichtigung finden. Im Gegensatz zur Medienpräsenz und der dort verbreiteten Mächtigkeit von MuslimInnen zeigt sich in der Statistik ein deutlich unterrepräsentiertes Bild. Die geringe Anzahl von jüdischen MitbürgerInnen macht die Gräueltaten des Nationalsozialismus deutlich.

Menschen mit Behinderungen

In Österreich werden Behinderungen nach einem komplexen Verfahren prozentuell eingeschätzt und dementsprechend werden Menschen mit Behinderungen begünstigt bzw. gefördert. Zahlen liegen nur für jene Menschen mit Behinderungen vor, deren Behinderungsgrad mit mindestens 30% eingeschätzt wurde. Alle anderen Menschen mit Behinderungen sind hier nicht erfasst.

Laut den aktuellen Zahlen des Bundesministeriums für Sicherheit und Konsumentenschutz (2007) leben 93.624 Menschen mit Behinderung in Österreich, die Begünstigungen in Anspruch nehmen können.

Das ist etwa 1% der gesamten Bevölkerung. Es gilt zu bedenken, dass hiermit lediglich Personen erfasst sind, die staatliche Begünstigungen erfahren.

Die Benennung „Behinderung" birgt meist die Vorstellung in sich, dass es sich um sichtbare Einschränkungen handelt. Dagegen zeigt die Statistik, dass ca. bei der Hälfte der Personen die Behinderung nicht sichtbar bzw. nicht unmittelbar erkennbar ist (vgl. Stuber 2004, S. 52). Die Thematisierung und Reflexion von sichtbaren, aber gerade auch von nicht sichtbaren oder nicht unmittelbar erkennbaren Behinderungen kann in beruflichen wie privaten Zusammenhängen und damit auch in Supervision, Coaching und Beratung zur Herausforderung für alle Beteiligten werden.

Interessant ist außerdem, dass von diesen 1% begünstigten Menschen mit Behinderungen etwa 60% Männer und 40% Frauen sind. Damit sind Männer deutlich stärker von Behinderungen betroffen als Frauen. 66% der begünstigten Menschen mit Behinderungen sind erwerbstätig (vgl. Bundesministerium für Sicherheit und Konsumentenschutz 2007).

Sexuelle Orientierung

Für diesen der sechs Kernbereiche von Diversity (siehe Kapitel 1.2.1) ist es nicht möglich, Zahlen zu finden, da alleine die Erhebung problematisch ist. Die Schwierigkeiten in der Erhebung stehen in Zusammenhang mit Diskriminierungen. Viele gleich- oder mehrgeschlechtlich liebende Menschen werden nach wie vor in ihrem Lebens- und Berufsalltag diskriminiert, sodass es nicht allen möglich ist, sich zu „outen". Diese Ausschlussmechanismen oder die Furcht davor führen selbst im Supervisions- und Beratungssetting dazu, dass es schwierig ist, sexuelle Orientierung zu thematisieren.

Organisationen, wie zum Beispiel Versicherungen oder Wohnbaugenossenschaften, die über die Anzahl ihrer lesbischen und schwulen Kundinnen und Kunden Auskunft geben könnten, weil sie gleichgeschlechtliche Paare anerkennen, unterliegen korrekterweise dem Datenschutzgesetz. Von den BesucherInnenzahlen der jährlich in Wien stattfindenden Regenbogenparade, einer Veranstaltung zur Anerkennung von Lesben, Schwulen, bisexuellen, transgender, transsexuellen und intersexuellen Menschen, auszugehen, gibt nicht wirklich Auskunft, da nicht alle BesucherInnen gleichgeschlechtlich Liebende sind, nicht alle homo- und bisexuellen Menschen teilnehmen und die Teilnehmenden nicht ausschließlich aus Österreich kommen. Wenn Österreich die eingetragene PartnerInnenschaft für gleichgeschlechtliche Paare realisierte, könnten erste Statistiken über die Anzahl von Paaren erstellt werden, die dieses Recht in Anspruch nehmen.

1.1.2 Die rechtliche Lage

Seit Ende der 1990er Jahre erfolgen in der Europäischen Union besonders engagierte Maßnahmen zur Förderung von Gleichstellung und der Anerkennung von Vielfalt in den EU-Staaten. Als Ausgangspunkt dieser Bestrebungen kann der Amsterdamer Vertrag (1999) und im Besonderen dessen Artikel 13 gesehen werden, wonach der Europäische Rat dazu beauftragt wurde, geeignete Vorkehrungen zu treffen, um Diskriminierungen aus Gründen des Geschlechts, der Rasse, der ethnischen Herkunft, der Religion oder der Weltanschauung, einer Behinderung, des Alters oder der sexuellen Orientierung zu bekämpfen. Großbritannien und die Niederlande begannen aufgrund ihres Einwanderungsstatus bereits Anfang der 1990er Jahre mit Gleichstellungsmaßnahmen, vor allem in Bezug auf die Unterschiedlichkeit von Ethnie und Hautfarbe. Dieser Artikel 13 bildete die Basis für die darauffolgenden Richtlinien und Aktionsprogramme der Europäischen Gemeinschaft, um Diskriminierungen aus den genannten Gründen zu bekämpfen und ihnen entgegenzuwirken (vgl. Stuber 2004, S. 41; Gutschlhofer 2006, S. 44f.):

- Richtlinie 2000/43/EG: Sie verbietet die Diskriminierung aus Gründen der Rasse oder der ethnischen Herkunft im zivilrechtlichen Kontext. Dieser betrifft die Bereiche Beschäftigung, Bildung, Bereitstellung von Gütern und Dienstleistungen sowie Sozialschutz.
- Richtlinie 2000/78/EG: Sie verbietet Diskriminierungen im Kontext von Beschäftigung und Beruf. Hier werden Diskriminierungen aus Gründen der Religion oder Weltanschauung, einer Behinderung, des Alters oder der sexuellen Orientierung untersagt. Die Richtlinie sieht die Umsetzung dieser Vorgaben in nationales Recht bis zum Ende des Jahres 2003 vor.

- Aktionsprogramm der Gemeinschaft zur Beseitigung von Diskriminierungen (Beschluss 2000/750/EG): Dieses Programm unterstützt und ergänzt die Richtlinien. Gefördert werden Informations- sowie Erfahrungsaustausch und die Verbreitung bewährter Verfahren durch verschiedene Förderungsschienen und -maßnahmen.

In Österreich finden diese Richtlinien zum einen im Bundes-Behinderten-Gleichstellungsgesetz (BGStG), das mit 1.1.2006 in Kraft getreten ist, und zum anderen mit dem 2004 in Kraft getretenen Gleichbehandlungsgesetz (GlBG) ihre Entsprechungen. Das GlBG besteht aus fünf Teilen, welche folgende Bereiche regeln (vgl. GlBG):
- Teil 1: Gleichbehandlung von Frauen und Männern in der Arbeitswelt
- Teil 2: Gleichbehandlung in der Arbeitswelt ohne Unterschied der ethnischen Zugehörigkeit, der Religion oder Weltanschauung, des Alters oder der sexuellen Orientierung (Antidiskriminierung)
- Teil 3: Gleichbehandlung ohne Unterschied der ethnischen Zugehörigkeit in sonstigen Bereichen (Antirassismus)
- Teil 4: Grundsätze für die Regelung der Gleichbehandlung im Arbeitsleben in der Land- und Forstwirtschaft.
- Teil 5: Schlussbestimmungen

Vor allem Teil 1 und Teil 2 haben und werden noch weitreichende Auswirkungen auf Unternehmen und Organisationen haben, weil sie sich auf das Arbeitsleben beziehen und verschiedene Formen von Diskriminierung verbieten: unmittelbare und mittelbare Diskriminierungen, Belästigung und Anweisung zur Diskriminierung und Benachteiligung (vgl. Gutschlhofer 2006, S. 46):

„Eine unmittelbare Diskriminierung liegt vor, wenn eine Person aufgrund ihrer ethnischen Zugehörigkeit, ihrer Religion oder Weltanschauung, ihres Alters, ihrer sexuellen Orientierung oder ihres Geschlechts in einer vergleichbaren Situation eine weniger günstige Behandlung erfährt, als eine andere Person erfährt, erfahren hat oder erfahren würde." (§ 5, Abs. 1; vgl. auch § 19 Abs. 1 GlBG)

„Eine *mittelbare* Diskriminierung liegt vor, wenn dem Anschein nach neutrale Vorschriften, Kriterien oder Verfahren Personen, die einem Geschlecht oder einer ethnischen Gruppe angehören, oder Personen mit einer bestimmten Religion oder Weltanschauung, eines bestimmten Alters oder einer bestimmten sexuellen Orientierung in besonderer Weise benachteiligen können, es sei denn die betreffenden Vorschriften, Kriterien oder Verfahren sind angemessen und erforderlich und durch ein rechtmäßiges Ziel sachlich gerechtfertigt." (§ 5 Abs. 2; vgl auch § 19 Abs. 2 GlBG)

Eine *Belästigung* kann mit der ethnischen Zugehörigkeit, der Religion oder Weltanschauung, dem Alter, der sexuellen Orientierung oder dem Geschlecht in Zusammenhang stehen. „Dabei handelt es sich um eine unerwünschte Verhaltensweise, welche die Würde der betroffenen Person verletzt, für sie unangebracht, unerwünscht oder anstößig ist und ein einschüchterndes, feindseliges, entwürdigendes, beleidigendes oder demütigendes Umfeld für die betroffene Person schafft" (ebd.).

Auch eine Anweisung zu Diskriminierung und Belästigung wird als Diskriminierung gesehen.

Im Zusammenhang des GlBG ist besonders hervorzuheben, dass es eine Beweislasterleichterung vorsieht, wonach die betroffene Person die Diskriminierung lediglich glaubhaft machen muss, während die oder der Beklagte Beweise erbringen muss, dass ein anderes Motiv für die Ungleichbehandlung vorliegt bzw. dieses Motiv wahrscheinlicher ist.

Der Bereich der unmittelbaren Diskriminierung liegt klar in der Verantwortung von Gleichbehandlungsstellen und Gleichbehandlungsbeauftragten. Die Bereiche der mittelbaren Diskriminierung und der Belästigung bzw. die Anweisung zu Diskriminierung und Belästigung liegen zwar auch im Aufgabenbereich der Gleichbehandlungsstellen, stellen aber auch deutliche Handlungsfelder für Managing Diversity in Unternehmen und Organisationen, aber auch in Supervision, Coaching und Beratung dar, weil sich in diesen Handlungen Strukturen und Kulturen zeigen, die den Arbeitszusammenhang besonders deutlich prägen. Sexistische, rassistische und homophobe Äußerungen gehören mit dem GlBG nicht mehr zu den Kavaliersdelikten in österreichischen Unternehmen und Organisationen. Mit der Verbreitung des GlBG ist anzunehmen, dass Unterschiede im Geschlecht, der ethnischen Zugehörigkeit, der Religion oder Weltanschauung, des Alters, einer Behinderung oder der sexuellen Orientierung auch in Supervisionen verstärkt zum Thema gemacht werden. Supervisorinnen und Supervisoren sind in diesem Zusammenhang zwar nicht dazu aufgefordert, das GlBG im Detail zu kennen, es ist aber sicher hilfreich, einen Überblick zu haben und zu wissen, dass in Wien und den Bundesländern Anwaltschaften für Gleichbehandlung (GAW) eingerichtet wurden, an die sich von Diskriminierungen betroffene Personen wenden können. Ein Hinweis auf die GAW könnte das Leid von so manchem Supervisanden oder so mancher Supervisandin vielleicht deutlich verkürzen. Die GAW ist zuständig für Beratung und Unterstützung, rechtliche Verfahren sowie Bewusstseinsbildung und Öffentlichkeitsarbeit.

Den Ausführungen zu den gesetzlichen Rahmenbedingungen im Arbeitsleben sei nur kurz angefügt, dass nach einer in der österreichischen Tageszeitung „Der Standard" veröffentlichten Studie in Bezug auf die Integration von Migrantinnen und Migranten Österreich zu den Schlusslichtern gehört (vgl. Der Standard 03.11.2007). Diese Studie wurde von gut einem Dutzend europäischer Organisationen, welche einen europäischen Integrationsindex entwickelt und gemessen haben, in der EU durchgeführt und stellt einen beachtlichen Ländervergleich dar. Insbesondere das im März 2006 verabschiedete Fremdenrechtspaket hat zu einer Verschärfung der Situation in Österreich geführt. So liegt Österreich in den Bereichen „Zugang zum Arbeitsmarkt", „Möglichkeiten, längerfristig im Land bleiben zu können" und „Diskriminierung von Migrantinnen und Migranten" zwischen Platz 18 und 22 der 28 EU-Länder. Das Schlusslicht bildet Österreich sowohl bei der Einbürgerung wie auch beim Familiennachzug (vgl. ebd.).

Ein noch deutlicheres Schlusslicht bildet Österreich bei der Anerkennung gleichgeschlechtlicher Lebensgemeinschaften, welche trotz laufender politischer Bemühungen nach wie vor ohne rechtliche Absicherung bestehen. Vorbildlich hingegen ist Österreich, was die rechtliche Anerkennung des Islam betrifft. Eine legislative Auseinandersetzung besteht bereits seit der Donaumonarchie, als Bosnien-Herzegowina zu Österreich-Ungarn gehörte, und aufgrund der geografischen Nähe zur Türkei. Seit dem 15. Juli 1912 werden MuslimInnen nach hanafitischem Ritus (eine islamische Rechtsschule) als Religionsgesellschaft in

Österreich anerkannt und mit anderen Religionsgemeinschaften gleichgestellt (vgl. Schmied 2005, S. 194).

1.2 Diversity – die Vielfalt der Unterschiede

Wie bereits eingangs erwähnt, bedeutet Diversity nichts anderes als Vielfalt und Unterschiede. Konkret bezieht sich der Begriff auf die Vielfalt von Menschen, die sich aufgrund ihrer Unterschiede ergibt. Es wird davon ausgegangen, dass Menschen sich in vielerlei Hinsicht voneinander unterscheiden und keine bzw. keiner der oder dem anderen gleicht (vgl. Stuber 2004, S. 15). Da dieses breite Verständnis von Diversity die Gefahr der Verwässerung in sich birgt, indem es alles und nichts umschreibt (vgl. Überacker 2004, S. 12), wurden unterschiedliche Aspekte formuliert, die dabei unterstützen sollen, die Vielfalt bzw. Unterschiedlichkeiten der Menschen konkreter zu benennen. Waren es anfangs die zwei Kerndimensionen Geschlecht und Ethnizität, gibt es auch Zugänge, die zwischen direkt wahrnehmbaren und indirekt wahrnehmbaren Unterschieden differenzieren (vgl. Stuber 2004, S. 17f.; vgl. Finke 2005, S. 39f.). Bei dem Versuch, Vielfalt und Unterschiedlichkeit in Bezug auf die Individualität der Menschen mit konkreten Aspekten zu beschreiben, besteht die Gefahr, die Komplexität der vielfältigen Aspekte, die Menschen ausmacht und voneinander unterscheidet, zu reduzieren. Und es entsteht ein Verständnis von Vielfalt, das auf Unterschiede fokussiert (vgl. Stuber 2004, S. 16). Es steht nicht mehr die Individualität im Vordergrund, sondern die Kategorie- und Gruppenzugehörigkeit sowie Bilder von verallgemeinernden Identitätsvorstellungen, wie zum Beispiel von *der* Frau, *dem* Türken etc. Es entwickeln sich stereotype Annahmen über die Angehörigen der jeweiligen Kategorie, wobei Unterschiede innerhalb der Kategorie ausgeblendet werden (Krell 2004, S. 42). Denn Frau ist nicht nur Frau, sondern sie ist auch hetero-, bi- oder homosexuell, sie kann blind oder querschnittgelähmt sein oder auch nicht, sie ist Muslimin, Jüdin oder hat ein anderes Religionsbekenntnis etc. Das heißt, Menschen derselben (Geschlechter[2]-)Kategorie

---

[2] Der Plural von Geschlecht weist auf die Inklusion von biologisch weiblicher und männlicher Geschlechtszuordnung sowie von Intersexualität und Transsexualität hin und soll weitere Möglichkeiten menschlicher Physis offenhalten.

können sich gleichzeitig in vielerlei Aspekten voneinander unterscheiden, während andererseits Menschen unterschiedlicher Genderausprägungen auch viele Gemeinsamkeiten miteinander teilen können, wie Werte und Erfahrungen aufgrund gemeinsamer Aspekte (wie Religion, Ethnizität, Alter etc.).

Die erwähnte Komplexitätsreduktion, die in Stereotypisierung münden kann, hat noch weitere Konsequenzen, die Michael Stuber (2004, S. 18) folgendermaßen beschreibt: „Ein besonderes Risiko besteht in der Reduzierung der ausgewählten Unterscheidungsfaktoren bei gleichzeitiger Betonung von Unterschiedlichkeit im Sinne von (trennendem) Anderssein. So entstehen allzu leicht klassische Feindbilder zwischen einigen wenigen Gruppen: diejenigen, die der Norm entsprechen, also ‚normal' sind, und denen, die sich unterscheiden. Stattdessen erweisen sich Ansätze als vorteilhaft, die einerseits darauf verweisen, dass jeder Mensch angesichts zahlloser Faktoren ein einmaliges Individuum darstellt, und gleichzeitig betonen, dass wir vieles gemeinsam haben, uns also in einigen Faktoren ähneln."

In diesem Sinne braucht es ein Verständnis von Vielfalt als Unterschiede UND Gemeinsamkeiten und ein Modell dazu, das diesem Verständnis gerecht wird, indem es Vielfalt möglichst differenziert abbildet und gleichzeitig auch hilft, Gemeinsamkeiten sichtbar zu machen.

1.2.1 Four Layers of Diversity

Lee Gardenswartz und Anita Rowe haben ein Modell entwickelt, das mittlerweile auch in Europa weit verbreitet ist und als State of the Art bezüglich der Beschreibung von Vielfalt und Unterschiedlichkeiten angesehen werden kann – die *Four Layers of Diversity* (vgl. Gardenswartz/Rowe 1998, S. 24–40; vgl. Gardenswartz/Rowe 2003, S. 31–65).

Diversity – die Vielfalt der Unterschiede

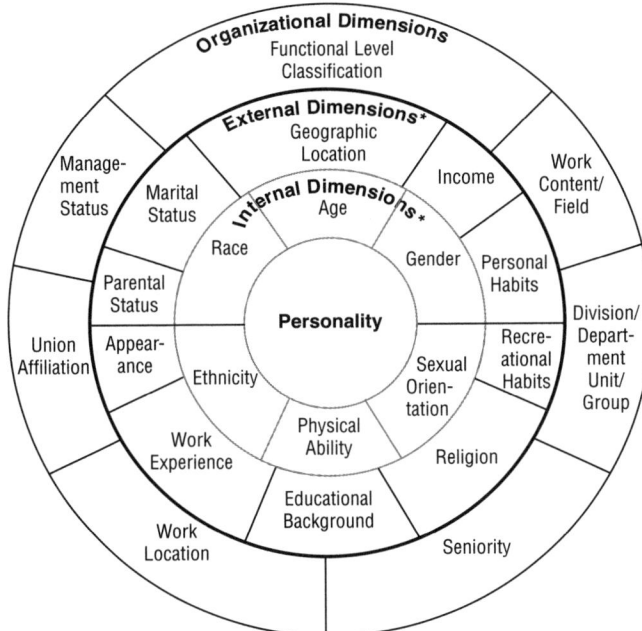

Abb. 3: *Four Layers of Diversity* (Quelle: Gardenswartz/Rowe 2003)

Die Persönlichkeit im Zentrum

Im Zentrum dieses Modells steht die Persönlichkeit – als einzigartige Kombination persönlicher Charakteristika, die uns alle voneinander unterscheidet und die unsere Interaktion mit anderen prägt. Neben dieser einzigartigen Individualität haben Gardenswartz und Rowe eine Reihe anderer Dimensionen beschrieben, bezüglich derer sich Menschen unterscheiden oder bezüglich derer wir einander ähnlich sind: die *internal Dimensions*, die *external Dimensions* und die *organizational Dimensions*.

Internal Dimensions

Die *internal Dimensions* benennen die Kategorien, die wir selbst nicht beeinflussen können, sondern die gegeben sind, die wir mit anderen gemeinsam haben oder auch nicht. Diese Dimensionen sind Alter, Geschlecht, sexuelle Orientierung, physische Einschränkungen, ethnische Herkunft und Hautfarbe (vgl. Gardenswartz/Rowe 1998, S. 24–31; vgl. Gardenswartz/Rowe 2003, S. 31f.).

Die *internal Dimensions* sind die sogenannten Kerndimensionen von Diversity, die meist als grundlegende Kriterien angeführt werden, wenn es darum geht, Diversity, im Sinne von Vielfalt und Unterschiedlichkeit, zu benennen. Diese Benennung der Kerndimensionen macht sichtbar, dass wir bei aller Individualität wesentliche Aspekte mit anderen teilen, die uns gleichzeitig von wiederum anderen unterscheiden – und das ohne unser Zutun. Das Alter: Es zeigen sich immer wieder generationsbedingte Unterschiede in den Werten, Erwartungen und Normen von MitzwanzigerInnen und KollegInnen in den Vierzigern und Fünfzigern – vor allem in Bezug auf die Loyalität dem Unternehmen gegenüber, auf Sicherheitsdenken, Flexibilität und Arbeitsmoral könnte das der Fall sein (vgl. Gardenswartz/Rowe 2003, S. 37). Ebenso ist nach wie vor zu beobachten, dass das biologische Geschlecht mit unterschiedlichen Sozialisationsbedingungen und daraus folgenden Erwartungen und Zuschreibungen einhergeht.

Ähnlich wie auch die anderen erwähnten Kerndimensionen zeichnen sie sich dadurch aus, dass sie bei aller Individualität zentrale Aspekte beschreiben, die die Persönlichkeit prägen und einen Unterschied machen. Sie beeinflussen die Filter, mit denen wahrgenommen wird, und in weiterer Folge die Erfahrungen und Möglichkeiten im Leben, indem sie un(er)klärbare und frustrierende Barrieren entstehen lassen, die sich in Form von (institutioneller) Diskriminierung, wie Rassismus, Sexismus, Ageism etc., im Alltag niederschlagen. Ziel ist es, diese Unterschiede sichtbar zu machen und zu benennen. Das steht im Gegensatz zum Gleichheitsdenken, im Zuge dessen Unterschiede negiert werden, und geht hin zu einem Gleichstellungsdenken, das sich dadurch auszeichnet, dass alle die Möglichkeit haben, gewünschte Ziele zu erreichen. Dazu ist es notwendig, Rahmenbedingungen zu schaffen, die auf Unterschiedlichkeiten Rücksicht nehmen, und dementsprechend im Sinne der Chancengleichheit adäquate Ausgangsbedingungen für alle zu bieten (Stuber 2004, S. 108).

External Dimensions

Lee Gardenswartz und Anita Rowe unterscheiden neben den Kerndimensionen die sogenannten *external Dimensions*, die eher äußere Faktoren darstellen und somit von jeder bzw. jedem Einzelnen mehr oder weniger beeinflussbar sind und ebenso die Persönlichkeit in ihrer Individualität prägen (vgl. Gardenswartz/Rowe 1998, S. 31; vgl. Gardenswartz/Rowe 2003, S. 45). Hier werden Religionszugehörigkeit, Familienstand, Ausbildung, Einkommen, Elternschaft, Erscheinungsbild bzw. Aussehen, Gewohnheiten (wie Rauchen, Trinken etc.), Hobbys, geografische Herkunft (wie Wohnort, Gegend der Kindheit etc.) und Arbeitserfahrung hinzugezählt (vgl. Gardenswartz/Rowe 1998, S. 31–35; vgl. Gardenswartz/Rowe 2003, S. 45–52).

Aufbauend auf den *Four Layers of Diversity* hat die Austrian Society for Diversity diverse Abänderungen und Adaptionen für den deutschsprachigen Raum vorgenommen, indem sie die Aspekte soziale Schicht und Sprache/Dialekt ergänzt und durch die farbliche Aufbereitung die Diskussion über Religion als *internal* oder *external Dimension* sichtbar gemacht hat.

Auch an den *external Dimensions* lässt sich gut zeigen, wie hinderlich Gleichheitsdenken sein kann. Denn wenn die Haltung besteht, dass alle gleich sind und alle tun können, was sie wollen, so zeigt sich spätestens bei nicht anerkannten religiösen Feiertagen, bei der Abstimmung der Urlaubsplanung im Team zwischen Eltern und Singles etc., wie sehr auch diese Aspekte einen Unterschied machen.

Organizational Dimensions

Da Diversity auch ein zentrales wirtschaftliches Thema für Unternehmen und für die Zusammenarbeit der MitarbeiterInnen darstellt, haben Lee Gardenswartz und Anita Rowe neben den persönlichen und sozialen Einflüssen auch Dimensionen auf organisatorischer Ebene formuliert, die einen Unterschied im Arbeitsalltag machen: Funktion/Einstufung, Arbeitsinhalte/Tätigkeitsfeld, Abteilung/Einheit/Gruppe, Dauer der Zugehörigkeit, Arbeitsort, Gewerkschaftszugehörigkeit und Managementstatus (vgl. Gardenswartz/Rowe 1998, S. 35ff.; vgl. Gardenswartz/Rowe 2003, S. 53–57). Die in Bezug auf österreichische Gegebenheiten adaptierte Version der Austrian Society of Diversity benennt neben der Gewerkschaftszugehörigkeit auch die Parteizugehörigkeit und führt als weiteren Organisationsaspekt „Netzwerke" an. Während die ersten drei Dimensionen für sämtliche (psychosoziale) Beratungsformen relevant sind, kommen die organisationalen Dimensionen besonders im supervisorischen Kontext zum Tragen, weil sie die Interaktion der SupervisandInnen wesentlich mitbestimmen.

Das Verständnis von Diversity als Wertschätzung der Individualität (siehe oben) hat den Vorteil, dass es so weit gefasst und offen formuliert ist, dass Subtypisierungen und Stereotypisierung erschwert werden. Auf der anderen Seite jedoch bleibt es wenig konkret. Die *Four Layers of Diversity* bieten in diesem Sinne die Möglichkeit, Vielfalt in ihren unterschiedlichen Aspekten sichtbar, benennbar und somit fassbar zu machen und gleichzeitig einer allzu großen Komplexitätsreduktion und der Gefahr von Stereotypisierung und Stigmatisierung entgegenzuwirken. Bei allen Gegensätzlichkeiten werden auch Ähnlichkeiten und Gemeinsamkeiten aufgezeigt. Das ist eine wesentliche Voraussetzung, wenn es nicht darum geht, Unterschiedlichkeiten zu eliminieren, sei es in Form von Vernichtung, wie wir es auch zum Teil aus der blutigen Geschichte Amerikas und Europas kennen, oder in Form von weit verbreiteten Assimilationsanforderungen, die die Gegenwart prägen (vgl. Gardenswartz/Rowe 1998, S. 4). Es gilt vielmehr, einen konstruktiven Umgang damit zu finden, und Managing Diversity bietet einen hilfreichen Ansatzpunkt dafür (siehe Kapitel 1.4).

1.3 Managing Diversity – historische Entwicklungen

Die Entstehung und Verbreitung von Managing Diversity ist auf verschiedene Ursprünge und Aspekte zurückzuführen und vollzieht sich im US-amerikanischen und westeuropäischen Kontext – und auch dort aufgrund historischer Entwicklungen und demografischer Gegebenheiten regional – durchaus sehr unterschiedlich. Die Umsetzung von Managing Diversity kann in diesem Zusammenhang meist als Zusammenspiel von historischen, politischen und rechtlichen Entwicklungen, demografischen Gegebenheiten und wirtschaftlichen Überlegungen gesehen werden.

1.3.1 Managing Diversity in den USA

Die ersten Auseinandersetzungen mit Managing Diversity fanden in den 1960er Jahren in den USA statt, als sich in der sogenannten *Grassroots*-Bewegung die US-amerikanische Bürgerrechtsbewegung und die US-amerikanische Frauenbewegung gemeinsam für Gleichberechtigung am Arbeitsplatz und in der Gesellschaft einsetzten (vgl. Engel 2004, S. 15). Die frühe Frauenbewegung in den USA Mitte des 19. Jahrhunderts kämpfte bereits gegen die Sklaverei und beteiligte sich aktiv an der entstehenden Bürgerrechtsbewegung Anfang des 20. Jahrhunderts. Schon 1869 erkämpfte sie das erste Frauenwahlrecht weltweit für weiße Frauen im Bundesstaat Wyoming, 1920 schließlich errang sie das Frauenwahlrecht für alle US-Bundesstaaten. Unterstützend für die Erfolge Mitte der 1960er Jahre war mit Sicherheit der juristische Paradigmenwechsel, den der *Supreme Court*, der Oberste Gerichtshof, 1954 mit seiner Entscheidung im Fall Brown et al. gegen das *Board of Education* vollzog (vgl. Heideking 1996, S. 367). Die Bezeichnung *„Brown et al. v. Board of Education"* umfasst fünf vom obersten Gerichtshof verhandelte Fälle zum Thema der Rassentrennung an öffentlichen Schulen. Zu dieser Zeit waren laut dem Gleichheitsgrundsatz der Vereinigten Staaten getrennte, aber gleiche öffentliche Einrichtungen für afroamerikanische und weiße AmerikanerInnen vorgesehen („separate but equal"). Tatsächlich waren die Schulen für afroamerikanische Kinder in der Regel in schlechterem Zustand, schlechter ausgestattet und schwerer erreichbar. Zudem war für afroamerikanische Jugendliche kein Zugang zur Hochschule vorgesehen. Die NAACP *(National Association for the Advancement of Colored People)* entwickelte eine langfristige Strategie von Verhandlungen über den Rechtsweg und erreichte zunächst die Integration afroamerikanischer StudentInnen an weißen Hochschulen. Esther Brown, eine weiße, jüdische Frau, war Wegbereiterin für die Aufhebung der Rassentrennung an Schulen. Sie war entsetzt über den Zustand der örtlichen Schule für AfroamerikanerInnen in South Park, Kansas, als sie ihre afroamerikanische Haushaltshilfe nach Hause fuhr. Sie kooperierte mit der NAACP und reichte mit Erfolg eine Klage gegen die örtliche Verwaltung ein. Esther Brown engagierte sich weiter für die Beendigung der Rassentrennung an Schulen und unterstützte 1951 u. a. die NAACP in Topeka, die eine Klage gegen den Schulbezirk einreichte. Dieser Klageschrift schlossen sich 20 weitere Familien an, und nachdem der erste Kläger der Liste Oliver Brown war, wurde diese Sammelklage „*Brown et al. v. Board of Education of Topeka*" genannt. In erster Instanz wurde die Klage zurückgewiesen und eine Ebenbürtigkeit der Schulen festgestellt. Dennoch schlossen sich alle Richter in einem Zusatz der Argumentation des afroamerikanischen Anwalts Thurgood Marshall von der NAACP an, „wonach die Segregation im Bildungswesen das Selbstwertgefühl der afro-amerikanischen Kinder minderte und dauerhafte seelische und soziale Schäden bewirkte" (ebd.).

Zur gleichen Zeit liefen in drei anderen Bundesstaaten und im Regierungsbezirk ähnliche Klagen und die Berufungen aller fünf Fälle erreichten im Jahr 1952 den Obersten Gerichtshof. Am 17. Mai 1954 wurde vom Obersten Gerichtshof einstimmig die *Separate-but-equal*-Doktrin von 1896 aufgehoben, mit der Begründung, dass „getrennte Bildungseinrichtungen notwendigerweise ungleich" (ebd., S. 368) sind. Mit diesem Urteil wurde die Verfassungswidrigkeit der Rassentrennung in öffentlichen Schulen festgestellt und eine neue Ära in dieser Frage eröffnet.

Dieser gerichtlichen Entscheidung folgten weitere Rechtssprüche gegen die Rassentrennung. Auf der legislativen Ebene reagierte Präsident John F. Kennedy auf die zunehmenden Unruhen und den Widerstand gegen die Bürgerrechts- und die Frauenrechtsbewegung mit einem Entwurf des *Civil Rights Act*, der 1964, im Jahr nach seiner Ermordung, verabschiedet wurde. Diese Rechtsgrundlage sah ein Verbot der Rassendiskriminierung in allen öffentlichen Einrichtungen vor, ermächtigte das Justizministerium, von sich aus gegen Segregationen einzuschreiten und legte die Gleichbehandlung von Frauen und Männern im beruflichen Alltag fest (vgl. ebd. und S. 408). Afroamerikanische Bürger und alle Frauen hatten somit eine rechtliche Handhabe, um gegen ihre Diskriminierung vorzugehen. Die Auswirkungen dieser Rechtsprechung und die Durchsetzung von Rechten zeigten sich in einem Werte- und Normenwandel im gesellschaftlichen Diskurs, auch wenn Diskriminierungen gegenüber AfroamerikanerInnen und Frauen im Allgemeinen noch bestehen.

In den darauf folgenden weiteren politischen Aktivitäten der afroamerikanischen Bürgerrechtsbewegung, der amerikanischen Frauenbewegung und der ArbeiterInnenbewegung zeigte sich, dass der Fokus auf nur eine Dimension des Unterschieds, wie etwa Gender oder Hautfarbe, in Bezug auf Rechte, Macht und Verteilung von Ressourcen nicht ausreichend ist, um die Situation von allen Minoritäten[3] angemessen zu erfassen, so auch etwa jene von afroamerikanischen Frauen. Sie waren es auch, die Anfang der 1980er Jahre die weiße Frauenbewegung der Mittelschicht kritisierten und ihr eine Universalitätssetzung von „Frauen" vorwarfen. Die Situation von afroamerikanischen Frauen und Arbeiterinnen werde in diesem Feminismus nicht berücksichtigt und als blinder Fleck ausgeschlossen (vgl. Davis 1981). Sie forderten einen multidimensionalen Ansatz, um verschiedene Gruppenzugehörigkeiten und deren Verflechtungen innerhalb einer Person sowie in Organisationen zu erfassen (vgl. ebd.). So wurden ausgehend von der daraus entstehenden gesellschaftlichen Debatte um *Gender, Race and Class* neben Gender, Hautfarbe und sogenannter Klassenzugehörigkeit auch die determinierenden Strukturkategorien Ethnizität, Alter, sexuelle Orientierung und Behinderung in den Blick genommen und gesetzlich geregelt (vgl. Engel 2004, S. 15). In den 1980er Jahren wurden diese Unterscheidungen um die sogenannten äußeren Dimensionen wie Ausbildung, Einkommen, Elternschaft etc. erweitert und schließlich in den 1990er Jahren mit organisationalen Dimensionen wie Managementstatus, Arbeitsfeld oder Seniorität ergänzt (vgl. ebd. und Kapitel 1.2).

Da der *Civil Rights Act* von 1964 auch das Verbot der Diskriminierung im Arbeitsleben verankerte und die USA als Immigrationsland eine vielfältige Gesellschaft repräsentierte, sahen sich zunächst vor allem die öffentlichen Einrichtungen vor der Herausforderung, entsprechende Strategien zu entwickeln. Eine der ersten Strategien in diesem Zusammenhang ist die sogenannte *Affirmative Action*. Sie wurde 1968 erstmals vom *Labour Department* der US-amerikanischen Bundesregierung eingesetzt, um bisherige Diskriminierungen von Minoritäten auszugleichen

---

[3] Minorität wird hier weniger als „Minderheit" verstanden, als vielmehr als jene Menschen umfassend, die von dominierenden Mitgliedern der Gesellschaft strukturell diskriminiert werden.

und gleiche Ausgangslagen zu schaffen (vgl. Heideking 1996, S. 418). In diesem Zusammenhang schrieben Ministerien und Gerichte immer differenziertere Verfahren vor, um historisch benachteiligten Gruppen ihren gerechten Anteil an Bildung, Erziehung und am Arbeitsmarkt zukommen zu lassen (vgl. ebd.). Quotenbestimmungen stellten sich als sehr wirksame Methode für die Repräsentanz von Minoritäten in Arbeitszusammenhängen, an Schulen und Universitäten heraus und sicherten somit das gesellschaftliche Abbild im jeweiligen Mikrokosmos.

Dennoch zunehmende Klagen führten dazu, dass Organisationen umfassendere Strategien entwickeln mussten, um die Vielfalt ihrer Belegschaft zu managen, ein angemessenes soziales Miteinander zu entwickeln und somit weitere teure Klagen abzuwenden (vgl. Bendl 2004, S. 57). Die gesetzlichen Bestimmungen und ihre Exekution führten also zu wirtschaftlichen Interessen in den Unternehmen. Um diese Unternehmen und Organisationen zu unterstützen, wurden 1972 die ersten Managing-Diversity-Ansätze vom *NTL Institute* in Bethel, Maine, entwickelt, in dem wesentliche Fortschritte in der gruppendynamischen Theoriebildung stattfanden, und BeraterInnen des NTL waren es auch, die als Erste diese Ansätze in Unternehmen implementierten (vgl. Engel 2004, S. 17). Managing Diversity steht somit in einem engen Verhältnis mit gruppendynamischer Theorie und damit mit sozialpsychologischen und organisationstheoretischen Grundlagen. Noch heute ist das NTL Institute die größte Ausbildungsstätte für Managing-Diversity-BeraterInnen und -TrainerInnen (vgl. ebd.).

In den 1980er Jahren der USA entdeckten Unternehmen neben der Majorität der weißen US-Amerikaner auch verschiedene Minoritäten als kaufkräftige Zielgruppen. Um die Vielfalt der Produkte zu erweitern und sie beispielsweise „an den afroamerikanischen Mann", „die lateinamerikanische Frau" und amerikanisch-asiatische BürgerInnen zu bringen, wurden Angehörige der verschiedensten Minoritäten in die Organisationen geholt bzw. im Marketing und der Produktentwicklung eingesetzt. Auf diese Weise wurden die demografischen Bedingungen des Umfeldes und der Zielgruppen in der eigenen Firma abgebildet. In den 1990er Jahren schließlich entwickelten sich die Managing-Diversity-Ansätze hin zu einem organisationalen Lernen und die Organisation wurde als ganzheitliches System in den Blick genommen. Ende der 1990er Jahre praktizierten bereits 75% der *Fortune 500*-Unternehmen und eine wachsende Anzahl von Non-Profit-Organisationen und Behörden Managing Diversity (vgl. Krell 2004, S. 50).

1.3.2 Paradigmen von Managing Diversity in den USA

Diese historischen Entwicklungen in den USA drücken sich auch in verschiedenen Paradigmen von Managing Diversity aus. Thomas und Ely identifizierten in einer Untersuchung (1996) nach 20 Jahren Managing Diversity in den US-amerikanischen Organisationen drei Paradigmen bzw. Herangehensweisen. Die Darstellung der drei Paradigmen beruht auf den Texten von Engel (2004, S. 15f. und 2007, S. 98ff.), Hansen (2002, S. 29ff.) sowie Höher (2002, S. 67ff.).

„Fairness & Discrimination" – politisch-normative Herangehensweisen

Das „Fairness & Discrimination"-Paradigma bildet die Grundlage für viele Managing-Diversity-Strategien in den 1960er und den 1970er Jahren in den USA. Die zugrunde liegenden Ziele sind der gerechte Zugang von Minoritäten zu Erziehung, Bildung und Erwerbstätigkeit und die Abbildung der demografischen Gesellschaftssituation im jeweiligen Kontext und im jeweiligen Mikrokosmos einer Organisation, eines Unternehmens, einer Schule oder einer Universität sowie der Versuch der expliziten Nichtdiskriminierung, indem alle „gleich behandelt" werden. Ausschlaggebend für dieses Paradigma waren die amerikanische Bürgerrechtsbewegung und die daraus folgenden Erlässe von antidiskriminierenden gesetzlichen Rahmenbedingungen (siehe oben) und somit vor allem politisch-ethische Überlegungen, die zu normativen Grundhaltungen führten. *Affirmative Action* wurde zur probaten Methode der Repräsentation von Minoritäten im jeweiligen Kontext und es wurden differenzierte Quotenregelungsmodelle entwickelt, die sehr rasch etwa den Zugang von weißen Frauen und AfroamerikanerInnen zu Organisationen oder von Kindern aus ArbeiterInnenfamilien zu Schulen ermöglichten. Diskriminierende Bedingungen in Bezug auf Zugang und Beteiligung werden somit identifiziert und meist durch Quoten- und

Zugangsregelungen behoben. Diversität bezieht sich in diesem Paradigma vor allem auf die Kerndimensionen Geschlecht, Hautfarbe und Klasse und in späteren Anwendungen dieses Ansatzes auch auf Religion, Alter, sexuelle Orientierung und Behinderung.

Der Umgang mit Diversität erfolgt also in der Repräsentation von Diversität im jeweiligen Kontext und indem alle MitarbeiterInnen, SchülerInnen und StudentInnen „gleich" behandelt werden. Darüber hinaus werden kaum unterstützende Maßnahmen zur Zusammenarbeit gesetzt. Die Konsequenzen dieser Vorgangsweise zeigen sich in einem erhöhten Assimilationsdruck, der auf die beteiligten Minoritäten ausgeübt wird. Frauen, ethnische Minderheiten und Menschen mit Behinderung beispielsweise werden in diesem Zusammenhang nicht umfassend integriert und sehen sich dann im Unternehmen, der Schule, der Universität strukturellen Diskriminierungen ausgesetzt. Die berühmte „gläserne Decke" für Frauen kann auch auf AfroeuropäerInnen und AfroamerikanerInnen sowie ethnische Minderheiten übertragen werden und ist ein deutliches Beispiel dafür, dass „Fairness & Discrimination" nicht per se zu Inklusion und einem neuen Miteinander führt. Dennoch muss wertschätzend festgehalten werden, dass Veränderungen der politischen Haltung und gesetzliche Rahmenbedingungen zu einer Beteiligung und zu Zugangsregelungen führen und dass sich darauf basierend ein „politisch korrekter Ton" entwickelt, der sich meist konfliktpräventiv auswirkt.

„Access & Legitimicy" – wirtschaftlich-utilitaristische Herangehensweisen

Dieses Paradigma entstand in den 1980er Jahren und hat wirtschaftliche Interessen sowie *„market based view"* zur Grundlage. Frauen, ethnische Minderheiten, Lesben und Schwule etc. werden als kaufkräftige Zielgruppen erkannt, für die passende Produkte entwickelt und ansprechend vermarktet werden sollen. Das Hauptinteresse besteht also in einer Kapitalertragssteigerung in einem sich ständig diversifizierenden Weltmarkt. Die dazugehörige Strategie besteht darin, eine hohe Organisationsdiversität aufzuweisen, um sich die Marktanteile zu sichern, expandieren zu können und möglichst breit gefächerte Zielgruppen ansprechen zu können. Die Kundinnen und Kunden sollen sich in den Mitarbeiterinnen und Mitarbeitern gespiegelt sehen. In diesem Managing-Diversity-Ansatz werden beispielsweise Türkinnen und Türken in der Produktionsentwicklung und im Marketing eingesetzt, um Türkinnen und Türken besser anzusprechen und sie als Kundinnen und Kunden zu gewinnen. Hier wird auch von „Ethno-Marketing" gesprochen. Oder es werden Frauen als Versicherungsmaklerinnen engagiert, um Frauen besser beraten zu können und spezielle Produkte für sie bereitzustellen. Oder es werden osteuropäische MitarbeiterInnen im Projektmanagement eingesetzt, um in Polen, Tschechien oder in der Slowakei Niederlassungen zu gründen. Auch *Islamic Banking* kann hier eingeordnet werden, im Zuge dessen Bankprodukte angeboten werden, die den Grundwerten des Islam entsprechen und somit u. a. keine Verzinsungen vorsehen. Die damit verbundene Erwartung liegt darin, dass die minorisierten MitarbeiterInnen geeignete Produkte entwickeln, um den Markt zu erweitern und erfolgreich zu bearbeiten. Diversität wird in diesem Ansatz nicht als gesellschaftlich-demografischer Aspekt in den Blick genommen, sondern als marktabhängig-demografischer Faktor fokussiert, womit zusätzlich zu den Kerndimensionen weitere Dimensionen wie etwa Werte, Normen, Sprache, Lifestyle usw. berücksichtigt werden.

Diese Überlegungen können allerdings kritisch hinterfragt werden und zeigen sich auch in malignen Konsequenzen in den Unternehmen. Dass MitarbeiterInnen aus den Zielländern für eine Fusion oder Expansion hilfreich sein können, ist aufgrund ihrer Lebens- und Berufserfahrungen und damit verbundenen Kontakte und Kenntnisse in beiden Kulturen klar. Ob sich aber etwa alle Türkinnen und Türken besonders durch Türkinnen und Türken angesprochen fühlen oder alle Frauen sich lieber von Frauen beraten lassen, muss hinterfragt werden. Als besonders problematisch stellen sich in diesem Zusammenhang Stereotypisierungsprozesse sowohl auf der MitarbeiterInnenseite wie auch auf der KundInnenseite heraus. MitarbeiterInnen werden in diesem Managing-Diversity-Ansatz auf einen Teil ihrer Identität, wie zum Beispiel türkische Herkunft, Frau oder Muslime, reduziert und nicht mehr in ihrer Ganzheitlichkeit wahrgenommen. Darüber hinaus wird von ihnen ein den Stereotypien entsprechendes soziales Verhalten, entsprechende

Haltungen und Einstellungen erwartet. Was zudem mit den betroffenen MitarbeiterInnen geschieht, wenn das zugehörige Marktsegment an Bedeutung verliert, bleibt offen. Aber auch dieser Ansatz hat neben den wirtschaftlichen Erfolgen positive Auswirkungen für das Miteinander im Unternehmen, indem Minoritäten zu attraktiven Positionen vor allem in der Produktentwicklung, dem Marketing und dem internationalen Projektmanagement Zugang bekommen und somit bessere Chancen haben, die Karriereleiter hochzusteigen. Bei den Mehrheitsgesellschaftsangehörigen dieser Unternehmen könnten sich in diesem Zusammenhang Widerstände breitmachen, weil ihnen dadurch attraktive Positionen entgehen. Das Novum besteht jedoch darin, dass Minoritäten nicht aufgrund der politischen Haltung oder legislativen Forderungen in der Organisation ihren Platz haben, sondern aufgrund ihrer Fähigkeiten und Kenntnisse im jeweilig spezifischen Bereich. Damit werden MitarbeiterInnen sozusagen nicht nur geduldet, sondern auch (bei allen Gefahren) gewinnbringend wertgeschätzt.

„Learning & Effectiveness" – ganzheitlich-systemische Herangehensweisen

Dieses Paradigma zeigte sich vor allem in jenen Managing-Diversity-Strategien, die in den 1990er Jahren entwickelt wurden. In den Implementierungen der Jahrzehnte davor hatte sich gezeigt, dass sich eine defizitorientierte Herangehensweise bzw. eine Reduzierung und Stereotypisierung von Minoritäten nicht bewährt. Auf der Basis dieser Erfahrungen wird ein Managing-Diversity-Ansatz begründet, der die ganze Organisation und ihre Individuen in den Blick nimmt, um organisationales Lernen im Sinne der effektiven Nutzung von Unterschieden zu ermöglichen. Die Strategien dieses Ansatzes zielen darauf ab, die Strukturen der Organisation und ihre Kultur so zu verändern, dass sich alle MitarbeiterInnen in und mit ihren sozialen und kulturellen Bezügen einbringen können und ein bewusster, konstruktiver Umgang mit Diversität entsteht, der der gesamten Organisation Lernprozesse in all ihren Bereichen ermöglicht. Der Gewinn für die Organisation besteht in diesem Zusammenhang in einem konstruktiven Betriebsklima, erweitertem Know-how und Potenzial sowie darauf basierend in finanziellen Vorteilen. Das Betriebsklima in nach diesem Ansatz diversitykompetenten Organisationen ist von Offenheit, Akzeptanz und Toleranz geprägt und insbesondere für Fachkräfte einladend. Erweitertes Know-how und Potential entsteht, indem sich alle einbringen können. Daraus ergeben sich finanzielle Vorteile durch geringere Personalfluktuation, optimale KundInnenbetreuung, keine rechtlichen Klagen und ein positives Image. Durch Diversity wächst somit die Effizienz der Organisation oder des Unternehmens und Diversity wird als Lernchance gesehen bzw. als Lernnotwendigkeit verstanden, um die Ziele der Organisation besser erreichen zu können. Das Besondere dieses Ansatzes liegt darin, dass Diversität nicht nur als Ressource für das Marketing oder die Zielgruppenerschließung gesehen wird, sondern als Ressource für die gesamte Organisation und alle ihre Bereiche. Vor diesem Hintergrund entstehen Metatheorien über Unterschiedlichkeitsdynamiken in Organisationen, wie etwa die *Four Layers of Diversity* oder die *Theory of Difference*. Ab Mitte der 1990er Jahre werden in diese Theoriebildung auch systemtheoretische Überlegungen aufgenommen. Diversität bezieht sich in diesem Ansatz auf alle vier Ebenen der Diversität (siehe *Four Layers of Diversity*), somit werden nicht nur persönliche und innere Dimensionen, sondern auch äußere und organisationale Dimensionen fokussiert. Begreift man all diese Diversitätsmöglichkeiten als verschiedene Kulturen, so kann auch von einem „transkulturellen Ansatz" gesprochen werden: Aus dem konstruktiven Umgang mit Diversität entsteht eine neue Kultur als Synergie der verschiedenen Kulturen. Voraussetzung dafür ist ein *Committment* aller, sich dieser neuen Kultur zu öffnen und sie sich anzueignen. Sichtbar wird diese Kultur mit ihren Werten und Normen in Leitbildern, Unternehmenszielen oder beispielsweise einem *Code of Conduct*.

Konzeptionell gesehen und in der Umsetzung ist diese Herangehensweise am anspruchsvollsten und erfordert von allen Beteiligten großes Engagement und die Bereitstellung von umfassenden Ressourcen. Managing Diversity ist hier nicht nur ein Personalmanagement- oder Marketinginstrument, sondern bezieht sich auf alle Organisationsbereiche und ist somit als ganzheitlicher Organisationsentwicklungsprozess zu sehen, der auch Maßnahmen auf der Team- und Personenebene erfordert. In diesen Prozessen ist wie in allen Organisationsentwicklungsprozessen mit Widerständen, vor allem von Seiten der GewinnerInnen der ursprünglichen Struktur und Kultur, zu rechnen.

1.4 Einen Umgang mit Unterschiedlichkeit finden – Managing Diversity

Sowohl die beschriebenen demografischen und rechtlichen sowie die politischen und wirtschaftlichen Entwicklungen erfordern es, sich dem Thema Diversity zu widmen und einen konstruktiven Umgang mit Unterschiedlichkeiten aller Art zu finden.

Denn wenn sich auch allmählich die Haltung durchsetzt, dass Vielfalt eine Bereicherung darstellt, zieht sie per se keineswegs Harmonie nach sich, sondern ist vielmehr Ursache für Missverständnisse und Konflikte unterschiedlichster Art, die es vorab zu klären gilt. Es gilt, einen Umgang mit Unterschiedlichkeiten zu finden, damit sich die Vorteile von Vielfalt entfalten können (vgl. Baig 2008, S. 94).

Vor allem in Zusammenhang mit der Heterogenisierung der Bevölkerung und MitarbeiterInnenschaft ist zu erwähnen, dass das Assimilationsstreben nach und nach in den Hintergrund tritt und abgelöst wird von steigendem Selbstwert und Selbstsicherheit der Einzelnen. Der Wert in der Anders- und Einzigartigkeit wird erkannt und der Wille, sich herkömmlichen traditionellen Werten und Ansichten anzupassen, somit immer geringer (vgl. Gardenswartz/Rowe 1998, S. 4).

Hinzu kommt das Bewusstsein darüber, dass heterogene Gruppen aufgrund der vielfältigen Aspekte, die sie einbringen können, zu kreativeren und tragfähigeren Problemlösungen kommen können als homogene Gruppen, was vor allem in einer Zeit mit häufigen Veränderungen und daher gesteigerten Flexibilitätsanforderungen für Organisationen von großem Wert ist. Mit diesem Ziel vor Augen wird allzu oft die bereits oben erwähnte Tatsache übersehen, dass Diversity nicht per se Harmonie nach sich zieht. Das kann in weiterer Folge auch – rein wirtschaftlich gesehen – Kosten verursachen: direkt in Form von gesteigerten Fehlzeiten und Krankenständen in Folge der (latent) vorhandenen Konflikte, indirekt als Folge gesteigerter Demotivation und damit einhergehender Leistungsminderung der MitarbeiterInnen (vgl. Krell 2004, S. 45).

Der Gewinn der Heterogenität auch in Form gesteigerter Problemlösungskompetenzen, die sich wiederum vielfältig auf die weiteren Agenden (Angebotsentwicklung und -adaptierungen, Einreichung von Projektanträgen, KlientInnenarbeit etc.) auswirken, setzt voraus, dass es gelingt, einen Umgang mit Unterschiedlichkeit und Vielfalt der MitarbeiterInnen zu finden, der Missverständnisse klärt, Konflikte bewältigbar macht und gegenseitige Bereicherung und Entfaltung ermöglicht.

Unter dem Schlagwort „Managing Diversity" wurden Konzepte entwickelt (siehe dazu Kapitel 1.3), die zum Ziel haben, einen professionellen Umgang mit Diversity zu etablieren und so ein produktives Miteinander im Arbeitsalltag zu fördern. Bei der Umsetzung dieser Konzepte in Unternehmen spricht man auch von Diversity Management (vgl. Gardenswartz/Rowe 2003; vgl. Finke 2005).

1.4.1 Managing Diversity auf unterschiedlichen Ebenen

Managing Diversity setzt auf unterschiedlichen Ebenen an (vgl. Stuber 2004, S. 239–244):
- auf der individuellen Ebene,
- auf der interpersonellen Ebene,
- auf der organisationalen Ebene.

Wie das aussehen kann, wird in weiterer Folge kurz dargestellt, wobei davon auszugehen ist, dass eine nachhaltige Etablierung von Diversity Management in Unternehmen im Sinne von Diversity Mainstreaming eine Implementierung auf allen drei Ebenen erfordert, die in der Praxis auch in dieser Weise nicht getrennt betrachtet werden können, sondern sich vielmehr gegenseitig beeinflussen und stark miteinander interagieren.

Auf individueller Ebene

Auf der individuellen Ebene jeder bzw. jedes Einzelnen ist es notwendig, dass eine wertschätzende Haltung gegenüber Unterschiedlichkeiten vorhanden ist oder erarbeitet und gefördert wird. Dazu bedarf es eines Bewusstseins über Unterschiede und deren Einfluss auf den (Arbeits-)Alltag, auf Kommunikation und Kooperation (vgl. ebd., S. 19).

Dabei ist es wichtig, die Wertbehaftetheit der eigenen Wahrnehmungs-, Interpretations- und Entscheidungsprozesse zu erkennen und einen reflexiven Umgang mit den eigenen Wirklichkeitskonstruktionen zu fördern, denn „erst die Öffnung und Ausweitung der eigenen Perspektive ermöglicht einen Blick auf andere soziale, kulturelle Normalitäten und die vielleicht verblüffende Verständigung darüber, dass sehr vieles, was uns selbst verständlich scheint, nur deshalb so ‚normal' ist, weil wir uns mit Menschen zu umgeben pflegen, die diese Wirklichkeitsauffassung teilen" (Koall 2004, S. 4).

Dieser Blick auf sich selbst stellt eine wesentliche Voraussetzung dar, um in weiterer Folge ein Verständnis und einen stimmigen Umgang mit Menschen zu entwickeln, die sich von einem selbst in wesentlichen Aspekten unterscheiden (siehe dazu Kapitel 2).

Diese Haltung wird auch als **Valuing Diversity** bezeichnet und bedeutet also ein Bewusstsein darüber, dass wir in einer Welt leben, die von Vielfalt geprägt ist, und dass das eine Bereicherung für die Allgemeinheit darstellt. Es geht darum, diese Vielfalt nicht nur zu erkennen, sondern auch anzuerkennen und wertzuschätzen, was sich auch in den vorhandenen Denk- und Verhaltensweisen niederschlagen soll (vgl. Stuber 2004, S. 19).

Price M. Cobbs (1994, S. 29) schreibt in diesem Zusammenhang: "The mindset of diversity flows out of an understanding of who you are and then an openness to the experiences of others. You do not need a checklist of how people act or a compilation of group characteristics. The mindset is aimed at trying to individualize each person. It is not clinical sterility of color blindness and gender blindness. It is the ability to be additive rather than reductive in understanding a whole person."

Die Auseinandersetzung mit und das Anerkennen von Unterschiedlichkeiten und Individualität auf der persönlichen Ebene fördern in letzter Konsequenz auch die Effektivität, da sie sich positiv auf die Arbeitszufriedenheit und das Wohlbefinden, folglich auf das Engagement aller Beteiligten und somit auch auf die Arbeitsbeziehungen und das Teamklima auswirken (vgl. Stuber 2004, S. 239f.).

Auf interpersoneller Ebene

Auf interpersoneller Ebene gilt es, einen Umgang miteinander zu fördern, der sich durch gegenseitigen Respekt auszeichnet – Respekt und Akzeptanz von Unterschiedlichkeiten in heterogenen und auch sich oft wechselnden Teams, was ein angenehmes Betriebsklima mit all seinen positiven Auswirkungen fördern soll (vgl. Stuber 2004, S. 242f.).

In diesem Zusammenhang findet sich in der Literatur der Begriff **Inclusion**. Damit wird das stete Einbeziehen und Nutzen der vielfältigen Potentiale aller MitarbeiterInnen bzw. Teammitglieder, im Sinne eines gleichwertigen Miteinanders, bezeichnet (vgl. ebd., S. 21). Dieses Einbeziehen impliziert eine offene Grundhaltung auf individueller Ebene, die im Sinne von *Valuing Diversity* alle KollegInnen wertschätzt, unabhängig von deren Hautfarbe, Alter, Gender, sexueller Orientierung, Religionszugehörigkeit, Herkunft oder Behinderung (vgl. Gardenswartz/ Rowe 1998, S. 250).

Interessant an dieser Stelle ist anzumerken, dass es im Deutschen keine adäquate Übersetzung des Begriffes *Inclusion* gibt. Denn während das Gegenteil, *Exclusion*, mit „Ausschluss" sehr gut wiedergegeben werden kann, gelingt das mit *Inclusion* nicht, denn die konsequente Übersetzung wäre „Einschluss", was genauso wenig befriedigend ist wie die übliche Behelfskonstruktion mit „Einbeziehen". Beides impliziert, dass es jemanden gibt, die/der es tut (einbeziehen – oder eben nicht), während *Inclusion* den Zustand des „Einbezogenseins" beschreibt (vgl. Stuber 2004, S. 21). Um diesem Dilemma zu begegnen, ist zu beobachten, dass im Deutschen vermehrt Inklusion statt *Inclusion* oder andere deutsche Behelfskonstruktionen verwendet werden.

Inclusion auf interpersoneller Ebene kann wie gesagt durch individuelle Reflexion und Bewusstseinsbildung sowie durch einen achtsamen Umgang miteinander gefördert werden. Aber auch Interventionen auf organisationaler Ebene können hierbei förderlich sein, zum Beispiel in Form eines Leitgedankens, der sich auch im Leitbild niederschlägt und eine grundlegende positive Ausrichtung einer Organisation auf Vielfalt und Individualität festschreibt (vgl. ebd., S. 15) und somit in sämtlichen Zielvereinbarungen und deren Operationalisierungen berücksichtigt wird.

Auf Organisationsebene

Das Ziel ist es hier, Bedingungen in der Organisation herzustellen, die eine produktive Zusammenarbeit der ArbeitnehmerInnen mit und trotz all ihrer Unterschiedlichkeiten möglich machen (vgl. Finke 2005, S. 13). Es geht darum, eine strukturelle und inhaltliche Flexibilität zu erlangen, die Raum für die Entfaltung von Diversität gibt und somit hilft, die Produktivität zu erhalten bzw. zu steigern und auch Veränderungsprozessen in Folge zunehmender Internationalisierung reibungsloser begegnen zu können (vgl. Stuber 2004, S. 244f.). Das heißt, es geht um personalwirtschaftliches und organisationales Managementhandeln, das vorhandene Privilegien sichtbar macht und abbaut, um die Vielfalt betriebswirtschaftlich besser entwickeln und nutzen zu können, wobei es gilt, die beiden vorher beschriebenen Ebenen mit einzubeziehen und sowohl individuelle Unterschiede als auch Gruppenzugehörigkeiten zu berücksichtigen (vgl. Koall 2004, S. 4).

Diversity Management, wie dieses Vorgehen auch bezeichnet wird, stellt somit ein Instrument der Unternehmensführung dar und beschreibt „die Gesamtheit der Maßnahmen, die dazu führen, dass Unterschiedlichkeiten in und von einer Organisation anerkannt, wertgeschätzt und als positive Bereicherung zum Erfolg genutzt werden. Es geht also um die gezielte interne und externe Berücksichtigung sowie die bewusste Einbeziehung und Förderung aller unterschiedlichen Stakeholder[4] zur Steigerung des Erfolgs eines Unternehmens oder einer Organisation." (Stuber 2004, S. 20)

Studien haben gezeigt, dass auf organisationaler Ebene Diversity im Sinne von Individualität weniger von Bedeutung ist als in Form seiner unterschiedlichen Kerndimensionen (siehe *internal Layer of Diversity* in Kapitel 1.2). Während Geschlecht und Ethnien in praktisch allen (befragten) Unternehmen berücksichtigt werden, wird die Relevanz von sexueller Orientierung und Religion kaum wahrgenommen (vgl. Stuber 2004, S. 18f.). Interessant ist an dieser Stelle auch der unterschiedliche kontinentale Umgang. Im Unterschied zur EU existiert in den USA kein

---

[4] Stakeholder bezeichnet alle Personen, die mit einem Unternehmen in irgendeiner Art und Weise in Verbindung stehen, wie MitarbeiterInnen, KundInnen, LieferantInnen, AktionärInnen, ehemalige MitarbeiterInnen etc. (vgl. Finke 2005, S. 9).

Gender Mainstreaming, was vermutlich mit der Grassroots-Bewegung und dem gleichzeitigen Kampf für die Rechte von Frauen und AfroamerikanerInnen zu tun hat (siehe Kapitel 1.3). Demnach lassen sich in den USA die Dimensionen Geschlecht, Ethnie und Hautfarbe im Managing Diversity nicht trennen. Demgegenüber steht Geschlecht in Europa sehr stark im Mittelpunkt und wird oft mit Bezeichnungen wie „Gender & Diversity Management" zum Ausdruck gebracht.

1.4.2 Managing Diversity – ein komplexer Prozess der Umsetzung

Wie schon erwähnt, bedarf Managing Diversity in Unternehmen und Organisationen ein Ansetzen auf allen Ebenen. Möglichst alle MitarbeiterInnen, unabhängig von ihren Funktionen, sind zu schulen, bzw. es ist ihnen die Möglichkeit zu geben, sich mit ihrem Umgang mit Vielfalt auf individueller und interpersoneller Ebene auseinanderzusetzen. Parallel gilt es, Steuerungsprozesse und -strukturen zu etablieren, die eine Förderung, Etablierung und Nachhaltigkeit der entstehenden Veränderungsprozesse ermöglichen. Sämtliche Maßnahmen des Diversity Managements sind in einen größeren Zusammenhang zu stellen und zu akkordieren, indem es auch im Leitbild und sämtlichen Mission Statements verankert wird. Es gilt, die gesamte Organisation einzubeziehen und sämtliche vorhandenen Privilegien und Benachteiligungen sichtbar, diskutierbar und veränderbar zu machen (vgl. Cross 1994, S. 35).

Sowohl aufgrund der Komplexität des Themas Diversity als auch wegen der Komplexität von Organisationen ist nachvollziehbar, dass Diversity Management keine einmalige, punktuelle Maßnahme ist, sondern einen langfristigen Veränderungsprozess darstellt, der sich durch einen gegenseitigen Anpassungsprozess von Organisation und Mensch auszeichnet. Es gilt, in der gesamten Organisation auf Unterschiedlichkeiten zu achten und Vielfalt und Individualität zu fördern und die Steuerung und Leitung dessen als Managementaufgaben festzulegen. Es gilt, Strukturen so zu gestalten, dass *Valuing Diversity* und *Inclusion* auf allen Ebenen der Organisation möglich und somit für die Ziele der Organisation nutzbar werden (vgl. Höher 2002, S. 79).

1.5 Diversity in Supervision, Coaching & Beratung

Ziehen wir die eben beschriebenen Ebenen von Managing Diversity heran, so setzen Supervision, Coaching und Beratung vor allem an der individuellen und interpersonellen Ebene an. Es geht darum, sich eigene Herangehensweisen zu Diversität bewusst zu machen, sie zu reflektieren und sie mit Kolleginnen, Kollegen, in einer Gruppe oder im Team auszutauschen, um auf dieser Basis eigene und gemeinsame Handlungsoptionen zu entwickeln. Coaching und Supervision docken auch auf der organisationalen Ebene an, wenn etwa im Prozess Organisationsstrukturen, -kulturen und -dynamiken bearbeitet werden. Darüber hinaus können Supervision und Coaching auch als Instrumente für Diversity Management (Organisationsebene) eingesetzt werden, indem Führungskräfte und Diversity-Beauftragte gecoacht werden oder Teams, Abteilungen etc. in Supervisionen ihren Umgang mit Diversität im Arbeitsalltag reflektieren können.

So wie es zu Managing Diversity verschiedene Ansätze gibt (siehe Kapitel 1.3.2), existieren auch für Supervision, Coaching und Beratung verschiedene Verfahren und Methoden, z. B. systemische, verhaltensorientierte, personenzentrierte usw. Aufgrund der Verortung der Herausgeberinnen im Integrativen Ansatz (siehe Kapitel 6) und weil dieser unseres Erachtens für einen professionellen Umgang mit Diversität am anschlussfähigsten ist bzw. die Auseinandersetzung mit Vielfalt und Unterschieden zu seinen Ausgangspunkten gehört, werden wir im Folgenden Supervision, Coaching und Beratung aus diesem Ansatz heraus beschreiben und mit dem oben vorgestellten Verständnis von Diversity und Managing Diversity verknüpfen. Darauf basierend erarbeiten wir die Handlungsfelder und Aufgaben für diversityreflektierte Supervision und Coaching sowie wesentliche Aspekte von Beratung, die die Relevanz der Diversitykompetenz auch in diesem Bereich aufzeigen.

1.5.1 Diversitykompetente Supervision

"The workplace is a lab for people to learn how to live with differences."
(Swanger 1994, S. 5)

Supervision ist grundsätzlich ein berufsbezogenes Beratungsverfahren, das sich mit allen Themen rund um das Berufs- und Arbeitsleben auseinandersetzt. Neben einer allgemeinen theoretischen Auseinandersetzung mit Unterschieden vor dem Hintergrund von sozialpsychologischen, systemischen, gruppendynamischen und philosophischen Theorien sowie machttheoretischen Konzepten ist die Auseinandersetzung mit Diversität im Sinne der Strukturkategorien Geschlecht, Alter, Ethnie, Behinderung sowie Religion oder Weltanschauung und sexuelle Orientierung in der Theoriebildung und der Supervisionsforschung noch wenig verbreitet. Eine Bestandsaufnahme aus dem Jahr 2003 zeigt, dass sich die Auseinandersetzung mit Alter auf einige Forschungen im Bereich der Geriatrie und Altenarbeit als Systeme konzentriert (vgl. Petzold/Schigl et al. 2003, S. 136f.). Dieselbe Bestandsaufnahme zeigt in Bezug auf die Auseinandersetzung mit Gender in der Supervisionsforschung ein vergleichbares Bild. Bis zum Jahr 2003 wurden nur 12 Beiträge zum Thema Gender in der Supervision veröffentlicht (vgl. ebd., S. 142). Das Thema Ethnizität als Strukturvariable von sozialen Prozessen hingegen erfreut sich wachsender Aufmerksamkeit und einer steigenden Zahl von Publikationen (vgl. ebd., S. 138f.).

Integrative Supervision eignet sich für die Auseinandersetzung mit Diversität insofern, als sie von der Leitidee der *„Offenheit für die Pluralität von Lebensformen"* (Petzold 1998a, S. 44) getragen ist, auf eine Integration von verschiedensten Theorien und Methoden abzielt und an der Sicherung und Förderung der Integrität aller Beteiligten arbeitet (vgl. Petzold 2003, S. 94). Sie wird daher in den Kontext sozialkonstruktivistischer, postmoderner, dekonstruktivistischer und pluralistischer Überlegungen gestellt. Wirklichkeit bzw. Realität wird in diesem Zusammenhang als vielfältig und sich laufend vervielfältigend verstanden, womit die Komplexität von Lebenssituationen deutlich wird. „Supervision als *Überschau* über komplexe Gegebenheiten wird stets von dieser **Komplexität** selbst bestimmt." (Petzold 1998a, S. 110)

Diese Komplexität von Menschsein und Lebenssituation wahrzunehmen, zu erfassen, zu verstehen und erklären zu können (die hermeneutische Spirale, vgl. ebd., S. 111, siehe Kapitel 6.4) ist Ziel und Weg Integrativer Supervision. Demnach definiert sich Integrative Supervision wie folgt: „Supervision ist ein praxisgerichtetes Reflexions- und Handlungsmodell, um komplexe Wirklichkeit mehrperspektivisch zu beobachten, multitheoretisch zu integrieren und methodenplural zu beeinflussen. Sie ist auf die Generierung flexibler, inter- und transdisziplinär fundierter theoretischer Erklärungsmodelle gerichtet, um die Förderung personaler, sozialer und fachlicher **Kompetenz** und **Performanz** von Berufstätigen zu ermöglichen und Effizienz und Humanität professioneller Praxis zu sichern und zu entwickeln. Sie verwendet hierfür ein breites Spektrum sozialwissenschaftlicher Theorien und greift auf erprobte Methoden psychosozialer Intervention zurück." (Petzold 1990g, zit. n. Petzold 1998a, S. 28; Hervorgeh. im Original)

Wesentliche Momente dieser Herangehensweise sind zum einen die „Mehrperspektivität", also die Fähigkeit, vielgestaltige Lebensformen aus einer außenstehenden Position und mittels verschiedener Blickwinkel und theoretischer Hintergründe zu beobachten und wahrzunehmen (vgl. ebd., S. 233). Zum anderen bilden „Konnektivierung" und „Transversalität" wichtige Voraussetzungen für diese Arbeit. „Konnektivierung" beschreibt eine Art des Vernetzens von unterschiedlichem Wissen und verschiedenen Theorien, die zur Erhellung von Situationen beiträgt und somit Einseitigkeiten oder Dogmatismen entgegenwirkt (vgl. ebd., S. 34). Gerade für den Umgang mit Diversität ist die Vernetzung von Wissensbeständen von zentraler Bedeutung, weil sich ohne sie die Dimensionen von Diversität und ihre Auswirkungen in sozialen Prozessen gar nicht erfassen ließen. Konnektivierung lässt sich aber ohne „Transversalität" nicht erreichen. Dieser Begriff beschreibt ein „nicht-lineares, pluriformes Denken von Vielfalt" (ebd., S. 34f.), das in laufenden Übergängen und mehrperspektivischem Reflektieren, Überdenken, Nachdenken und Durchdringen nach und nach die Komplexität von sozialen Situationen erschließt. Integrative Supervision stellt sich somit die Aufgabe, mit vielgestaltigen und komplexen (Lebens-)Situationen angemessen umzugehen und Berufstätige zu ermächtigen, diese Vielfalt und Komplexität in ihrem Alltag bewältigen zu können. Um diese Ziele zu erreichen, arbeitet sie multitheoretisch, mehrperspektivisch, konnektivierend und transversal. Genau diese Ansprüche machen Integrative Supervision zu einer geeigneten Herangehensweise für den Umgang mit Diversität.

Wenden wir uns den Aufgaben und Tätigkeitsaspekten von Supervision zu, so lassen sich diese wie in weiterer Folge beschrieben mit Managing Diversity verknüpfen bzw. konnektivieren. Petzold definiert für die Supervision „sechs Tätigkeitsaspekte" (1998a, S. 87), welche wir hiermit übernehmen und vor der Idee einer „diversitykompetenten Supervision" diskutieren (vgl. ebd.):

a) Optimierungsaspekt/gesellschaftspolitische Dimension
b) Weiterbildungsaspekt/agogische Dimension
c) kommunikativer Aspekt/soziotherapeutische Dimension
d) supportiver Aspekt/psychohygienische Dimension
e) methodologischer Aspekt/ameliorative Dimension
f) aufdeckender Aspekt/psychotherapeutische Dimension

Im *Optimierungsaspekt* und der *gesellschaftspolitischen Dimension* hat Supervision die Aufgabe, das optimale Funktionieren von Systemen zu fördern und dabei die Verbesserung seiner Möglichkeiten und ihrer Wirkungen auf den gesellschaftlichen Kontext im Blick zu haben. Dabei sollen auch normative und ethische Probleme thematisiert werden. Dieser Aspekt lässt sich sehr gut mit den Anliegen von Managing Diversity verknüpfen, welche nach dem *Learning&Effectiveness*-Ansatz (siehe Kapitel 1.3.2) die Erweiterung von Handlungsmöglichkeiten für das jeweilige Makro-, Meso- und Mikrosystem anstreben und somit auch die Erweiterung gesellschaftlich ethischen Handelns unterstützen. Diversitykompetente Supervision hat aus diesem Tätigkeitsfeld heraus gedacht die Aufgabe, mit Blick auf die gesamtgesellschaftliche Optimierung die normativen und ethischen Aspekte sämtlicher Diversitätskategorien, wie sie in den *Four Layers of Diversity* beschrieben sind, in die supervisorische Praxis einzubringen und zu reflektieren. Dies kann auf persönlicher, systemischer, organisationaler, institutioneller und gesellschaftlicher Ebene erfolgen.

Der *Weiterbildungsaspekt* und die *agogische Dimension* von Supervision zielen auf die Entwicklung und Erweiterung von fachlicher Kompetenz und Performanz ab, wobei dieser Prozess durch Know-how-Transfer eine Verknüpfung von Theorie, Forschung und Praxis ermöglichen soll. Ein kompetenter Umgang mit Diversität erfordert ein sehr breites Wissen, die Fähigkeit, dieses Wissen zu konnektivieren und es auch bereitzustellen. Zu den Aufgaben von diversitykompetenter Supervision gehört es demnach, Wissen über Diversity, zugrunde liegende Theorien und Forschungsergebnisse parat zu haben, um durch die Verknüpfung von Theoriebildung, Forschung und Praxis zu neuen Erkenntnissen und Handlungsoptionen zu kommen. In diversitykompetenter Supervision bringen demnach SupervisorInnen und SupervisandInnen relevante Aspekte vielfältigster theoretischer Überlegungen und Forschungen sowie erprobtes kompetentes Handeln ein, um die Weiterentwicklung der Professionalität aller zu unterstützen und sie für die Praxis nutzbar zu machen.

Der *kommunikative Aspekt* und die *soziotherapeutische Dimension* betonen die Entwicklung und Erweiterung kommunikativer Kompetenz und Performanz und sollen somit zur Beseitigung von Störungen oder Beeinträchtigungen in sozialen Interaktionen des Systems bzw. zu einer gelungenen Kommunikation beitragen. Diversitykompetente Supervision stützt sich hier vor allem auf die Konzepte von *Valuing Diversity* und *Inclusion* (siehe Kapitel 1.4.1), um einen konstruktiven und angemessenen Umgang mit Diversität zu fördern. Kommunikative Kompetenz und Performanz bilden zentrale Voraussetzungen für einen konstruktiven Umgang mit Unterschiedlichkeiten und gleichzeitig bildet dieser Tätigkeitsaspekt wohl eines der heikelsten Momente im Umgang mit Diversität im Supervisionsprozess, können doch SupervisorInnen ohne entsprechende Auseinandersetzung mit Theorien über Unterschiedlichkeiten und Unterschiedlichkeitsdynamiken an dieser Stelle unbeabsichtigt diskriminierende Kommunikationsprozesse unterstützen und fördern. Eine Anerkennung von Vielfalt (siehe Kapitel 1.4.1), die grundlegende Haltung des *Learning&Effectiveness*-Paradigmas (Kapitel 1.3.2) sowie die in den weiteren Kapiteln beschriebenen Theorien können uns bei der Reflexion und Weiterentwicklung von Kommunikationsformen deutlich unterstützen.

Der *supportive Aspekt* und die *psychohygienische Dimension* sind zentrale Elemente jedes Supervisionsprozesses. Supervision soll zur Entlastung in Stresssituationen und zur Förderung von Arbeitszufriedenheit beitragen. Hohe Diversität kann, wie die Sozialpsychologie (siehe Kapitel 2) uns eindringlich aufzeigt, zu hohen Frustrationserlebnissen führen. Angesichts einer steigenden Diversität in Teams und in der Belegschaft allgemein kommt Supervision eine zentrale Aufgabe in der Unterstützung bezüglich des Umgangs mit Unterschiedlichkeiten zu. Hier wird es erforderlich sein, SupervisandInnen sowohl in der Reduktion dieser Komplexität ohne Stereotypisierungen und Reduzierungen von Menschen wie auch im Wahrnehmen, Erfassen, Verstehen und Erklären von Komplexität behilflich zu sein.

Der *methodologische Aspekt* und die *ameliorative Dimension* beschreiben die Unterstützung in der Anwendung von Interventionsmethoden und -techniken. Vor allem dort, wo SupervisandInnen mit Menschen arbeiten, intervenieren sie und reflektieren daher auch in der Supervision ihre Vorgangsweisen. Supervision soll zur Weiterentwicklung dieser beitragen. Dieses Tätigkeitsfeld ist entscheidend, da nicht nur SupervisorInnen mit Diversität umgehen und SupervisandInnen dabei unterstützen können sollten, vielmehr sollen SupervisandInnen auch bei ihrem Umgang mit Diversität in ihrem Tätigkeitsfeld ermächtigt und unterstützt werden, indem sie Interventions- und Methodenkompetenz erwerben. Oft stellt aber auch Diversity nur das Thema dar, welches mit den jeweiligen Techniken und Methoden zu bearbeiten ist. Für die Übertragung braucht es erfahrungsgemäß Unterstützung und eine kritische mehrperspektivische Reflexion (siehe Kapitel 6.).

Zuletzt, aber deshalb nicht weniger bedeutend, kommt in der Supervision der *aufdeckende Aspekt* bzw. die *psychotherapeutische Dimension* zum Tragen. Supervision hat diesbezüglich die Aufgabe, unbewusste Vorgangsweisen auf der individuellen und Gruppenebene aufzudecken, sie bewusst und damit auch handhabbar zu machen. Für diese Anforderung werden bei SupervisorInnen grundlegende psychotherapeutische Kenntnisse und Methoden vorausgesetzt. Gerade beim Thema Diversität kommt es in Gruppen, Teams und Organisationen oft zu unbewussten und manchmal auch hinderlichen Konstruktionen. Diversitykompetente

Supervision hat in diesem Zusammenhang die Aufgabe, unbewusste Konstruktionen, Übertragungen und blinde Flecken, vor allem aber Diskriminierungsstrukturen bewusst, bearbeitbar und reflektierbar zu machen.

1.5.2 Diversitykompetentes Coaching

Das Format Coaching verfügt über besonders vielfältige Formen – angefangen von Jobcoaching über Beautycoaching bis hin zu Sportcoaching. Die Autorinnen verstehen diversityreflektiertes Coaching hier in seinem berufsbezogenen Format. Dazu stellt die Österreichische Vereinigung für Supervision (ÖVS) eine umfassende Definition zur Verfügung und versteht Coaching aus supervisorischer Perspektive als Teil supervisorischer Praxis: „Im Verständnis der ÖVS ist Coaching ein eigenständiges Feld berufsbezogener Beratung und eine spezielle Form von Supervision. Coaching hat eine spezifische Fokussierung, Methodik und Arbeitsstrategie. Charakteristisch sind die themenspezifische Unterstützung durch eine begrenzte Anzahl von Beratungseinheiten sowie die Vermittlung von Skills in kurzen Trainingssequenzen. Themen ergeben sich vorrangig aus Führungs- und Managementaufgaben: die Gestaltung der Führungsrolle, Fragen der Performance, effizientes Kommunizieren, das Management von Veränderungsprozessen und Krisensituationen sowie die persönliche Karriereplanung." (ÖVS 2007)

Diese Definition kann auch vor dem Hintergrund des Integrativen Ansatzes verstanden werden. In der Durchführung von Coaching kann demnach auf die Theoriebildung in der Integrativen Supervision zurückgegriffen werden.

Die vorhin beschriebenen sechs Tätigkeitsaspekte von Supervision lassen sich auf die im Coaching fokussierten Themen und Zielgruppen direkt übertragen. Somit soll auch diversitykompetentes Coaching zur Verbesserung des Systems und zur Thematisierung von ethischen und gesellschaftspolitischen Themen beitragen, die Weiterbildung von Coachees durch die Verknüpfung von Theorie und Praxis ermöglichen und die Kommunikationskompetenz und -performanz unterstützen. Und weiter soll auch diversitykompetentes Coaching zur Entlastung und Erweiterung der Arbeitszufriedenheit beitragen, die Interventionskompetenz unterstützen und unbewusste Strukturen aufdecken helfen.

1.5.3 Diversitykompetente Beratung

Der Begriff „Beratung" benennt eine komplexe zwischenmenschliche Interaktion, die aufgrund einer konkreten Nachfrage zustande kommt und inhaltlich und zeitlich begrenzt ist (vgl. Reichel 2005, S. 19). Im Rahmen dieses Buches wollen wir speziell auch psychosoziale BeraterInnen ansprechen, die mit Menschen an komplexen Themen arbeiten, die diese im Denken und Fühlen sowie im Handeln betreffen (vgl. ebd.), was auch folgende Definition von Sieckendiek, Engel und Nestmann (1999, zit. nach Nestmann, Sickendiek 2001, S. 140) beschreibt: „Beratung ist eine Form der helfenden Interaktion zwischen zwei oder mehreren Beteiligten, bei der BeraterInnen ratsuchende KlientInnen dabei unterstützen, in Bezug auf eine Frage oder ein Problem an Orientierung, Klarheit, Wissen, an Bearbeitungs- und Bewältigungskompetenzen zu gewinnen."

In diesem Sinne beziehen wir uns auf Beratung, deren Ziel es in erster Linie ist, Bewusstheit und Reflexion zu fördern anstatt lediglich fachlich zu informieren, wie z. B. im Sinne der Steuer- oder Finanzberatung u.Ä.

Supervision und Coaching, als berufsbezogene Beratungsformen, orientieren sich auch an wesentlichen Grundsätzen von (psychosozialer) Beratung und teilen somit folgende zwei zentrale Aspekte mit Beratungsformen im psychosozialen Bereich, wie psychologische Beratung, sozialarbeiterische Beratung, Lebens- und Sozialberatung u. a. m.:

- Den zu Beratenden gilt es Entscheidungs- und Gestaltungsspielräume zuzubilligen und somit keine normativ richtigen Entscheidungen bereitzustellen, sondern lediglich Verfahren zur Operationalisierung von Problemen (vgl. Duttweiler 2004, S. 24).
- Ziel ist es, Einzelnen und Gruppen zu mehr Selbstbestimmung und Handlungsfähigkeit zu verhelfen, um latente Fähigkeiten und somit Selbstverantwortlichkeit und die Stärkung vorhandener Kompetenzen zu unterstützen (vgl. ebd., S. 24f.).

Auch in der diversitykompetenten Beratung sind im Sinne einer Integrativen Beratung die wesentlichen Momente der oben beschriebenen Integrativen Supervision, wie Komplexität, Mehrperspektivität und Transversalität, von zentraler Bedeutung.

In Bezug auf Managing Diversity sehen wir die Herausforderungen für BeraterInnen in erster Linie auf individueller und auf interpersoneller Ebene. Speziell *Valuing Diversity*, im Sinne einer grundlegend wertschätzenden Haltung gegenüber den KlientInnen, deren Bezugssystemen sowie deren Einstellungen, Meinungen und Sichtweisen gegenüber, kommt große Bedeutung zu (vgl. Petzold 2003a, S. 942). Erst ein Ernstnehmen der eingangs beschriebenen Diversity-Dimensionen mit all den unterschiedlichen Verflochtenheiten, die sich für die/den Einzelnen daraus ergeben, macht nachvollziehbar, welche Herausforderung an Komplexität und Differenziertheit diese an die BeraterInnen beim Versuch stellen, das Gegenüber in ihrer/seiner Individualität zu erfassen (siehe auch Kapitel 2).

Hinzu kommt speziell bei psychosozialer Beratung die Gefahr der Verletzung, die allein schon deshalb speziell zu erwähnen ist, da Menschen, die psychosoziale Beratung aufsuchen, sich meist in Situationen befinden, die eine erhöhte Vulnerabilität nach sich ziehen. Darüber hinaus ist das Inanspruchnehmen einer Beratung mit Scham behaftet und stellt somit oft per se eine Kränkung des Selbstwerts dar. Dieser Umstand unterstreicht nicht nur die Bedeutung von *Valuing Diversity* als Grundhaltung, sondern birgt auch die Gefahr weiterer Verletzungen in sich. Vor allem durch das Aufeinandertreffen unterschiedlicher Werte, Normen, Menschen und Weltbilder – unterschiedlicher *social worlds* –, die aufgrund unterschiedlicher Zugehörigkeiten zu unterschiedlichen Diversitätsdimensionen sehr differieren können, wächst die Gefahr der Reproduktion und Reinszenierung von (internalisierten) Exklusionsmechanismen und somit von (unbeabsichtigten) Verletzungen in der Beratungssituation (vgl. Petzold 2003a, S. 943f.). Die Beiträge dieses Buches wollen in diesem Zusammenhang nicht nur aufzeigen, wie wichtig Bewusstseinsarbeit und kritische Reflexion der eigenen Position für diversitykompetente Beratung sind, sondern auch konkrete Anregungen dafür bieten, wie diese aussehen kann, auch in Bezug auf das Bewusstwerden der eigenen (unbewussten) Inklusions- und Exklusionsmechanismen. Weiters wird sichtbar werden, wie wichtig politisches Bewusstsein für die Beratungsarbeit ist, denn: „Hinter den aktuellen Problemen, die in der Beratung bearbeitet werden, stehen häufig multiple Ursachen, die über die individuellen Situationen hinausgehend auf gesellschaftliche Benachteiligung verweisen. Werden solche ‚Ursachen hinter den Ursachen' ausgeblendet, so werden die Hintergründe von Lebensproblemen und persönlichem Leid verkürzt und es besteht die Gefahr, dass Beratung nur darauf gerichtet ist, vordergründige Adaptierungsleistungen zu fördern und zu erreichen." (Petzold 2003a, S. 944)

Konkret geht es damit bei diversitykompetenter Beratung, im Sinne der Erweiterung der Handlungsspielräume der Ratsuchenden, nicht nur darum, (unbewusste) Exklusionsmechanismen aufzudecken und deren Reinszenierung als BeraterIn zu vermeiden, um so auch neuerlichen Verletzungen auf KlientInnenseite vorzubeugen. Es geht darüber hinaus auch darum, eine *„engagierte Parteilichkeit"*, wie Petzold (1989e, zit. n. Petzold 2003a, S. 944) es nennt, zu entwickeln und so Formen persönlicher und professioneller Solidarität zu entwickeln, die auch langfristiges Empowerment unterstützen. Auch diesbezüglich wollen wir, sowohl in den unterschiedlichen Beiträgen der AutorInnen wie auch mit dem erarbeiteten Tool im letzten Abschnitt, Anregungen für die Praxis von SupervisorInnen, Coaches und BeraterInnen anbieten.

Literatur

Baig, Samira (2008): Diversity und Ausschluss. In: Bakic, Josef/Diebäcker, Marc/Hammer, Elisabeth (Hg.): Aktuelle Leitbegriffe der Sozialen Arbeit. Ein kritisches Handbuch. Wien: Erhard Löcker GesmbH.

Bendl, Regine (2004): Gendermanagement und Gender- und Diversitätsmanagement – ein Vergleich der verschiedenen Ansätze. In: Bendl, Regine/Hanappi-Egger, Waltraud/Hofmann, Roswitha (Hg.): Interdisziplinäres Gender- und Diversitätsmanagement. Einführung in Theorie und Praxis. Wien: Linde-Verlag, S. 43–72.

Bendl, Regine/Hanappi-Egger, Waltraud/Hofmann, Roswitha (Hg.) (2004): Interdisziplinäres Gender- und Diversitätsmanagement. Einführung in Theorie und Praxis. Wien: Linde-Verlag.

Bendl, Regine/Hanappi-Egger, Waltraud/Hofmann, Roswitha (Hg.) (2006): Agenda Diversität: Gender- und Diversitätsmanagement in Wissenschaft und Praxis. München und Mering: Rainer Hampp Verlag.

Bundeskanzleramt – Bundesministerium für Frauen, Medien und öffentlichen Dienst (2007): Frauen und Männer in Österreich. Statistische Analysen zu geschlechtsspezifischen Unterschieden. Wien: Friedrich VDV.

Bundesministerium der Justiz (2006): Allgemeines Gleichbehandlungsgesetz. http://www.bmj.bund.de/enid/0,9d4fb66d795f6d6f6e74680 92d0937093a 096d795f79656172092d0932303036093a09707265737365617274696b65 6c5f6964092d0932343937093a095f7472636964092d09313734/Presse/Pre ssemitteilungen_58.html (22.12.2007).

Bundesministerium für Sicherheit und Konsumentenschutz (2007): Sozialstatistik. http://www.bmsk.gv.at/cms/site/detail.htm?channel=CH0356&doc=CM S1198166267234 (22.12.2007).

Bundespressedienst Österreich (2007): Religionen in Österreich. Wien: Ferd. Berger & Söhne.

Cobbs, Price M. (1994): The Challenge and Opportunities of Diversity. In: Cross, Elsie Y./Katz, Judith H./Miller, Frederick A./Seashore, Edith W. (Hg.): The Promise of Diversity. Over 40 Voices Discuss Strategies for Eliminating Discrimination in Organizations. New York: NTL Institute. S. 25–31.

Cross, Elsie Y. (1994): Truth – or Consequences? In: Cross, Elsie Y./Katz, Judith H./Miller, Frederick A./Seashore, Edith W. (Hg.): The Promise of Diversity. Over 40 Voices Discuss Strategies for Eliminating Discrimination in Organizations. New York: NTL Institute. S. 32–37.

Cross, Elsie Y./Katz, Judith H./Miller, Frederick A./Seashore, Edith W. (Hg.) (1994): The Promise of Diversity. Over 40 Voices Discuss Strategies for Eliminating Discrimination in Organizations. New York: NTL Institute.

Davis, Angela (1981): Gender, Race & Class. New York: Random House.

Der Standard (2007): Österreich: Schlechte Bedingungen bei Integration von Migranten. In: http://derstandard.at/?id=3074495 (3.11.2007)

Marsh, Alan/Sahin-Dikmen, Melahat (Policy Studies Institute London) and The European Opinion Research Group (EEIG) (2003): Eurobarometer 57.0. Diskriminierung in der Europäischen Union. Die Europäische Kommission, Generaldirektion Beschäftigung und Soziales, Mai 2003. http://www.stop-discrimination.info/fileadmin/pdfs/DiscrimDE_04_06.pdf (22.12.2007).

Duttweiler, Stefanie (2004): Beratung. In: Bröckling, Ulrich/Krasmann, Susanne/Lemke, Thomas (Hg.): Glossar der Gegenwart. Frankfurt am Main: Edition Suhrkamp.

Engel, Roland (2004): Die „Diversität" des Diversity Managements: Geschichte & Landkarten. In: Managing Diversity. Hernsteiner 17/2, S. 15–18.

Engel, Roland (2007): Die Vielfalt der Diversity Management Ansätze. Geschichte, praktische Anwendungen in Organisationen und zukünftige Herausforderungen in Europa. In: Koall, Iris/Bruchhagen, Verena/Höher Friederike (Hg.): Diversity Outlooks. Managing Diversity zwischen Ethik, Profit und Antidiskriminierung. Hamburg: LIT-Verlag, S. 97–110.

Feichtinger, Walter/Wenther, Sibylle (Hg.) (2005): Islam, Islamismus und ismalischer Extremismus. Eine Einführung. Schriftenreihe der Landesverteidigungsakademie 15/2005.

Finke, Merve (2005): Diversity Management. Förderung und Nutzen personeller Vielfalt in Unternehmen. München: Rainer Hampp Verlag.

Gardenswartz, Lee/Rowe, Anita (1998): Managing Diversity. A Complete Desk Reference and Planning Guide. Revised Edition. New York: McGraw-Hill.

Gardenswartz, Lee/Rowe, Anita (2003): Diverse Teams at Work. Capitalizing on the Power of Diversity. Alexandria: SHRM.

Gutschlhofer, Birgit (2006): Rechtliche Rahmenbedingungen für Diversitätsmanagement. Erste Erfahrungen mit dem neuen Gleichbehandlungsgesetz in Österreich. In: Bendl, Regine/Hanappi-Egger, Waltraud/Hofmann, Roswitha (Hg.): Agenda Diversität: Gender- und Diversitätsmanagement in Wissenschaft und Praxis. München und Mering: Rainer Hampp Verlag, S. 44–51.

Hansen, Katrin (2002): Diversity Management im Kontext Frauenförderlicher Konzepte. In: Koall, Iris/Bruchhagen, Verena/Höher, Friederike (Hg.): Vielfalt statt Lei(d)tkultur. Managing Gender & Diversity. Münster: LIT-Verlag, S. 27–34.

Heideking, Jürgen (1996): Geschichte der USA. Tübingen: A. Francke Verlag.

Höher, Friederike (2002): Diversity-Training. Perspektiven – Anschlüsse – Umsetzungen. In: Koall, Iris/Bruchhagen, Verena/Höher, Friederike (Hg.): Vielfalt statt Lei(d)tkultur. Managing Gender & Diversity. Münster: LIT-Verlag, S. 53–98.

Koall, Iris/Bruchhagen, Verena/Höher, Friederike (Hg.) (2002): Vielfalt statt Lei(d)tkultur. Managing Gender & Diversity. Münster: LIT-Verlag.

Koall, Iris (2002): GRUNDLEGUNGEN des Weiterbildungskonzeptes Managing Gender & Diversity/DiVersion. In: Koall, Iris/Bruchhagen, Verena/Höher, Friedericke (Hg.): Vielfalt statt Lei(d)tkultur. Managing Gender & Diversity. Münster: LIT Verlag, S. 1–26.

Koall, Iris/Bruchhagen, Verena/Höher Friederike (Hg.) (2007): Diversity Outlooks. Managing Diversity zwischen Ethik, Profit und Antidiskriminierung. Hamburg: LIT-Verlag.

Krell, Gertraude (Hg.) (2004): Chancengleichheit durch Personalpolitik. Gleichstellung von Frauen und Männern in Unternehmen und Verwaltungen. Rechtliche Regelungen – Problemanalysen – Lösungen. Wiesbaden: Gabler.

Krell, Gertraude (2004): Managing Diversity: Chancengleichheit als Wettbewerbsfaktor. In: Krell, Gertraude (Hg.): Chancengleichheit durch Personalpolitik. Gleichstellung von Frauen und Männern in Unternehmen und

Verwaltungen. Rechtliche Regelungen – Problemanalysen – Lösungen. Wiesbaden: Gabler, S. 41–56.

Nestmann, Frank/Sickendiek, Ursel (2001): Beratung. In: Otto, Hans-Uwe/ Thiersch, Hans (Hg.): Handbuch Sozialarbeit/Sozialpädagogik. Neuwied, Kriftel: Lambertus. 2. Auflage

ÖVS – Österreichische Vereinigung für Supervision (2007): Beschreibung Supervision. http://www.oevs.at (Dezember 2007).

Petzold, Hilarion G. (1998a): Integrative Supervision, Meta-Consulting & Organisationsentwicklung. Modelle und Methoden reflexiver Praxis. Ein Handbuch. Paderborn: Junfermann Verlag.

Petzold, Hilarion G. (2003a): Integrative Therapie. 3 Bände. Paderborn: Junfermann Verlag. Überarbeitete und ergänzte Neuauflage.

Petzold, Hilarion G./Schigl, Brigitte/Fischer, Martin/Höfner, Claudia (2003): Supervision auf dem Prüfstand. Wirksamkeit, Forschung, Anwendungsfelder, Innovation. Opladen: Leske + Budrich.

Reichel, René (Hg.) (2005): Beratung – Psychotherapie – Supervision. Einführung in die psychosoziale Beratungslandschaft. Wien: Facultas WUV.

Schmied, Martina (2005): Islam in Österreich. In: Feichtinger, Walter/Wentker, Sibylle (Hg.): Islam, Islamismus und islamischer Extremismus. Eine Einführung. Schriftenreihe der Landesverteidigungsakademie 15/2005, S. 189–206.

STATISTIK AUSTRIA (2008): Bevölkerung nach Alter und Geschlecht. http://www.statistik.at/web_de/statistiken/bevoelkerung/bevoelkerungsstruktur/bevoelkerung_nach_alter_geschlecht/index.html (15.05.2008).

STATISTIK AUSTRIA (2008): Bevölkerung nach Staatsangehörigkeit und Geburtsland. http://www.statistik.at/web_de/statistiken/bevoelkerung/bevoelkerungsstruktur/bevoelkerung_nach_staatsangehoerigkeit_geburtsland/index.html (15.05.2008).

Stuber, Michael (2004): Diversity. Das Potenzial von Vielfalt nutzen – den Erfolg durch Offenheit steigern. München, Unterschleißheim: Luchterhand.

Swanger, Clare C. (1994): Perspectives on the History of Ameliorating Oppression and Supporting Diversity in United States Organizations. In: Cross, Elsie Y./Katz, Judith H./Miller, Frederick A./Seashore, Edith W. (Hg.): The Promise of Diversity. Over 40 Voices Discuss Strategies for Eliminating Discrimination in Organizations. New York: NTL Institute. S. 3–21.

Überacker, Jutta (2004): Wie kommt Diversity in die Organisation? In: Managing Diversity. Hernsteiner 17/2, S. 10–14.

2 Diversity sozialpsychologisch betrachtet

Samira Baig

Wie eingangs dargestellt, leben wir in einer sehr komplexen, pluralistischen Welt und die Bevölkerung in Europa und den USA wird immer heterogener (siehe die demografischen Daten zu Österreich in Kapitel 1). Das spiegelt sich auch im Arbeitsalltag wider. Teams sind selten homogen. MitarbeiterInnen mit verschiedenen Werten, Normen, Sprachen, Ansichten und aus verschiedenen Herkunftsländern kommen zusammen (vgl. Gardenswartz/Rowe 2003, S. 5), BeraterInnen und KlientInnen aus den unterschiedlichsten Kontexten begegnen einander. Der politisch korrekte Anspruch, diese Vielfalt nicht nur zu akzeptieren, sondern auch zu fördern und das Positive in der Diversity zu sehen, lässt oft vergessen, dass Diversity per se nicht immer Harmonie bedingt, sondern meist Konfliktpotential in sich birgt. Wenn Menschen unterschiedlicher Herkunft, mit unterschiedlichen kulturellen Hintergründen, Werten und Sprachen zusammenkommen, können die erwähnten Unterschiedlichkeiten den Kern für Missgunst, Frusterlebnisse und Isolationsbestrebungen darstellen (vgl. Gardenswartz/Rowe 1998, S. 4). Ein kompetenter Umgang mit Konflikten dieser Art zeichnet sich dadurch aus, dass trotz aller vorhandenen Unterschiedlichkeiten eine gemeinsame Basis gefunden und gebildet werden kann, die es ermöglicht, entstandene Hürden gemeinsam zu überwinden, die Unterschiede als Vielfalt anzuerkennen und schließlich auch Positives in der heterogenen Zusammensetzung zu sehen und einen Nutzen daraus zu ziehen (vgl. Gardenswartz/Rowe 2003, S. 19f.).

Doch welche automatischen, meist unbewussten und oft unhinterfragten Mechanismen und Umgangsformen mit Unterschiedlichkeiten zeigen sich im (Berufs-)Alltag? Wie nehmen Menschen einander wahr? Warum neigen Menschen dazu, andere, die ihnen auf die eine oder andere Weise unähnlich sind, zu benachteiligen? Was ist hilfreich im Umgang mit Unterschiedlichkeiten und bei latenten Konflikten, die darauf basieren? Was begünstigt einen konstruktiven Umgang miteinander, sowohl in kollegialen als auch in Beratungssituationen unterschiedlicher Art?

In diesem Kapitel sollen sozialpsychologische Aspekte vorgestellt werden, die wesentliche Hinweise für die Beantwortung dieser Fragestellungen anbieten.

Speziell die Sozialpsychologie als Teildisziplin der Psychologie beschäftigt sich damit, wie soziale Einflüsse auf das Individuum wirken, wie diese verarbeitet werden und schließlich auch wieder auf das soziale Umfeld zurückwirken (vgl. Aronson/Wilson/Akert 2004, S. 6–17). Sie setzt sich somit auch wesentlich damit auseinander, wie Menschen einander in ihrer Unterschiedlichkeit wahrnehmen, wie sie diese kognitiv verarbeiten und wie das einerseits auf die Wahrnehmung zurückwirkt und gleichzeitig die Verhaltensweisen anderen gegenüber beeinflusst.

Es wird davon ausgegangen, dass wir alle – unabhängig von der Zugehörigkeit zu unterschiedlichen Diversitätsdimensionen – im Laufe der Sozialisation Bilder in unseren Köpfen entwickelt haben, die die Wechselwirkung Individuum–soziales Umfeld massiv beeinflussen. Unter Bezugnahme auf den sozialen Kognitionsansatz werde ich diese Annahme näher ausführen und relevante Mechanismen darstellen, um dann speziell auf die Wirkung der Stereotype einzugehen. Auf dem Hintergrund der sozialen Repräsentationstheorie werde ich anschließend diskutieren, wie und wo Stereotype und Vorurteile sich in Zeiten, in denen politische Korrektheit großgeschrieben wird, zeigen und welche Rolle Machtverhältnisse dabei spielen. Nachdem ich die Auswirkungen von (subtilen) Vorurteilen und Diskriminierung geschildert habe, werde ich abschließend die wesentlichen Aspekte einer sozialpsychologisch fundierten Diversitykompetenz zusammenfassen.

Im Zuge des Schreibens hat sich immer mehr herauskristallisiert, dass sich die Sozialpsychologie in erster Linie auf Unterschiede in Bezug auf Interkulturalität und Hautfarbe bezieht, was sich auch in diesem Artikel widerspiegelt. Es ist mir daher ein Anliegen, eine Übersetzung auch in Bezug auf andere Diversitätsdimensionen zu versuchen und eine entsprechende Weiterführung anzuregen.

2.1 Bilder im Kopf prägen unser Denken

2.1.1 Soziale Kognitionen

Die Theorie der sozialen Kognition fokussiert in erster Linie innerpsychische Prozesse und versucht zu beschreiben, wie Menschen sich in der sozialen Welt zurechtfinden. Auf welche Art und Weise relevante Informationen gespeichert werden und wie sich das in weiterer Folge auf das Handeln auswirkt und wie es auf die Wahrnehmung zurückwirkt.

Es wird davon ausgegangen, dass das Wissen über die soziale Umwelt in Kategorien, sogenannten Schemata, abgespeichert wird (vgl. Aronson/Wilson/Akert 2004, S. 62). Diese Kategorisierung hilft, die Umwelt zu organisieren, indem sie die Vielfalt der vorhandenen Informationen reduziert (vgl. ebd., S. 63). Sie passiert in der Regel automatisch und unbewusst und ist somit selbstverständlich im Alltag integriert.

Auch Mitmenschen werden nach sozialen Kategorien geordnet und aufgrund der Gruppenzugehörigkeiten wahrgenommen. In bestimmten Situationen kommt es zur Depersonalisierung und die sozialen Kategorien der Gruppenzugehörigkeit stehen dann im Vordergrund (vgl. Turner/Reynolds 2001).

Ein typisches Beispiel für so eine Situation ist die erste Begegnung mit einem anderen Menschen. Denken Sie zum Beispiel an den Erstkontakt mit einer KlientIn. Sie/er wirkt sympathisch, offen oder introvertiert etc. Da noch nicht viel über die Person bekannt ist, stehen sozialpsychologisch gesehen in erster Linie Informationen über die sozialen Kategorien, denen sie angehört (Gender, Alter, Beruf, Hautfarbe etc.), zur Verfügung. Notiert man sich diesen ersten Eindruck und holt den Text zu einem späteren Zeitpunkt wieder hervor, zeigt sich, dass sich dieser erste Eindruck und die ersten Hypothesen in weiterer Folge oft bewahrheiten.

Aus sozialpsychologischer Sicht ist das mit Vorsicht zu betrachten. Es wird davon ausgegangen, dass Schemata nicht nur den ersten Eindruck beeinflussen, sondern in weiterer Folge sowohl die Wahrnehmung neuer Informationen als auch das Verhalten. Auf der Seite der Wahrnehmung wirken die Kategorien gleichsam als Filter, die zu der Tendenz führen, dass in erster Linie Informationen aufgenommen werden, die den ersten Eindruck bestätigen. Dieses Phänomen ist auch bekannt als selektive Wahrnehmung. Gleichzeitig wird auf der Verhaltensebene zu sogenannten selbsterfüllenden Prophezeiungen tendiert, indem man sich dem Klienten/der Klientin gegenüber so verhält, dass diese/r gleichsam gezwungen ist, ein adäquates, dem Schema entsprechendes Verhalten an den Tag zu legen. Allein diese beiden Mechanismen zeigen, wie veränderungsresistent Schemata und somit die mentalen Bilder im eigenen Kopf sind (vgl. Aronson/Wilson/Akert 2004, S. 65f.).

Wie subtil und gleichzeitig effizient Schemata wirken können, möchte ich auch anhand eines Experiments von Snyder und Swan zeigen: Versuchspersonen, die herausfinden sollten, ob ihr Gegenüber eher extrovertiert sei, stellten andere Fragen, als wenn herauszufinden war, ob sie/er eher introvertiert sei. Dies hatte zur Folge, dass die nach Extrovertiertheit explorierten Personen auch extrovertierter erschienen, im Sinne einer *selffulfilling Prophecy*, als die nach Introvertiertheit explorierten Versuchspersonen (vgl. Fiedler/Bless 2002, S. 152f.).

Schemata sind aber nicht nur sehr hartnäckig, sondern beeinflussen durch ihre unhinterfragte Selbstverständlichkeit meist unbewusst im Alltag. „Just as a fish doesn't know it is in water, until it is taken out", wie Lee Gardenswartz und Anita Rowe (1998, S. 43) es formulieren, schwimmen wir alle in unserem Fahrwasser, ohne es zu merken, eingebettet in den mentalen Bildern. Wie oft werden Eindrücke hinterfragt, sofern sie den eigenen Kategorien gemäß erscheinen? Das Interessante an den eigenen Bildern im Kopf ist, dass sie in der Regel nicht bemerkt werden, erst wenn sie fehlen, wird ihre Relevanz sichtbar und spürbar.

Erst bei der Konfrontation mit Situationen bzw. Personen, die irritieren, fällt auf, wie vorgefertigt die eigenen Annahmen sind. Stellen Sie sich vor, Sie erwarten eine Klientin für ein Erstgespräch für ein Karrierecoaching und es steht ihnen eine Transgenderperson gegenüber. Je nach bereits gemachten Erfahrungen und dem Stand der Auseinandersetzung mit Gender und Queer werden Sie mehr oder weniger verunsichert sein. Die Fragen, die Ihnen womöglich in dieser Situation durch den Kopf gehen, werden sein: Wie gehe ich damit um? Soll ich es thematisieren? Woher kann ich mir in weiterer Folge Informationen holen, die mir Sicherheit geben? Wie verhalte ich mich in dieser Situation auch politisch korrekt?

> Bilder im Kopf steuern die eigene Wahrnehmung und das eigene Verhalten, auch bei sehr aufgeschlossenen, reflektierten und sozial kompetenten Menschen.
> Das gilt für BeraterInnen und KlientInnen gleichermaßen.
> Diese Bilder wirken immer und sind meist unbewusst.

2.1.2 Vorurteile und Diskriminierung – Stereotype werfen ihre Schatten

Wie bereits erwähnt, werden auch die Mitmenschen speziellen sozialen Kategorien zugeordnet, was dazu führt, dass diese nicht immer als Individuen wahrgenommen werden. Diese speziellen Schemata bzw. mentale Strukturen, die in Bezug auf Mitglieder bestimmter Gruppen bestehen, werden Stereotype genannt (vgl. Aronson/Wilson/Akert 2004, 495). Im Sinne der sozialen Kategorisierung werden Personen in Anlehnung an die sechs Diversitätsdimensionen nach Lee Gardenswartz und Anita Rowe (siehe Kapitel 1) als Mann oder Frau wahrgenommen, als Mensch mit derselben oder einer anderen Hautfarbe bzw. ethnischen Zugehörigkeit, als alt oder jung, als homo- oder heterosexuell, als Mensch mit physischen Einschränkungen.

Indem den Mitgliedern der jeweiligen Gruppen aufgrund ihrer jeweiligen Kategoriezugehörigkeit identische Eigenschaften zugeschrieben und, im Sinne der sozialen Kategorisierungstheorie, gegebene Variationen unter den Betroffenen nicht beachtet werden, kommt es zu einer Komplexitätsreduktion, die hilfreich ist für eine Orientierung in einer komplexen Welt (vgl. ebd., S. 496).

Als Teilaspekt der sozialen Kognition wirken auch Stereotype wie oben geschildert auf Wahrnehmung und Verhalten und sind somit sehr veränderungsresistent. Ein negatives Stereotyp, im Sinne einer Abwertung einer Person aufgrund ihrer Gruppenzugehörigkeit, wird als Vorurteil bezeichnet, das in weiterer Folge auf der Ebene des Verhaltens als Diskriminierung sichtbar werden kann (vgl. ebd.).

Auffälligkeiten und Andersartigkeiten machen Angst

Untersuchungen haben gezeigt, dass Menschen dazu tendieren, Auffälligkeiten und Andersartigkeiten mental miteinander zu verknüpfen. Wenn Situationen auftreten, in denen etwas Unvorhergesehenes passiert und Menschen zugegen sind, die durch ihre „Andersartigkeit" auffallen, wird die Aufmerksamkeit darauf gelenkt und die prägnante Situation mit den auffallenden Menschen assoziiert bzw. verknüpft (vgl. Operario/Fiske 2001). Das ist im großen Rahmen bekannt, denken Sie zum Beispiel an die kognitiv lang verbreitete Verknüpfung von AIDS und Homosexualität. Dieses Phänomen ist aber auch im Alltag beobachtbar. Ein Beispiel aus meiner Supervisionspraxis zeigt dies gut auf: Thema einer Supervision mit Diplomierten Gesundheits- und Krankenschwestern und -pflegern war, wie der Besuch einer türkischen Familie im Krankenhaus sowohl einige Schwestern als auch PatientInnen irritierte. Eine Krankenschwester konnte die Aufregung gut verstehen. Sie meinte schließlich, sie sei ja nicht ausländerfeindlich, aber: „Müssen die sich wirklich so aufführen?" Im Zuge der Sitzung konnten wir herausarbeiten, dass derselbe Besucherandrang einer österreichischen Patientin vor einigen Wochen, der um nichts ruhiger verlief, Wohlwollen bei den Mitpatientinnen hervorgerufen hatte und auch von den Schwestern als fürsorglich bezeichnet worden war. Es wurde sichtbar, wie die Kombination Fremdheit und stressiger Tag auf der Station dazu geführt hatte, dass sämtliche negative Auswirkungen der Gesamtsituation ursächlich der türkischen Familie zugeschrieben worden waren.

Es besteht die Tendenz, Auffälligkeiten und Andersartigkeiten miteinander mental zu verknüpfen.
ANREGUNG: Wenn Ihnen diese Tendenz bei der Schilderung einer situativen Begebenheit seitens Ihrer KlientIn auffällt, schlagen Sie ein Gedankenexperiment vor, bei dem die involvierten Personen Mehrheitsangehörige[1] sind. Das macht nicht nur ein unbewusstes

---

[1] Die Begriffe Mehrheit und Majorität werden hier und in weiterer Folge nicht nur im Sinne einer zahlenmäßigen Mehrheit verwendet, sondern auch unter Berücksichtigung des Machtverhältnisses. In diesem Sinne ist in Bezug auf Gender zum Beispiel die Gruppe der Männer als Mehrheit/Majorität zu verstehen, wenn sie auch anzahlmäßig den Frauen gegenüber unterlegen sind.

Stereotyp sichtbar, sondern kann auch Handlungsoptionen eröffnen, da durch das Vertraute die Unsicherheit aufgrund der beobachteten Andersartigkeit relativiert wird.

Ein anderes Beispiel – beobachtet im Rahmen eines Pausengespräches: Eine Sozialarbeiterin wollte faxen, doch das Fax wurde nicht versendet und sie kam fluchend in das Zimmer: „Die Sch… Türkei." Als der Kollege fragte, was los sei, meinte sie: „Ich muss was in die Türkei faxen, aber es funktioniert nicht." Darauf der Kollege: „Das Fax ist kaputt, ich wollte vorher an das Bezirksgericht faxen, hat auch nicht funktioniert."

Komplexitätsreduktion – eine schlechte Angewohnheit?

Wie bereits erwähnt, besteht eine zentrale Funktion von Stereotypen darin, die Komplexität unserer Umwelt, hier im Speziellen der uns umgebenden Personen, zu reduzieren, indem Zuschreibungen aufgrund der jeweiligen Gruppenzugehörigkeiten gemacht werden.

Diana Rice und Brian Mullen (2005) haben sich konkret dem Phänomen der Komplexitätsreduktion durch Stereotype gewidmet und haben Folgendes festgestellt: Ethnophaulismen[2] zeichnen sich dadurch aus, dass sie negative Stereotype enthalten, wobei max. sechs Kategorien zur Beschreibung von sozialen Fremdgruppen herangezogen werden. Es hat sich gezeigt, dass mit einer Komplexitätssteigerung und dem Miteinbeziehen mehrerer Kategorien beschreibender Aspekte auch die Bewertung der jeweiligen Fremdgruppenmitglieder tendenziell positiver wird. Rice und Mullen empfehlen daher, auf jeden Fall die Komplexität zu erweitern. Dies sei sinnvoller als die Vermittlung politisch korrekter Sprache, die zwar die Neubewertung von abgewerteten Fremdgruppenmitgliedern anstrebt, aber nur an der Oberfläche ansetzt und zu keiner Internalisierung führt. Es geht nicht darum, etwas korrekt zu sagen, sondern es geht um eine Veränderung der Grundlagen, die für das Denken und in weiterer Folge das Wahrnehmen und Verhalten von zentraler Bedeutung sind.

---

2 Ethnophaulismen können auch als Schimpfwörter, die fremde Nationen herabsetzen, übersetzt werden. Beispiele: Spaghettifresser, Tschusch etc.

Demnach sind Multicultural-Awareness-Programme in Frage zu stellen, die vorwiegend Informationen über Sitten und Gewohnheit anderer Länder vermitteln, da es damit zu einer Simplifizierung der Realität kommt und in weiterer Folge zu weniger komplexen Kognitionen. Fremdgruppenmitglieder sind als komplexe Charaktere darzustellen, ähnlich in der Komplexität wie Amerikaner (vgl. ebd.) oder Europäer, eine einseitige, teilweise exotisierte Positivbewertung ist zu wenig. Genauso wie EuropäerInnen und AmerikanerInnen nicht nur Frau oder Mann, sondern darüber hinaus hetero-, bi- oder homosexuell sowie unterschiedlichen Alters sind, gilt das auch für Menschen aus anderen Kulturen und mit unterschiedlicher Hautfarbe.

> Wenn Ihnen in Beratungen auffällt, dass Ihre KlientInnen zu massiven Simplifizierungen oder starken negativen Stereotypen gegenüber bestimmten sozialen Gruppen neigen – geben Sie der Schilderung der sozialen Gruppe Raum, lassen Sie sich möglichst detailreich viele Aspekte, Situationen, Erfahrungen mit Mitgliedern der speziellen sozialen Gruppe erzählen.
> ANREGUNG:
> Kommt es zu einem Verharren in der Negativzuschreibung, fragen Sie nach der komplementären Kategorie (z. B. Ausländer–Inländer, jung–alt, Mann–Frau etc.) und halten Sie die Zuschreibungen diesbezüglich fest und machen Sie die Divergenz sichtbar.

Wenn Sie mit einem Team arbeiten, in dem ein großer Agegap augenscheinlich ist, und Sie beobachten, dass die Jungen immer wieder einmal von den Alten sprechen und umgekehrt, und das nicht immer wertschätzend, wäre ein Umgang damit, die mangelnde gegenseitige Wertschätzung zu thematisieren. Ein anderer, im Sinne des eben Beschriebenen, kann sein, die gegenseitigen Zuschreibungen aufgrund der Dimension Alter festzuhalten und aufzuschreiben. Eine Intervention, die ich in meiner Praxis einmal genau bei diesem Thema wählte: Durch das Auffächern und Sichtbarmachen der Zuschreibungen wurde ersichtlich, dass einige Kategorien sich überschneiden. Das Thema „alt–jung" und die Bilder dazu wurden differenzierter. Darüber hinaus wurde das „eigentliche" Thema „(Un-)Geduld bezüglich struktureller Veränderungen und der Umgang damit" evident, an dem dann gemeinsam weitergearbeitet wurde.

2.2 Bilder im Kopf – Abbilder gesellschaftlicher Realität

2.2.1 Theorie der sozialen Repräsentationen

Der im vorigen Abschnitt beschriebene soziale Kognitionsansatz gibt Hinweise, wie die eigenen Bilder im Kopf wirken und die Wahrnehmung, das Denken und das Handeln beeinflussen. Wir wollen uns nun einem anderen theoretischen Zugang zuwenden – der Theorie der sozialen Repräsentationen. Auch dieser Ansatz beschäftigt sich mit den Bildern im Kopf, der Fokus liegt hier aber auf den Wechselwirkungen mit dem sozialen Umfeld und den Auswirkungen von gesellschaftlichen Einflüssen. Serge Moscovici, der Begründer dieses theoretischen Zuganges, definierte soziale Repräsentationen folgendermaßen: "A social representation is a system of values, ideas and practices with a twofold function: first to establish an order which will enable individuals to orient themselves in their material world and to master it; and secondly to enable communication to take place among the members of a community by providing them with a code for social exchange and a code for naming and classifying unambiguously the various aspects of their world and their individual and group history." (Moscovici 1973, S. XVII)

Das heißt, soziale Repräsentationen, wie hier die mentalen Bilder genannt werden, sind Abbilder von Werten, Alltagswissen und -praktiken. Sie sollen helfen, eine Ordnung im (sozialen) Umfeld einzurichten und aufrechtzuerhalten und in weiterer Folge bei der Alltagsbewältigung unterstützen. Sie ermöglichen auch eine gemeinsame Sprache. Gemeinsam repräsentierte Dinge und Werte können benannt werden und ein kommunikativer Austausch kann stattfinden.

Diese Repräsentationen sind in zweierlei Hinsicht sozial: Erstens weil sie ein gemeinsames Objekt repräsentieren. Zweitens weil sie innerhalb einer Gemeinschaft geteilt werden und durch Interaktion und Kommunikation entstehen, sich weiterentwickeln und verändern (vgl. Deaux/Philogéne 2001, S. 3f.).

Soziale Repräsentationen sind auch normativ, weil sie innerhalb einer Gemeinschaft Orientierung und Ordnung bieten und weil diese Ordnung anerkannt ist und als verbindlich angesehen wird. Das passiert, weil Konsens über die Bedeutung sozialer Repräsentationen besteht. Gleichzeitig sind sie autonom, weil sie sich weiterentwickeln. Soziale Repräsentationen unterliegen einem ständigen Wandel, sie sind eingebettet in und vernetzt mit anderen sozialen Repräsentationen, sie stehen in gegenseitiger Wechselwirkung zueinander und sie verändern sich durch Kommunikation und diskursive Prozesse. Diese wiederum sind stark geprägt durch soziokulturelle Einflüsse (vgl. Deaux/Philogéne 2001, S. 3–7).

Was bedeutet nun all das in Zusammenhang mit unserem Thema?

Es ist davon auszugehen, dass wir alle soziale Repräsentationen haben, mentale Bilder über Dinge, die fremd sind, dass wir diese sozialen Repräsentationen über das Fremde mit anderen teilen und wir uns gleichzeitig von wiederum anderen unterscheiden, für die das für uns Fremde vertraut ist.

Was damit gemeint ist, möchte ich am Beispiel „arrangierte Ehen" illustrieren. Gaby Straßburger (2007) geht in ihrem Artikel *Ethnisierung von Sexismus* dem Phänomen nach, dass arrangierte Ehen, die nicht auf dem westlichen Modell der Eheanbahnung basieren, prinzipiell als erzwungen verdächtigt werden. Sie schildert, wie sich das Bild von arrangierter Ehe im deutschsprachigen Raum zwischen MigrantInnen und Mehrheitsangehörigen unterscheidet. Das Modell der Eheanbahnung muslimischer MigrantInnen zeichnet sich dadurch aus, dass zwei heterosexuelle Menschen einander mit der Absicht der Eheschließung kennenlernen. In der darauf folgenden Zeit werden die Pros und Contras abgewogen und gemeinsam (mit den Familien) die Entscheidung bezüglich der Eheschließung gefällt. Dieses Vorgehen unterscheidet sich in wesentlichen Punkten vom westlichen Bild der Eheanbahnung. Hier begegnen zwei Menschen einander, verlieben sich ineinander (oder auch nicht) und entscheiden gemeinsam, ob sie heiraten. Erst wenn die PartnerInnen die Entscheidung gefällt haben, wird die Familie informiert. Allein die Vorstellung, einander mit dem Ziel der Eheanbahnung zu begegnen und dass diese Begegnung von anderen arrangiert ist, womöglich der eigenen Familie, erzeugt Irritation und ist mit dem Bild, den sozialen Repräsentationen von einander Kennenlernen, Freiwilligkeit, Entscheidungsfreiheit etc. nicht vereinbar, was zur Folge hat, dass der Verdacht entsteht, dass arrangierte Ehen prinzipiell erzwungen sind.

Auf dem Hintergrund der Theorie der sozialen Repräsentationen bzw. mit dieser theoretischen Brille betrachtet und interpretiert, hat es mit den Bildern, Werten und sozialen Umwelten zu tun, wenn das Modell der arrangierten Ehen als erzwungen angesehen wird, und nicht mit dem Umstand, dass arrangierte Ehen prinzipiell und per se Zwangsehen darstellen, vor allem in Anbetracht dessen, dass die Betroffenen selbst sie nicht als solche erleben.

Soziale Repräsentationen unterscheiden sich aber nicht nur in verschiedenen Kulturen, sondern auch innerhalb einer Gesellschaft, wie ich am Beispiel „nationale Identität" veranschaulichen möchte. Welches Bild von einem Österreicher kommt automatisch in Ihren Kopf? Ein in Österreich geborener weißer, heterosexueller Mann mittleren Alters, der römisch-katholisch ist? Oder eine junge, schwarze Frau, die aus politischen Gründen in Österreich lebt, sich hier sicher und dem Land verbunden fühlt und die um die österreichische Staatbürgerschaft ansucht?

Die erste Vorstellung entspricht einem nativistischen Bild von nationaler Identität. Es zeichnet sich dadurch aus, dass es wesentlich für die Nationalitätszugehörigkeit ist, dass man in dem Land geboren wurde bzw. schon sehr lange dort lebt und das vorherrschende Religionsbekenntnis hat. Ein anderes ist das kulturell bzw. zivilisatorisch geprägte Bild von nationaler Identität. Es gründet darauf, dass Nationalitätszugehörigkeit auf einer freiwilligen Verpflichtung den Gesetzen und Institutionen eines Landes gegenüber basiert, sowie auf dem Gefühl, dem Land gegenüber sehr verbunden zu sein (vgl. Esses/Dividio/Semenya/Jackson 2005).

In Anlehnung an die Theorie der sozialen Repräsentationen ist davon auszugehen, dass sich dieses unterschiedliche Verständnis von nationaler Identität nicht nur in unterschiedlichen Subgruppen der westlichen Gesellschaft wiederfindet, sondern dass es darüber hinaus auch in Wechselwirkung zu anderen sozialen Repräsentationen steht und so das Verständnis und die Haltung MigrantInnen gegenüber maßgeblich beeinflussen kann.

Die Wechselwirkungen zwischen den sozialen Repräsentationen sind allerdings nicht immer linear und nachvollziehbar. Billig (1992) spricht auch vom „Kaleidoskop des gesunden Menschenverstandes" (zit. nach Potter/Wetherell 1995, S. 198) und meint damit die (Un-)Wegsamkeiten der menschlichen Ratio. In diesem Sinne ist es immer wieder überraschend, wie liberale, humanistische, egalitäre und politisch korrekte Werte in einer Gesellschaft schlussendlich so gewandelt werden, dass doch wieder rassistische und Ungleichheiten rechtfertigende Ansichten hervorgebracht werden (vgl. ebd., S. 198f.). Dieses Phänomen ist nicht nur in Bezug auf ethnische Herkunft bekannt, sondern auch bezüglich der anderen Diversitätsdimensionen – Geschlecht, Alter, Hautfarbe, sexuelle Orientierung und körperliche Fähigkeiten. Selbst Menschen, die liberal und an humanistischen Werten orientiert sind, kommen immer wieder in Situationen, in denen sie (sich selbst) durch ihre vorurteilsbehafteten Einstellungen und Handlungen überraschen. Die Bilder im Kopf wirken ganz unterschiedlich und wie in einem Kaleidoskop tauschen Prämissen und Schlussfolgerungen ihre Plätze, überwinden logische Inkonsistenzen, um im Endeffekt wiederum konträre Urteile und Haltungen entstehen zu lassen (vgl. Potter/Wetherell 1995).

Wie und in welcher Form Vorurteile und Diskriminierungen unter dem gesellschaftlichen Anspruch politischer Korrektheit bestehen bleiben, sich durchsetzen und ihr äußeres Erscheinungsbild wandeln, wollen wir uns nun in weiterer Folge näher ansehen.

2.2.2 Politisch korrekt ist nicht genug!
... subtile Vorurteile und Diskriminierungen bleiben bestehen

Politische Korrektheit hat nicht automatisch das Verschwinden von Vorurteilen und Diskriminierung zur Folge, sondern lediglich die Vermeidung der offenen Äußerung von Vorurteilen.

Offene Vorurteile werden einerseits abgelehnt, gleichzeitig sind unbewusste und negative Gefühle und Gedanken fremden Gruppen gegenüber vorhanden, die in historisch rassistischen Kulturen begründet sind und somit auch die Sozialisation beeinflusst haben. Dadurch wird die Bevorzugung der eigenen Gruppe begünstigt. In Bezug auf Interkulturalität ist zu beobachten, dass an Stelle des offenen Rassismus subtiler Rassismus tritt, der es möglich macht, die innerlich erlebte Ambivalenz auf sozial akzeptierte Weise auszuleben. Das passiert unbewusst, damit das auf Gleichheit basierende (positive) Selbstbild nicht erschüttert wird. Der Konflikt zwischen vorurteilsbehafteten Tendenzen und der egalitären Grundhaltung bleibt unbewusst und somit meist unbemerkt (vgl. Devine/Plant/Blair 2001).

Dass dieses Phänomen nicht nur auf rassistische Vorurteile beschränkt ist, zeigen Pettigrem und Meertens (vgl. Mummendey/Otten 2001). Sie haben sich den Auswirkungen von sozialen Normen und sozialer Erwünschtheit gewidmet, ohne den inhaltlichen Fokus Rassismus, und unterscheiden subtile von offensichtlichen Vorurteilen. Subtile Vorurteile zeichnen sich demgemäß dadurch aus, dass sie traditionelle Werte verteidigen, kulturelle Unterschiede überbetonen und positive Gefühle der Fremdgruppe gegenüber verweigern. Das entspricht der heutzutage erlaubten Form der Ablehnung von Minderheiten aller Art.

> Der (innere) Anspruch der Norm, der sozialen Gerechtigkeit zu entsprechen und offene Vorurteile abzulehnen, hat oft zur Folge, dass internalisierte unbewusste Bilder sich auf subtilen Wegen durchsetzen.

Darüber hinaus legen meine Beobachtungen aus der Praxis die Vermutung nahe, dass die Norm der sozialen Gerechtigkeit eine Auseinandersetzung mit den eigenen Bildern im Kopf verhindert – die eigenen Bilder im Kopf werden zu einem Tabu und somit der gemeinsamen Reflexion entzogen (vgl. Abdul-Hussain/Baig 2006). Eine Vereinbarung im Zuge der Auftragsklärung, die die besondere Beachtung der Diversitykompetenz festhält, ist meiner Erfahrung nach eine hilfreiche Voraussetzung, die subtilen Mechanismen ansprechbar zu machen.

... Exclusion statt Abwertung

Das Vorurteil als offene Abwertung von Mitgliedern bestimmter Gruppen ist verschwunden. Es taucht stattdessen in gewandelter Form wieder auf – als eine Inkongruenz zwischen einem Stereotyp in Bezug auf eine Gruppenzugehörigkeit und die Anforderungen einer bestimmten sozialen Rolle (vgl. Eagly, 2004). Konkret bedeutet das, dass ein Stereotyp bezüglich einer bestimmten sozialen Gruppe nicht kompatibel ist mit den Zuschreibungen, die für eine erfolgreiche Ausführung bestimmter sozialer Rollen notwendig sind. Die kognitive Verknüpfung dieser Inkongruenz zwischen sozialer Rolle und Stereotyp stellt eine weitere „neue Form" des Vorurteils dar, das schlussendlich zu Diskriminierung führt. Mitgliedern bestimmter Gruppen wird der Zugang zu bestimmten sozialen Rollen verwehrt, vor allem jenen, die Status, Anerkennung und Ansehen bewirken. Mitglieder der Gruppe, an die das Stereotyp geknüpft ist, bekommen aufgrund ihrer Gruppenzugehörigkeit keinerlei Chance, diese Rolle auszufüllen – ungeachtet ihrer individuellen Kompetenzen (vgl. ebd.).

Es wird davon ausgegangen, dass Vorurteile dieser Art im Denken und Fühlen von Menschen immer vorhanden sind – im Sinne unserer nicht bewussten mentalen Bilder. Sie werden so lange nicht zu einer sozialen Angelegenheit, solange die Mehrheit der Gruppenmitglieder in den traditionellen sozialen Rollen verweilt. Erst in Zeiten der Veränderung, wenn Gruppenmitglieder andere bzw. bessere soziale Rollen anstreben, die ihnen bis dato nicht zuerkannt wurden, wird das Vorurteil sichtbar (vgl. ebd.). Sei es, dass Frauen nicht mehr in den ihnen traditionell zugeschriebenen sozialen Rollen verweilen wollen, sei es, dass MigrantInnen einen besseren sozialen Status anstreben als den der geduldeten GastarbeiterInnen, sei es, dass homosexuelle Menschen ihre gleichgeschlechtliche Liebe und darauf basierende Zuneigungen nicht mehr verheimlichen wollen und ihr Recht auf soziale Integration beanspruchen. All das führt dazu, dass Vorurteile sichtbar und in weiterer Folge diskutiert werden. Sie zerstreuen sich erst dann allmählich, wenn VorreiterInnen ihren Erfolg in der neuen Rolle bewiesen haben. In weiterer Folge wird dadurch auch das Vorurteil verändert, durch das die Betroffenen ursprünglich wahrgenommen worden waren. Wie lang dieser Weg ist, zeigt sich am Beispiel der Frauenbewegung: Trotz aller Errungenschaften begegnen wir nach wie vor traditionellen Rollenzuschreibungen in den verschiedensten Bereichen.

> Diskriminierung bedeutet nicht nur eine offene Benachteiligung von Fremdgruppen, sondern auch eine Bevorzugung der Eigengruppe! Wenn Menschen aufgrund ihrer Gruppenzugehörigkeit soziale Rollen verwehrt werden, ist das Diskriminierung!

Wie oft wird in Teams in psychosozialen oder anderen beratenden Berufen vor der Einstellung einer KollegIn, die Minderheitenangehörige ist, diskutiert, dass sie zwar größeres Verständnis für die Situation der KlientInnen bzw. zu Beratenden mitbringen wird, aber ihr gleichzeitig womöglich aufgrund der Nähe die professionelle Distanz zu eben diesen fehlen wird. Interessanterweise wird eine zu große Nähe bei Mehrheitsangehörigen, die ihresgleichen beraten, nicht per se diskutiert. Da der Bedarf groß ist, ist auch die Bereitschaft im psychosozialen Bereich gewachsen, MitarbeiterInnen vor allem mit Migrationshintergrund anzustellen. Dabei stellen sich aber auch kritische Fragen: Wie viele von ihnen beraten ausschließlich MigrantInnen? Wie viele bleiben fixiert auf diesen speziellen Tätigkeitsbereich? Wie viele steigen in weiterer Folge auch in Leitungspositionen auf?

2.2.3 Auswirkungen von Machtverhältnissen

Die Erfahrung, ausgeschlossen zu sein und abgelehnt zu werden, kennen viele, dennoch ist sie nicht gleichmäßig verteilt. In jeder Gesellschaft gibt es Kategorien von Individuen, die systematisch ausgegrenzt und abgewertet werden und somit in einem größeren Ausmaß von bestimmten Bereichen sozialer Beziehungen ferngehalten werden (vgl. Mayor/Ecclesron 2005; vgl. Eagly 2004; vgl. Kapitel 2.2.2). Es besteht mehrheitlich Übereinstimmung über den Ausschluss, sei es in Form der oben erwähnten Eigengruppenbevorzugung oder einer vermeintlichen Rolleninkompatibilität. Er wird als selbstverständlich wahrgenommen und gilt als gerechtfertigt und legitimiert seitens der nicht davon betroffenen Mehrheitsangehörigen. "For example, after the September 11th terrorist attacks, many Americans felt morally justified in expressing negative views about Muslims, supporting racial profiling of Muslims, imposing stricter immigration laws against Muslims, and committing violence against Muslim Americans." (Mayor/Eccleston 2005, S. 67)

Macht spielt hier eine sehr wesentliche Rolle. Sie ermöglicht nicht nur die implizite Übereinstimmung bezüglich des Ausschlusses benachteiligter Gruppen, sondern darüber hinaus die Festschreibung vorhandener sozialer Ungerechtigkeiten auf verschiedenen Ebenen (sozial, wirtschaftlich und politisch), bis hin zur gesetzlichen Verankerung. Dadurch wird das System der Ungleichheit und Ungerechtigkeit aufrechterhalten und dafür gesorgt, dass bestimmte Personengruppen von angesehenen „high status"-Positionen ferngehalten werden. Die ungerechten Situationen dieser Art werden als ge-recht, im Sinne dem Recht entsprechend, dargestellt und als solches auch wahrgenommen (vgl. ebd.).

Diese Legitimation des Systems – zumindest über einen längeren Zeitraum hinweg – führt des Weiteren dazu, dass auch Mitglieder benachteiligter Gruppen dazu neigen, ihren niedrigen Status zu akzeptieren. Vor allem in Gesellschaften, die Gleichheit und gleiche Chancen hochhalten, kann der Eindruck entstehen, dass Hierarchie stabilisierende Stereotype die Wahrheit über soziale Gruppen abbilden, anstatt sie als Mythen zur Aufrechterhaltung der Machtunterschiede zu sehen (vgl. Opario/Fiske 2001).

Ein Beispiel aus meiner Supervisionspraxis mit einem multikulturellen Frauenteam soll dies verdeutlichen: Klientinnen mit Migrationshintergrund wurden von Mitarbeiterinnen mit Migrationshintergrund muttersprachlich betreut. Die Kolleginnen waren gut integriert, die Leitungspositionen wurden von Betreuerinnen österreichischer Herkunft besetzt. Es wurde beobachtet, dass immer wieder nach einer längeren Zeit der Betreuung muttersprachliche Klientinnen einen Betreuerinnenwechsel anstrebten, und zwar zu Kolleginnen, die Angehörige der Dominanzkultur waren. Mit dem Phänomen beschäftigt, hatte eine Mitarbeiterin erfahren, dass die Klientinnen sich darüber ausgetauscht hatten, dass die österreichischen Betreuerinnen womöglich bessere Kontakte zu den Behörden und somit besseren Zugang zu den Ressourcen haben. Die österreichischen Kolleginnen waren sichtlich überrascht über diese Zuschreibung. Es wurde sichtbar, dass allein die Zugehörigkeit zur Majorität Assoziationen auslöst, die implizit Machtzuschreibungen enthalten und die einer Selbstreflexion der Mehrheitsangehörigen bedürfen.

> Fokussieren Sie in der Reflexion auf sich, anstatt das Fremde, das Unvertraute oberflächlich zu kategorisieren!
>
> Was bedeutet es, MehrheitsangehörigeR zu sein? Inwiefern unterstützen Sie die Aufrechterhaltung von Machtunterschieden, ohne sich dessen bewusst zu sein?

... sind wir nun alle gleich?

Aus sozialpsychologischer Sicht stellt allein die Zugehörigkeit zu Minoritäten vs. Majorität eine ganz unterschiedliche Situation und Erfahrungsgrundlage dar (vgl. Simon/Aufderheide/Kampmeier 2001). Minoritätsangehörige unterscheiden sich von der herrschenden Mehrheit. Sie begegnen häufig Situationen des Ausschlusses. Ihre Gruppenzugehörigkeit ist permanent sichtbar – für sich und für andere. Sie erleben im Alltag Stresssituationen und spezifische Risiken, vor denen Mehrheitsangehörige verschont bleiben – bis hin zur tätlichen Angriffen und Beschimpfungen auf der Straße (vgl. Baig 2008, S. 101). Es ist somit schwer die Minoritätszugehörigkeit zu vergessen oder auszublenden, und die Gruppenzugehörigkeit wird ein zentraler Aspekt der Selbstdefinition. Für Minderheitenangehörige ist es schwirig, die Unterschiedlichkeit zwischen den Gruppen zu ignorieren. Die Mehrheitsgruppe als Referenzpunkt ist immer präsent (vgl. Simon/Aufderheide/Kampmeier 2001).

Mehrheitsangehörige wissen oft nicht über diese Nachteile Bescheid, bzw. wenn doch, ist es interessant, wie diese auch wieder ausgeblendet werden können. Wie sonst ist zu erklären, dass es nach wie vor interkulturelle Kompetenztrainings gibt, die den Fokus auf die Schilderung anderer Kulturen und deren Eigenheiten legen und Alltagsrassismen kaum thematisieren.

> Mehrheitsangehörige und Minderheitenangehörige leben in unterschiedlichen Realitäten und machen unterschiedliche Erfahrungen aufgrund ihrer Gruppenzugehörigkeiten.
>
> Diskriminierung (offen oder subtil) bzw. die Angst davor ist ein wesentlicher Bestandteil des Alltags von Minderheitenangehörigen.

Wo liegen die Grenzen Ihres Einfühlungsvermögens aufgrund des unterschiedlichen Erfahrungshorizontes?

Misstrauen und Überempfindlichkeit sind typische Folgen von Diskriminierungserfahrungen und können in Aggressivität (nach innen oder außen) münden oder den Rückzug zur Folge haben (vgl. Auernheimer 2005, S. 17). Anstatt solche Reaktionen auf Diskriminierungserfahrungen zurückzuführen, wird oft dazu tendiert, die fremde Mentalität dafür verantwortlich zu machen (vgl. ebd.). Denken Sie nur an das verbreitete Bild von muslimischen Klienten.

An dieser Stelle möchte ich kurz von der Reflexion einer Mitarbeiterin aus dem arbeitsmarktpolitischen Kontext erzählen. Thema war ein Teilnehmer nigerianischer Herkunft, der aus einer Kursmaßnahme ausgeschlossen werden sollte, weil er sämtliche Rahmenbedingungen nicht eingehalten hatte. Das Problem meiner Klientin bestand darin, dass der Teilnehmer seinen Ausschluss nicht akzeptierte, ihr und der Institution rassistische Motive für den Ausschluss unterstellte und drohte, die Sache publik zu machen. Meine Klientin erlebte den Teilnehmer sehr massiv und war ratlos und wütend, bis hin zur Aussage, sie sei wirklich nicht rassistisch, aber in diesem Fall könne sie Menschen mit derlei Neigungen schon sehr gut verstehen. Nach einer ersten emotionalen Stabilisierung äußerte ich die Hypothese, dass das massive Misstrauen des Teilnehmers womöglich auf massiven Diskriminierungserfahrungen basiere. Diese Hypothese verifizierte sich in dem Maße, dass sich herausstellte, dass der Klient nicht nur mit all den kleinen Alltagsrassismen aufgrund seiner Hautfarbe konfrontiert war, sondern (zusätzlich zu den Traumatisierungen im Herkunftsland) zweimal gewalttätige Übergriffe auf offener Straße mit Knochenbrüchen erlebt hatte – zwei traumatisierende Ereignisse im Land, das ihm Sicherheit gewähren sollte. Das Bild hatte sich durch das Einholen zusätzlicher Informationen verändert: Meine KlientIn arbeitete nun nicht mit einem schwarzen Mann, der mit der Masche lebte, sich alle Annehmlichkeiten zu ermöglichen, indem er anderen Rassismus unterstellte, sondern mit einem mehrfach traumatisierten Mann, der Opfer von rassistischen Übergriffen geworden war, mit den entsprechenden Folgewirkungen. Dabei stellten sich folgende Fragen: Welche

Angebote können einem traumatisierten Klienten gemacht werden? Ist eine Fortführung des Kurses unter diesen Umständen möglich, wenn nicht jetzt, vielleicht zu einem späteren Zeitpunkt? Welche Begleitangebote braucht es?

> Zur Erinnerung:
>
> Wir alle haben Bilder im Kopf.
>
> Durch die Sozialisation in einer Dominanzkultur werden (subtile) Ausschlussmechanismen verinnerlicht.

… auch Stereotype und Vorurteile sind ungleich verteilt?

Minderheitenangehörige neigen in Folge des Machtunterschiedes dazu, die Angehörigen der Mehrheit nicht zu kategorisieren (vgl. Oakes 2001). Rangniedrigere schenken Ranghöheren mehr Aufmerksamkeit als umgekehrt. Das führt zu der Annahme, dass, obwohl prinzipiell alle zu Stereotypisierungen neigen, Macht diese Tendenz steigert. Das Bedürfnis, individualisierte Eindrücke zu bekommen und Urteile zu fällen, ist gemindert, speziell in Bezug auf Menschen, die nicht der Dominanzkultur angehören (vgl. Operario/Fiske 2001). Mehrheitsangehörige schenken somit der Individualisierung der „Unterlegenen" kaum Aufmerksamkeit und verlassen sich auf die Vorannahmen. Sie scheinen kein Interesse an akkuraten Urteilen über Mitglieder von Minoritäten zu haben, die kognitiven Kapazitäten werden woanders eingesetzt (vgl. Operario/Fiske 2001), womöglich für die Differenzierung der Angehörigen der Majorität.

> Sehen Sie das Individuum, das Ihnen gegenübersitzt.

2.3 Unsere Bilder und deren Auswirkungen auf andere

Psychische Gesundheit ist zumindest teilweise abhängig vom gesellschaftlichen Eingebundensein und der Wertschätzung durch andere. Kommen diese Aspekte zu kurz, kann es zu Selbsthass und dem Gefühl der Wertlosigkeit kommen, ganz abgesehen von den sozialen Auswirkungen von systematischem Ausschluss vorurteilsbehafteter und diskriminierter Gruppenmitglieder in den Bereichen Erziehung, Bildung, Arbeitsmarkt etc. (vgl. Mayor/Eccleston 2005).

2.3.1 Eine Frage der Identität

Henri Tajfel hat mit seinem theoretischen Konzept der sozialen Identitätstheorie einen wesentlichen Beitrag zur Erklärung dessen geliefert, wie Betroffene mit der Situation der Ausgrenzung und Abwertung umgehen. Er definierte soziale Identität als: "The individual's knowledge that he belongs to certain groups together with some emotional value and significance to him of this group membership ... [furthermore] ... It can be assumed that an individual will tend to remain a member of a group or seek membership of new groups if these groups have some contribution to make to the positive aspects of his social identity, ..." (Tajfel, zit. nach Abrams/Hogg 1990, S. 29)

Die zentralen Annahmen von Tajfel sind, dass die Zugehörigkeit von Menschen zu Gruppen, die für das Individuum von Wert und Bedeutung sind, auch für die Identität wesentlich ist und dass Gruppen bevorzugt werden, die dem Selbstwert dienlich sind. Was bedeutet dies nun für Menschen, die sozialen Gruppen angehören, die (gesellschaftlich) mehrheitlich abgewertet werden? Wie gehen Mitglieder, die solchen Gruppen angehören, mit Diskriminierung um und wie können sie trotz allem auf einen positiven Selbstwert und somit auf ihre psychische Gesundheit achten?

Tajfel (vgl. 1982, S. 149ff.) unterscheidet im Wesentlichen 3 Strategien:
- Die *soziale Mobilität* auf der persönlichen Ebene bezeichnet den Versuch, die eigene (abgewertete) Gruppe zu verlassen.
- Die *soziale Kreativität* stellt eine Strategie auf der sozialen bzw. Gruppenebene dar und beschreibt das Bestreben, die Vergleichsdimension zwischen der Fremd- und der Eigengruppe so zu verändern, dass sich daraus ein besseres Vergleichsresultat für die eigene Gruppe ergibt.
- Die *soziale Veränderung* ist auch eine Strategie auf der sozialen bzw. Gruppenebene. Hierbei handelt es sich um einen direkten Wettstreit mit der anderen Gruppe, der das Ziel hat, eine reale Veränderung in der Stellung der beiden Gruppen herbeizuführen, sodass eine positi-

ve Distinktheit, d. h. Unterscheidung, der bisher diskriminierten Gruppe ermöglicht wird.

Je nach den soziokulturellen Bedingungen wird die eine oder andere Option gewählt.
Ist ein veränderter Status der Gruppe möglich? Werden die bestehenden Ungerechtigkeiten als gerechtfertigt angesehen? Wie hoch ist das Ausmaß der Identifikation mit der benachteiligten Gruppe? (Vgl. Mummendey/Otten 2001)

... und wie der Selbstwert erhalten werden kann

Neuere Studien zeigen, dass Mitgliedern „rangniedrigerer" Gruppen die Benachteiligung bewusst ist, sie aber gleichzeitig die Wahrnehmung der eigenen persönlichen Vulnerabilität in Bezug auf Diskriminierung minimieren. Ziel ist es, den eigenen Selbstwert sowie den Eindruck persönlicher Kontrolle zu erhalten. Das Gefühl, persönlich ein Opfer zu sein, wird vermieden (vgl. Operario/Fiske 2001). Persönliche Bewältigungsstrategien stehen demgemäß im Vordergrund, indem entweder daran gearbeitet wird, das soziale Ansehen zu steigern, oder indem die Strategie des Rückzugs gewählt wird – zwei weitere Optionen, über die von H. Tajfel oben beschriebenen hinaus.

Das Ansehen und die eigene Erwünschtheit zu steigern, kann auf unterschiedliche Weise erfolgen. Sei es indem versucht wird, das Stigma abzubauen (vgl. Mayor/Eccleston 2005) oder die Gruppe im Sinne der sozialen Mobilität (vgl. Tajfel 1982, S. 149) zu verlassen. Konkret kann es zur Verheimlichung der relevanten Kategoriezugehörigkeit kommen (vgl. Mayor/Eccleston 2005), wie wir es am Beispiel von Homosexualität oder migrantischer Herkunft, die weder äußerlich noch sprachlich erkennbar ist, oft beobachten können. Eine andere Möglichkeit stellt die Überkompensation dar. Soziale Erwünschtheit wird zu erzielen versucht, indem sichtlich mehr Anstrengungen auf sozial anerkannte Dimensionen verwendet werden (vgl. ebd.). Müssen Frauen mehr und härter arbeiten, um dasselbe zu erreichen wie Männer? Müssen AusländerInnen die besseren Menschen sein, damit sie akzeptiert werden? Wichtig ist es, nicht außer Acht zu lassen und nicht zu unterschätzen, wie trotz aller Assimilationsbestrebungen die Angst vor Stigmatisierung und Diskriminierung präsent ist und bleibt und somit belastend den Alltag begleitet.

Eine andere Strategie auf persönlicher Ebene stellt der Rückzug dar – physisch oder psychisch (vgl. Mayor/Eccleston 2005). Psychischer Rückzug zeichnet sich dadurch aus, dass man sich weniger einlässt, vor allem, wenn Zurückweisung und Ausschluss erwartet werden oder erfahren wurden. Wenn ich mich nur halbherzig auf eine Aufgabe einlasse, kann das schlechte Ergebnisse und Leistungsbeurteilungen zur Folge haben. Diese Strategie birgt somit die Gefahr einer selbsterfüllenden Prophezeiung in sich (Angst vor Zurückweisung → psychischer Rückzug in Form von halbherzigem Sicheinlassen → schlechter Output → Zurückweisung) (vgl. ebd).

Rückzug kann aber auch bedeuten, sich von den Mehrheitsangehörigen zurückzuziehen und sich der Eigengruppe vermehrt zuzuwenden. Eine logische Konsequenz, wenn es seitens der Dominanzkultur an Wertschätzung mangelt bzw. diese verwehrt wird. Die Eigengruppe bietet dann soziale Unterstützung und ermöglicht soziale Vergleiche untereinander, geteilte Erfahrungen und den Austausch darüber sowie das Gefühl des Eingebundenseins (vgl. Mayor/Eccleston 2005). In weiterer Folge kann es dann auch zu kollektiven Strategien im Sinne der sozialen Identitätstheorie kommen, sei es zu sozialen Kreativitätsstrategien oder zu sozialen Veränderungsstrategien.

> Assimilation, Verheimlichung, Überkompensation und Rückzug auf der einen Seite, Überbetonung der abgewerteten Identitätsdimensionen und vermehrte Gruppenidentifikation bis hin zu Radikalisierung und Mobilmachung gegen Mehrheitsangehörige sind Folgen von Diskriminierung, die psychologisch erklärbar sind.
>
> Der persönlich gewählte Umgang ist nicht als Charaktereigenschaft zu sehen, sondern in politischen und gesellschaftlichen Zusammenhängen zu betrachten.
>
> ANREGUNG zur Selbstreflexion:
> Woran erkennen Sie gelungene Integration und wie würden Sie eine solche beschreiben?

Wir sind viele

Wie in unserem eingangs vorgestellten Diversity-Modell von Lee Gardenswartz und Anita Rowe ersichtlich, setzt sich Identität aus verschiedenen bzw. diversen Dimensionen zusammen. In anderen Worten: Wir haben multiple soziale Identitäten, die in unterschiedlichen Situationen unterschiedlich relevant sind (siehe auch Kapitel 4 zur „Intersektionalität"). Bisher wurden nur Situationen angedacht, in denen eine Gruppenzugehörigkeit und somit ein spezifischer Aspekt der (sozialen) Identität im Vordergrund steht. Denken Sie zum Beispiel an Bewerbungssituationen, in denen aus Paritätsgründen Männer bevorzugt werden oder Menschen mit interkulturellem Hintergrund.

Wenn in Teams zusammengearbeitet wird, die sich explizit in einer Dimension unterscheiden, birgt das die Gefahr, dass sich Subgruppen bilden. Entsprechend dem Diversityzugang wäre es das Ziel, dass die MitarbeiterInnen einander gleichzeitig als zugehörig als auch voneinander unterschiedlich wahrnehmen (vgl. Brewer/Gaertner 2001). Denken Sie zum Beispiel an interkulturelle Frauenteams, in denen hetero- und homosexuelle Frauen unterschiedlichen Alters zusammenarbeiten. Es zeichnet gut funktionierende Arbeitsteams aus, dass man sich als Teammitglied als Teil einer übergeordneten Einheit wahrnimmt, anstatt als Teil unterschiedlicher Untergruppen.

Die Kunst ist es nun, innerhalb eines Teams ein Bewusstsein über diese sogenannten *Crosscutting Identities* herzustellen und dafür zu sorgen, dass keine Reduktion auf eine Identitätsdimension stattfindet (vgl. Brewer/Gaertner 2001), und gleichzeitig der Gefahr vorzubeugen, dass die *Intracategory*-Differenzierung dazu führt, dass sich spezifische Subgruppen bilden (vgl. ebd.).

Wie ist es nun möglich, einen Mittelweg zu finden zwischen „wir sind alle gleich" im Sinne einer Negierung relevanter Identitätsdimensionen und der „Gefahr des Zerfalls in Subgruppen" durch eine Überbetonung derselben?

Innerhalb des Teams sind Rahmenbedingungen wichtig, die die *Inclusiveness* hervorheben. Die Beziehungen untereinander müssen von Bedeutung sein. Es muss gegenseitiges Vertrauen vorhanden sein. Durch eine Betonung der Gemeinsamkeiten und Ähnlichkeiten kann dieses aufgebaut und gefördert werden. Erst in weiterer Folge ist eine gegenseitige und gemeinsame Differenzierung sinnvoll. Nur auf einer guten, vertrauensvollen Arbeitsbasis kann Dekategorisierung im Sinne von Personalisierung erfolgen, die auch Gemeinsamkeiten sichtbar macht und Voraussetzung für eine Rekategorisierung ist, die wiederum eine gegenseitige und gleichzeitig gemeinsame Differenzierung erlaubt (vgl. Brewer/Gaertner 2001).

> Gemeinsamkeiten schaffen Vertrauen.
>
> Gemeinsamkeiten sichtbar zu machen fördert die Beziehungsebene.
>
> Gemeinsamkeiten sind die Basis für eine Differenzierung in Teams und eine aufmerksame Betrachtung der Vielfalt, die Entwicklung ermöglicht.

Für das Sichtbarmachen von Gemeinsamkeiten stehen BeraterInnen, SupervisorInnen und Coaches eine Reihe von Techniken zur Verfügung, wie zum Beispiel das Aufstellen. Hier empfiehlt es sich, die aufzustellenden Aspekte vom jeweiligen Team nennen zu lassen, denn neben den Unterschiedlichkeiten wird hier auch sichtbar, inwiefern das Team den Fokus noch auf Gemeinsamkeiten oder schon auf Differenzen legt. Eine andere Variante ist es, die *Four Layers of Diversity* (von außen nach innen; siehe dazu Kapitel 1) einer solchen Aufstellung und somit Sichtbarmachung zu Grunde zu legen.

2.4 Eine sozialpsychologisch fundierte Diversitykompetenz – ein erster Ansatz

Die Sozialpsychologie liefert eine Reihe von Aspekten, die meiner Meinung nach wesentlich für einen kompetenten Umgang mit Diversity sind. In diesem Beitrag habe ich eine Auswahl getroffen und den Fokus auf „unsere Bilder im Kopf und deren Auswirkungen auf andere" gelegt, die ich nun abschließend unter dem Gesichtspunkt einer sozialpsychologisch fundierten Diversitykompetenz zusammenfasse.

▶ *Es braucht eine bewusste Auseinandersetzung mit den eigenen Bildern im Kopf anstatt ihrer Verschleierung oder Tabuisierung unter dem Deckmantel der politischen Korrektheit.*

Das Denken und Handeln ist aus sozialpsychologischer Sicht von mentalen Bildern geprägt, die auch in Bezug auf Menschen und deren Zugehörigkeit zu den verschiedensten Diversity-Dimensionen bestehen. Ein Tabuisieren, Wegschauen und Verleugnen eigener sozialer Kategorisierungen und Stereotypisierungen hat, wie wir gesehen haben, aber nicht ein Auslöschen dieser zur Folge, sondern ein Verschieben in das Unbewusste, wo sie schalten und walten können und das Verhalten und die Wahrnehmung beeinflussen. Es ist daher unumgänglich, sich bewusst mit eigenen, vielleicht auch beschämenden Stereotypen auseinanderzusetzen.

Es ist nicht zu unterschätzen, dass auch Menschen mit „wenigen Vorurteilen" doch das eine oder andere subtile Vorurteil internalisiert haben, das gegebenermaßen automatisch aktiviert wird, lediglich weil sie/er in einer dementsprechenden Kultur sozialisiert wurde. Wenn direkt danach gefragt wird, ist Kontrolle möglich und es kann sozial erwünscht geantwortet werden (vgl. Devine/Plant/Blair 2001), ohne das Gesagte internalisiert zu haben. Die Kompetenz der politischen Korrektheit verschleiert somit blinde Flecken.

Auch wenn unterdrückte Vorurteile Reaktanz hervorrufen (vgl. Devine/Plant/Blair 2001), was ein Ansprechen der Vorurteile oft schwierig macht, gilt es dranzubleiben und einen passenden „sanften" Weg zu finden. Hilfreich dafür kann allein das Wissen über die Stereotypisierung, deren Nutzen und deren Stellenwert sein, was die folgende Haltung begünstigen kann: "What matters is the character of the stereotypes, and the gullibility with which we employ them ... If our philosophy tells us that each man is only a small part of the world, that his intelligence catches at best only phases and aspects in a coarse net of ideas, then, when we use our stereotypes, we tend to know that they are only stereotypes, to hold them lightly, to modify them gladly." (Lippmann 1922, zit. nach Operario/Fiske 2001, S. 38)

Stellen wir uns unseren (subtilen) Bildern im Kopf nicht, werden die Vorurteile sowie Tendenzen gegen vorurteilsfreie Normen und die Fremdgruppe genährt (vgl. ebd.; siehe auch Kapitel 2.1.1 zu „Mechanismen der sozialen Kognitionen"). Denken Sie zum Beispiel an das im psychosozialen Bereich weit verbreitete Bild von Muslimen.

> *Geltende Normen hinterfragen und somit scheinbar gerechtfertigte und legitimierte Ausschlussmechanismen aufdecken*

Wie bereits erwähnt, führen ungleiche Machtverhältnisse dazu, dass Ausschlussmechanismen und Diskriminierungen als selbstverständlich gelten und von allen Beteiligten, Mehrheits- und Minoritätsangehörigen, unhinterfragt als nachvollziehbar und gerechtfertigt angenommen werden. Dieser Umstand führt aber weg von *Inclusion*, dem zentralen Ziel einer kompetenten Diversityarbeit.

Wie bereits erwähnt, werden im psychosozialen Bereich vermehrt MitarbeiterInnen mit Migrationshintergrund und einschlägigen Fremdsprachenkenntnissen gesucht. Darüber hinaus sollen sie sehr gute Deutschkenntnisse in Wort und Schrift sowie im besten Fall eine einschlägige, vorzugsweise in Österreich absolvierte Ausbildung mitbringen (vgl. Baig 2008, S. 99).

Stellt sich da nicht die Frage, ob es nicht fair wäre, die Zusatzqualifikationen (Migrationshintergrund und Fremdsprachenkenntnisse) finanziell extra abzugelten, da die KollegIn ja in mehreren Tätigkeitsbereichen gut einsetzbar wäre, im Gegensatz zu einer Mehrheitsangehörigen? Und was bedeutet es, trotz der genannten Zusatzqualifikationen auf perfekte Deutschkenntnisse zu beharren und wenig flexibel in Bezug auf geeignete, wenn auch nicht in Österreich absolvierte Berufsausbildungen zu sein?

Worauf ich hinaus will: Es muss bewusst sein, dass die geltenden Normen kaum bestehen bleiben können, wenn tatsächlich alle gleiche Chancen und Möglichkeiten haben (sollen) (vgl. Devine/Plant/Blair 2001).

> *Es braucht institutionelle Rahmenbedingungen, die Diskriminierung entgegenwirken und soziale Rollen aufgrund von Gruppenzugehörigkeiten nicht verwehren.*

Strukturelle Gegebenheiten auf institutioneller Ebene unterstützen oft Vorurteile und Diskriminierung, was auch erklärt, warum MitarbeiterInnen mit Migrationshintergrund im psychosozialen Bereich zwar immer mehr an Bedeutung gewinnen, aber selten bis in die Führungsebene kommen. Ich möchte mich an dieser Stelle Georg Auerheimer (2005, S. 19) anschließen, der dazu meint: „Die interkulturelle Orientierung einer Institution beginnt beim Leitbild und impliziert eine entsprechende Zusammensetzung des Personals, schließt fragwürdige Arbeitsteilung aus und erfordert Partizipation und Transparenz." Ein Grundsatz, der auch in Bezug auf andere Diversitätsdimensionen zu prüfen ist.

> *Auffälligkeiten und Andersartigkeit machen Angst und werden miteinander assoziiert – das gilt es sichtbar zu machen, um Mythen vorzubeugen.*

Dezidiert herausstreichen möchte ich auch noch einmal die Neigung, Auffälligkeiten und Andersartigkeiten miteinander zu verknüpfen. Diese Gefahr tritt vor allem dann auf, wenn es zu Kontakt mit Diversity-Dimensionen kommt, mit denen frau/man wenig vertraut ist und die Unsicherheit in einer/einem auslösen. Passiert das in auffallenden Situationen, die als schwierig oder irritierend erlebt werden, so ist die Gefahr einer Verknüpfung besonders groß, wenn auch natürlich. Sowohl für einen selbst als auch für die Arbeit mit KlientInnen empfiehlt es sich, nach einer emotionalen Stabilisierung die soziale Kategorisierung zu relativieren, zum Beispiel in Form eines gedanklichen Experiments, in dem vertraute Personen/Mehrheitsangehörige eingesetzt werden, oder durch das Finden einer passenden Metapher, die es ermöglicht, den Fokus weg von der Andersartigkeit zu legen, und die so den Blick erweitert und neue Perspektiven und Handlungsoptionen entstehen lässt.

> *Diskriminierungserfahrungen prägen und machen einen Unterschied.*

Von zentraler Bedeutung ist auch das Bewusstsein, dass Menschen, die unterschiedliche Diversitätsdimensionen vereinen, auch unterschiedliche Erfahrungen machen, und dass Menschen, die sich in zentralen Aspekten von Mehrheitsangehörigen unterscheiden, immer wieder mit Ausschluss und Diskriminierung konfrontiert sind. Diese Erfahrungen wirken sich auf die soziale Identität und andere psychodynamische Mechanismen aus. Es ist daher von großer Bedeutung, diese Reaktionen in ihrem gesamtgesellschaftlichen Zusammenhang zu sehen und nicht als persönlichen (oder gar kulturellen) Makel. Eine Auseinandersetzung mit dem eigenen Bild von Integration und Wissen über Diskriminierungserfahrungen und deren Auswirkungen kann hier hilfreich sein.

> *Unsicherheiten aushalten, den Fokus auf sich legen und einander ehrlich begegnen – das große Ziel der Diversitykompetenz*

Trotz aller Bemühungen gibt es Grenzen der Einfühlung, vor allem bei der Begegnung mit Diversity-Dimensionen, die aufgrund der eigenen Zugehörigkeiten als sehr fremd erlebt werden. Es werden dann Erklärungen gesucht und es wird versucht, das Fremde – das Andere – mit dem Fremden zu erklären, sei es durch tradiertes Wissen aus zweiter Hand oder indem die (strukturelle) Macht (der Situationsstrukturierung) genutzt wird, um die/den anderen zu ermutigen, sich zu erklären (vgl. Auernheimer 2005, 20 ff.).

Hier empfiehlt es sich meines Erachtens, bei sich zu bleiben, den Fokus weg vom anderen, hin auf sich selbst zu lenken, die Unsicherheit und die Verschiedenheit wahrzunehmen und zu akzeptieren und mit diesem Gefühl in die Begegnung mit dem anderen zu gehen. Die Chance ist groß, dass frau/man dann einander als Mitglieder unterschiedlicher, einander fremder Gruppen begegnet. Das ermöglicht einen gleichwertigen Austausch, in den beide Seiten sich gleichermaßen einbringen – niemand ist mehr ExpertIn. Es besteht nun die Möglichkeit der Konstruktion einer gemeinsamen sozialen Realität, in der Verschiedenheit Platz hat.

> *Es ist schwierig und kompliziert und ein langer Weg, der wichtig ist.*

Die große Herausforderung in Bezug auf Diversity ist die Komplexität. Komplexität auf allen Ebenen: die vielen Dimensionen der Vielfalt, die einzelne Menschen in sich vereinen können, die vielfältigen unterschiedlichen Erfahrungen, die damit einhergehen, und das Bedürfnis der Menschen, Komplexität zu reduzieren, da es ansonsten sozialpsychologisch betrachtet zu einer Überforderung kommt. Diese Komplexität des Themas hat zur Folge, dass Diversitybewusstsein im Sinne einer tatsächlichen Entsprechung der sozialen Gerechtigkeit viel Geduld und einen breiten diskursiven Prozess braucht – beides Qualitäten, die im Gegensatz zu dem verbreiteten lösungsfokussierten Denken unserer Zeit stehen, aber im Sinne detailreicher und detailgetreuer Bilder in unseren Köpfen von großer Bedeutung sind.

"Our categorical structures, which represent the mind's attempt to simplfy the complexities of the social world, play a significant role in such stereotypes. The difficulty of modifying these categorical structures, to make them more complex and more reflective of the actual variety of the social world, should not be underetimated. The importance of achieving this goal also should not be underestimated." (Rothbart 2001, S. 60)

Literatur

Abdul-Hussain, Surur/Baig, Samira (2006): Managing Diversity in Supervision und Coaching oder der kompetente Umgang mit Unterschieden. In: ÖVS News 3/06, S. 3–4.

Abrams, Dominic/Hogg, Michael A./Marques, José M. (Hg.) (2005): The Social Psychology of Inclusion and Exclusion. New York: Psychology Press.

Abrams, Dominic/Hogg, Michael A. (1990): Social Motivation, self-esteem and social identity. In: Abrams, Dominic/Hogg, Michael A. (Hg.): Social Identity Theory. Constructive and Critical Advances. Hempstead: Harvester Wheatsheaf.

Aronson, Elliot/Wilson, Timothy D. /Akert, Robin M. (2004): Sozialpsychologie. München: Pearson Studium.

Auernheimer, Georg (2005): Interkulturelle Kommunikation und Kompetenz. In: Migration und Soziale Arbeit 2005/1, S. 15–22.

Baig, Samira (2008): Diversity und Ausschluss. In: Bakic, Josef/Diebäcker, Marc/Hammer, Elisabeth: Aktuelle Leitbegriffe der sozialen Arbeit. Ein kritisches Handbuch. Wien: Erhard Löcker GesmbH., S. 91–105.

Brewer, Marilynn B./Gaertner, Samuel L. (2001): Toward Reduction of Prejudice: Intergroup Contact and Social Categorization. In: Brown, Rupert/Gaertner, Samuel L. (Hg.): Blackwell Handbook of Social Psychology: Intergroup Processes. Oxford: Blackwell Publishers Ltd, S. 451–472.

Brown, Rupert/Gaertner, Samuel L. (Hg.) (2001): Blackwell Handbook of Social Psychology: Intergroup Processes. Oxford: Blackwell Publishers Ltd.

Deaux, Kay/Philogéne, Gina (2001). Framing the Issue. Introduction. In: Deaux, Kay/Philogéne, Gina (Hg.): Representations of the Social. Oxford: Blackwell Publishers. Ltd. S. 3–7.

Devine, Patricia G./Plant, Ashby E./Blair, Irene V. (2001): Classic and Contemporary Analysis of Racial Prejudice. In: Brown, Rupert/Gaertner, Samuel L. (Hg.): Blackwell Handbook of Social Psychology: Intergroup Processes. Oxford: Blackwell Publishers Ltd, S. 198–217.

Eagly, Alice H. (2004): Prejudice: Towards a More Inclusive Understanding. In: Eagly, Alice H./Baron, Reuben M./Hamilton, Lee V. (Hg): The Social Psychology of Group Identity and Social Conflict. Theory, Application and Practice. Washington DC: American Psychological Association, S. 45–64.

Esses, Victoria M./Dovidio, John F./Semenya, Antoinette H./Jackson, Lynne M. (2005): Attitudes toward Immigrants and Immigration: The Role of National and International Identity. In: Abrams. Dominic/Hogg. Michael A/Marques. Jose M. (Hg): The Social Psychology of Inclusion and Exclusion. New York: Psychology Press. S. 317–337.

Fiedler, K./Bless, H. (2002). Soziale Kognition. In: Stroebe, W./Jonas, K./Hewstone, M. (Hg.): Sozialpsychologie. Eine Einführung. Berlin: Springer Verlag.

Flick, Uwe (Hg.) (1995): Psychologie des Sozialen. Repräsentationen in Wissen und Sprache. Hamburg: Rowolth Taschenbuch Verlag.

Gardenswartz, Lee/Rowe, Anita (1998): Managing Diversity. A Complete Desk Refernce and Planning Guide. Revised Edition. New York: McGraw-Hill.

Gardenswartz, Lee/Rowe, Anita (2003): Diverse Teams at Work. Capitalizing on the Power of Diversity. Alexandria: SHRM.

Hinz-Rommel, Wolfgang (1994): Interkulturelle Kompetenz. Ein neues Anforderungsprofil für die soziale Arbeit. Münster: Waxmann.

Lorenzi-Cioldi, Fabio (2001): The When and Why of How: From Mental Representations to Social Representations. In: Deaux, Kay/Philogéne, Gina (Hg.): Representations of the Social. Oxford: Blackwell Publishers Ltd. S. 183–189.

Mayor, Brenda/Eccleston, Collette P. (2005): Stigma and Social Exclusion. In: Abrams, Dominic/Hogg, Michael A./Marques, José M. (Hg.): The Social Psychology of Inclusion and Exclusion. New York: Psychology Press, S. 63–87.

Marcus, Hazel Rose/Plaut, Victoria C. (2001): Social Representation: Catching a Good Idea. In: Deaux, Kay/Philogéne, Gina (Hg.): Representations of the Social. Oxford: Blackwell Publishers Ltd. S. 183–189.

Moscovici, Serge (1973): Foreword. In: Herzlich, Claudine (Hg.): Health and Illness: A Social Psychological Analysis. London. Academic Press.

Mummendey, Amélie/Otten, Sabine (2001): Aversive Discrimination. In: Brown, Rupert/Gaertner, Samuel L. (Hg.): Blackwell Handbook of Social Psychology: Intergroup Processes. Oxford: Blackwell Publishers Ltd, S. 112–132.

Oakes, Penelope (2001): The Root of all Evil in Intergroup Relations? Uneathing the Categorization Process. In: Brown, Rupert/Gaertner, Samuel L. (Hg.): Blackwell Handbook of Social Psychology: Intergroup Processes. Oxford: Blackwell Publishers Ltd, S. 3–21.

Operario, Don/Fiske, Susan T. (2001): Stereotypes: Content, Structures, Processes and Context. In: Brown, Rupert/Gaertner, Samuel L. (Hg.): Blackwell Handbook of Social Psychology: Intergroup Processes. Oxford: Blackwell Publishers Ltd, S. 44–22.

Potter, Jonathan/Wetherell, Margaret (1995): Soziale Repräsentationen, Diskursanalyse und Rassismus. In: Flick, Uwe (Hg.): Psychologie des Sozialen. Repräsentationen in Wissen und Sprache. Hamburg: Rowolth Taschenbuch Verlag.

Rice, Diana/Mullen Brian (2005): Cognitive Representations and Exclusion of Immigrants: Why Red-Nosed Reindeer Don't Play Games. In: Abrams, Dominic/Hogg, Michael A./Marques, José M. (Hg.): The Social Psychology of Inclusion and Exclusion. New York: Psychology Press, S. 293–315.

Rothbart, Myron (2001): Category Dynamics and the Modificatio of Outgroup Stereotypes. In: Brown, Rupert/Gaertner, Samuel L. (Hg.): Blackwell Handbook of Social Psychology: Intergroup Processes. Oxford: Blackwell Publishers Ltd, S. 45–64.

Simon, Bernd/Aufderheide, Birgit/Kampmeier, Claudia (2001): The Social Psychology of Minority-Majority Relations. In: Brown, Rupert/Gaertner, Samuel L. (Hg.): Blackwell Handbook of Social Psychology: Intergroup Processes. Oxford: Blackwell Publishers Ltd, S. 238–323.

Straßburger, Gaby (2007): Ethnisierung des Sexismus. Zum Diskurs über arrangierte Ehe und Zwangsheirat. In: Migration und soziale Arbeit. 1/2007 S. 25–32.

Tajfel, Henri (1982): Vorurteil und Gruppenkonflikt. Entstehung und Funktion sozialer Stereotypen. Bern: Verlag Hans Huber.

Turner, John C./Reynilds, Katherine J. (2001): The Social Identity Perspective in Intergroup Relations: Theories, Themes and Controversies. In: Brown, Rupert/Gaertner, Samuel L. (Hg.): Blackwell Handbook of Social Psychology: Intergroup Processes. Oxford: Blackwell Publishers Ltd, S. 133–152.

3 "Walk a mile in my shoes"
Systemische Beobachtungen von Diversität

Sabine Eybl, Siegfried Kaltenecker

„Systeme kann man nicht küssen", schrieb uns Fritz B. Simon (1997, S. 14) ins beraterische Stammbuch. Doch was kann frau/mann mit Systemen tun? Was sind überhaupt Systeme? Wie lassen sie sich angemessen erfassen? Und welchen Unterschied macht es, wenn wir ihnen geschlechts-, ethnien- oder altersspezifisch begegnen?

„Die Systemtheorie lässt sich nicht nur nicht küssen", paraphrasierte einmal eine befreundete Supervisorin, „sie lässt sich nicht einmal lesen!" Zweifellos ist die kollegiale Polemik nicht einfach von der Hand zu weisen. Systemtheorie wirkt sperrig, akademisch, fern der konkreten Beratungspraxis. Schon ihre Grundannahme ruft Zweifel auf den Plan: Es gibt Systeme, und zwar psychische und soziale Systeme. Diese reproduzieren sich auf der Grundlage von System-Umwelt-Differenzen, sind selbstreferentiell und arbeiten nach eigenen operativen Grundregeln.[1] Dem Zweifel folgt der sprichwörtliche Rattenschwanz an Fragen: Wie sind diese Differenzen beschaffen? Wie kommen sie in der Beratung zum Ausdruck? Und was folgt aus den operativen Regeln, wenn in Richtung Diversität gedacht wird?

Im Folgenden wollen wir diese Grundfragen aufnehmen, um in fünf Schritten nach möglichst konkreten Antworten zu suchen:

- Im Eröffnungsschritt skizzieren wir das systemtheoretische Denken anhand einiger Konzentrationspunkte.
- Mit dem zweiten Schritt möchten wir umreißen, was diese Konzentration für die systemische Beratung bedeuten kann.
- Der dritte Schritt versucht Diversität systemisch zu erfassen.
- Die Nummer vier stellt dar, wie sich systemische Methoden für eine

---

[1] In Luhmanns Worten: „Es gibt Systeme mit der Fähigkeit, Beziehungen zu sich selbst herzustellen und diese Beziehungen zu differenzieren gegen Beziehungen zu ihrer Umwelt." (Luhmann 1987, S. 231) Systemreproduktion und -differenzierung verlaufen über unterschiedliche Operationsweisen: psychische Systeme über Bewusstsein, soziale Systeme über Kommunikation.

diversitätsbewusste Supervisions- und Beratungspraxis einsetzen lassen.
- Und der letzte Abschnitt fasst die vorangegangene Schrittfolge zusammen, um noch einmal den möglichen Nutzen der Systemtheorie für den professionellen Umgang mit Diversität deutlich zu machen.

3.1 Systemtheoretische Konzentrationspunkte

„Welt als Problem" titelt Helmut Willke in seinen Grundlagen der Systemtheorie. Komplexität, Kontingenz und Konflikt sind die drei Phänomene, die er für diese Problematik ins Treffen führt.

An einem ersten Beispiel aus unserer Praxis – der Beratung eines Produktionsbetriebes, der die Arbeitsabläufe und Managementprozesse verbessern will – wollen wir diese Phänomene zu konkretisieren versuchen.

Komplexität lässt sich mit Willke (1996, S. 22) über die „Vielschichtigkeit, Vernetzung und Folgelastigkeit eines Entscheidungsfeldes" definieren.
- Vielschichtigkeit ist in unserem Beratungsbeispiel allein durch die interne Differenzierung des Betriebes gegeben. So bringt die Kerngruppe an Führungskräften, mit denen wir im Rahmen des Gesamtprojekts intensiv arbeiten, sowohl expertisen- als auch funktionsspezifische Unterschiede ein. Das Zusammentreffen des Technikexperten, des Produktionsverantwortlichen, der Leiterin der Qualitätssicherung und des Supply Chain Managers bringt bereits ein hohes Maß an Komplexität mit sich. Neben den genannten Differenzen sind individuelle Aspekte wie die persönlichen Lebensumstände der Führungskräfte ebenso bedeutsam für die Vielschichtigkeit wie die projektförmige Zusammenarbeit oder die organisatorischen Vorgaben.
- Die Vernetzung dieser vielschichtigen Unterschiede schlägt sich wiederum in unterschiedlichen Abhängigkeiten nieder. Abhängigkeiten zwischen den einzelnen Systemteilen: der Produktion und der Logistik, der individuellen Weiterbildung und der teamorientierten Entlohnung, der Stammbelegschaft und den externen MitarbeiterInnen etc.; Abhängigkeiten zwischen den Teilen und dem Systemganzen:

etwa hinsichtlich der Unternehmensstrategie, der Zielvorgaben oder der Ressourcenverteilung; und last but not least Abhängigkeiten zwischen dem Systemganzen und seinen relevanten Umwelten: ökonomische, politische, soziale oder ökologische.
- Folgelastig werden diese vernetzten Abhängigkeiten durch die Folgeprozesse, die jede einzelne Entscheidung in Gang setzt. Wie der Supply Chain Manager seine Work-Life-Balance definiert, beeinflusst sowohl das Zeitmanagement der gesamten Logistik-Abteilung als auch die Prioritätensetzung der Produktion. Eine Konfliktregelung für die multikulturell besetzten Produktionsteams wirkt sich nachhaltig auf die Qualitätssicherung aus. Und die teamorientierte Kooperation auf Managementebene dient als strukturelles Vorbild für die gesamte Führungskommunikation.

Dass das Entscheidungsfeld komplex ist, heißt allerdings nicht, dass Entscheidungen (auf einer bestimmten Ebene) zwangsläufig (auf einer anderen Ebene) folgelastig sind. Diese Form relationaler Unberechenbarkeit wird im systemtheoretischen Universum mit dem Begriff der „Kontingenz" bezeichnet.

Kontingenz meint kurz gesagt: Systeme können so, aber auch anders sein. Sie können auf die Entscheidungen von Teilsystemen reagieren. Sie können Umweltturbulenzen wahrnehmen. Sie können vernetzt sein und entsprechend folgelastig handeln. Oder eben nicht. So hatte, um die praktischen Auswirkungen der Kontingenz an unserem Beratungsbeispiel vor Augen zu führen, die Reorganisation der Produktion keine nennenswerten Auswirkungen auf das Supply Chain Management. Die Qualitätssicherung erhielt hingegen eine ganz neue Bedeutung. Und die Zusammenlegung der Büros von Produktionsleitung und Supply Chain Management brachte gleichzeitig neue Kooperationsverhältnisse auf der Führungsebene und unerwartete Konflikte auf der MitarbeiterInnenebene mit sich.

Und die systemtheoretische Moral von der Geschicht'? Soziale Systeme sind so wenig linear vernetzt wie psychische Systeme. Beide begegnen einander als klassische *Black Boxes* auf der Grundlage wechselseitiger Intransparenz. Für psychische Systeme heißt das: Keine und

Systemtheoretische Konzentrationspunkte

keiner kann „in das Gehirn, das Bewusstsein, die ‚Schaltzentrale' des anderen schauen und beobachten, nach welchen Operationsregeln der andere arbeitet" (Willke 2005, S. 27). Und für soziale Systeme: Die offensichtlichen Kommunikationen und Entscheidungen folgen untergründigen Mustern, die nur bei genauer Beobachtung zu erahnen sind.

Kontingenz heißt also auch: Ursachen und Wirkungen sind nicht eindeutig miteinander verknüpft, Entscheidungen können diese oder jene Folgewirkungen haben (oder eben gar keine). Systeme folgen keiner eindeutigen Logik und sind nicht steuerbar wie eine triviale Maschine (vgl. von Foerster 1985). Genau dies macht, so viel vorweg, nicht nur die Welt, sondern auch die beraterische Intervention in diese Welt zum Problem.

Mit Niklas Luhmann lassen sich die genannten Phänomene folgendermaßen zusammenfassen: „Unter Komplexität wollen wir verstehen, dass es stets mehr Möglichkeiten gibt, als aktualisiert werden können. Unter Kontingenz wollen wir verstehen, dass die angezeigten Möglichkeiten weiteren Erlebens auch anders ausfallen können, als erwartet wurde (...). Komplexität heißt also praktisch Selektionszwang, Kontingenz heißt praktisch Enttäuschungsgefahr und Notwendigkeit des Sicheinlassens auf Risiken." (Luhmann 1972, S. 31, zit.n. Willke 1996, S. 30) Folgt frau/mann dem Begriffspaar Komplexität und Kontingenz, ist leicht erklärlich, warum es sich zur systemtheoretischen Triade erweitert. Der Begriff „Konflikt" pointiert die Problemdynamik einer Welt, die einerseits dem viel zitierten „Land der unbegrenzten Möglichkeiten" gleicht und andererseits nur wenig Entscheidungssicherheit bietet.

- Komplexität nährt das Konfliktpotenzial aufgrund der überschüssigen Möglichkeiten der Umwelt, die unter dem Gesichtspunkt der Handlungsfähigkeit des Systems reduziert werden müssen. Das erklärt die Luhmann'sche Parole des praktischen Selektionszwangs: Triff eine Entscheidung, wähle aus, lege fest! Und zugleich: ignoriere alle anderen Optionen, leugne die Vielfalt, selbst wenn die Folgen der Entscheidung noch so unsicher sind.

In der Organisationsberatungs- und Supervisionsarbeit haben sich für die Komplexitäts-Konflikt-Bearbeitung entsprechend selektive Fragen als hilfreich erwiesen: Welche relevanten Umwelten welchen Systems sind in Veränderung begriffen? Welchen Einfluss haben diese

Veränderungen auf die internen Prozesse? Und wie lassen sich diese Prozesse neu aus- und einrichten?
- Im Unterschied zur Komplexität nährt die Kontingenz systeminterne Konflikte aufgrund von Handlungsalternativen, die im Hinblick auf bestimmte Umweltbedingungen bewertet und entschieden werden müssen. Folglich lässt sich die Luhmann'sche Enttäuschungsgefahr mit einem klassischen Spruch fassen: „Erstens kommt es anders, und zweitens als man denkt!" Und Risikobereitschaft kann dann heißen: Geh aufs Ganze – aber rechne damit, dass du dich verrechnest! In der Beratung werden diese Konflikte beispielsweise über folgende Fragen thematisiert: Welche strategischen Ziele werden verfolgt? Welche Strukturen sind dafür nötig? Wie sind die Ressourcen zu verteilen? Und welche Formen der Kommunikation sind zu kultivieren?

3.2 Systemische Beratung

Auf der einen, der Komplexitäts-Konflikt-Seite, steht also die Frage, was relevant ist und was nicht. Auf der anderen, der Kontingenz-Konflikt-Seite, welches Wahrnehmen und Handeln günstiger ist. In diesem Spannungsfeld versucht systemische Beratung zielgerichtete Bewegungen in Systeme zu bringen. Nach Königswieser/Hillebrand (2004, S. 20) ist es Ziel systemischer Beratung, „langfristige, nachhaltige Lern- und Erneuerungsprozesse zu initiieren und zu begleiten, um Systeme (Organisationen) überlebensfähiger, erfolgreicher und effizienter zu machen". Als systemische BeraterInnen unterstützen wir solche Prozesse, indem wir mit unseren Interventionen bedeutsame Unterschiede in der Operationsweise von Organisationen, Teams oder einzelnen Führungskräften zu bewirken versuchen.

Wie lassen sich nun solche Unterschiede bewerkstelligen? Wie oben ausgeführt, ist für die Systemtheorie die Grundannahme zentral, dass komplexe Systeme ein Eigenleben[2] führen und daher weder gänzlich

---

[2] „Sie reproduzieren sich mittels Kommunikation ständig selbst, sind in permanenter Veränderung begriffen und schaffen immer neue Ordnungsgefüge in Form von erinnerter Geschichte, strukturell festgehaltenen Erfolgen und abgestimmten Wahrnehmungsmustern und Erwartungshaltungen." (Königswieser/Hillebrand 2004, S. 35)

durchschaubar noch direkt beeinflussbar sind. Damit ist das Dilemma jeder supervisorischen oder teamentwicklerischen Intervention umrissen. Systemische Beratung versetzt sich nämlich selbst in die paradoxe Situation, nicht intendierbare Intentionen und nicht bewirkbare Wirkungen ausführen zu wollen. Wie die Welt kann also auch die Intervention als vielfältiges Problem erfasst werden. Alles ist möglich: von der direkten, linearen Wirkung einer Intervention über Wirkungslosigkeit bis zum Eintritt des genauen Gegenteils der beabsichtigten Wirkung. Die Wahrnehmung, die Kommunikation und nicht zuletzt die Entscheidungen von Systemen lassen sich eben nicht definitiv vorhersagen. Systemisch betrachtet kann eine Intervention nur ein Impuls sein, aus dem das System macht, was es macht. Mit anderen Worten: „Systemische Intervention könnte eine zielgerichtete Kommunikation genannt werden, in der man sich der prekären Ausgangslage des Versuchs der wirkungsvollen Beeinflussung eines autonomen sozialen Systems bewusst ist." (Königswieser/Exner 2004, S. 17)

Wie die Erfahrung vielfältiger Interventionen in Supervisions- oder Beratungssettings lehrt, reagieren komplexe Systeme auf die versuchte Veränderung vieler Systemparameter oft bemerkenswert gering. Vermeintlich „geniale", hoch differenzierte Interventionen verpuffen, humorvoll gemeinte Pointen bleiben ohne Witz, zielorientiert gemeinte Feedbacks lösen völlig unerwartete Reaktionen aus. Allerdings belegt die Erfahrung ebenso, dass jedes System bestimmte Stellen hat, an denen es sehr sensibel reagiert. Selbst einfache, beiläufig gesetzte Interventionen vermögen dann einen bedeutsamen Unterschied zu bewirken: Das klassische Dreieck von Strategie–Struktur–Kultur macht der Geschäftsführerin einer ebenso erfolg- wie konfliktreichen Design-Firma nachhaltig ihr „eigentliches" Thema für die Einzelberatung deutlich (nämlich Strukturklärung statt fortgesetztem „Feuerwehr"-Einsatz auf der Konflikt-Kultur-Ebene); ein nebenbei erwähntes Hannah-Arendt-Zitat („Niemand hat das Recht zu gehorchen") löst eine intensive Debatte über autoritären Führungsstil innerhalb und außerhalb der Supervision aus; und ein als „Pausenfüller" eingesetzter Song von Annett Lousian („Bleib' mir vom Leib mit deiner Lösung") weist eine Projektgruppe in beschwingter Weise auf ihre beharrliche Problemtrance hin.

Die Kunst der Intervention besteht jedenfalls darin, mittels geeigneter Instrumente die empfindlichen Parameter eines Systems ausfindig zu machen und deren bewusste Veränderung anzuregen (vgl. Willke 2005, S. 73). Eingedenk der zwangsläufigen Komplexität, Kontingenz und Konflikthaftigkeit jedes Veränderungsversuches gibt es dafür letztlich nur zwei Werkzeuge: Beobachtung und Kommunikation.

Im Sinne einer kleinen Werkzeugkunde stellen sich zur Beobachtung gleich drei Fragen ein: Wie erfolgt sie? Was steht dabei im Brennpunkt? Und welchen Nutzen bringt sie? Die Struktur der Beobachtung, um gleich mit der Wie-Frage zu beginnen, folgt den bekannten systemischen Grundannahmen. Beobachtung ist immer selbstreferentiell, den eigenen Operationsregeln verhaftet, gewissermaßen in einem anderen Sternsystem als das Beobachtete[3]. Auf den Punkt gebracht: Die Logik der Beobachtung ist immer diejenige des beobachtenden Systems und seiner kognitiven Struktur. Deswegen sagt, um an dieser Stelle das bekannte Bonmot zuzuspitzen, was Peter über Paul sagt, letztlich alles über Peter und nichts über Paul. Beobachtende BeraterInnen sollten daher jene systemischen Möglichkeiten nützen, mit denen weiße Flächen in die schwarzen Kästen der inneren und äußeren Umwelten gebracht werden können: für die äußere Umwelt die Beobachtung zweiter Ordnung[4] und eine anschlussfähige Kommunikation[5]; nach innen

---

[3] „Alles, worüber man (sic!) verfügt, ist die Perspektive eines Beobachters (sic!), der beobachten kann, wie andere Beobachter beobachten, was sie sehen können und was für sie unsichtbar ist, und der weiß, dass diese Blindheit auch für ihn selbst als Beobachter gilt. Das ist die Bedingung, auf der Erkenntnis beruht, und sie hat eine ganze Kaskade von Folgen – sowohl ‚negative' – das Unmögliche: vor allem Sicherheiten – als auch ‚positive' – das Mögliche: was nun angenommen werden kann." (Esposito 2003, S. 70)

[4] Nach Luhmann lässt sich die für die systemische Beratung maßgebliche Beobachtung zweiter Ordnung definieren als „Beobachtung eines Beobachters (sic!) im Hinblick auf das, was er sehen kann, und im Hinblick auf das, (…) was er nicht sehen kann". Auf diese Weise lässt sich herausfinden, „mit welchen Unterscheidungen ein Beobachter arbeitet, den ich beobachte" (Luhmann 2003, S. 156). Im Sinne der systemischen Beratung rekurriert die Beobachtung nicht nur auf das Sehen, sondern ebenso auf das Hören, Fühlen, Schmecken und Riechen (vgl. die Unterscheidungen von „Ich spüre ein gewisses Unbehagen" über „ein Team mit einem unverwechselbaren Stallgeruch" bis hin zu „Situationen, die einen schalen Nachgeschmack haben").

[5] Wofür sich etwa systemische Fragen bewährt haben. Zu diesen und weiteren Interventions-„Werkzeugen" vgl. die Praxisbeispiele in Kapitel 3.4.

Systemische Beratung

Selbstbeobachtung und Selbstbeschreibung. Die Konzentration auf diese Möglichkeiten verpflichtet systemische BeraterInnen nicht nur zu einer Grundhaltung der Bescheidenheit, sondern auch zu einer zirkulären Reflexivität, die in der sogenannten systemischen Schleife zu einer klassischen Form gefunden hat (vgl. Königswieser/Exner 2004).

Diese Schleife soll an einem zweiten Beratungsbeispiel kurz dargestellt werden. Es handelt sich dabei um ein Supervisionsprojekt mit dem 5-köpfigen Leitungsteam eines sozialökonomischen Betriebs, das vom Autor dieses Beitrags begleitet wurde.

- In der Beobachtungs- oder Informationsphase, dem ersten Teil der Schleifenbewegung, geht es um Grundfragen nach den konkreten Anliegen und einer entsprechend fokussierten Diagnose bezüglich der relevanten System-Umwelt-Differenzierungen (Träger, Financiers, Klienten, Stakeholder etc.), der strategischen Ausrichtung, der organisatorischen Einbettung, der Teamstruktur und der bisherigen Betriebsgeschichte. Wesentlich dabei ist, dass der Supervisor den Informationsschöpfungsprozess steuert, ohne ihn selbst auf sich zu nehmen. Das heißt, dass konsequent das Leitungsteam arbeitet, sodass bereits in dieser Phase neue, zum Teil überraschende Erklärungsmuster zur eigenen Situation entstehen. Das System setzt sich sozusagen selbst in Differenz und macht seine eigenen, zum Teil ungeahnt diversen Unterscheidungen wahrnehmbar (vgl. Wimmer 2004, S. 283f.).

- Bereits im Rahmen des Erstgesprächs entwickelt der Supervisor eigene Hypothesen, die das weitere Intervenieren leiten. Etwa die Hypothese eines Strukturdefizits, die in der Folge Abstimmungsregeln und Entscheidungsmodi ins Zentrum stellt; die Hypothese einer starken Harmonieorientierung, aufgrund derer Dissens forciert wird; oder die Hypothese einer speziellen Resonanz, mit der die Kernaufgabe, nämlich die Unterstützung von arbeitssuchenden Menschen mit Behinderungen, auf das Team zurückschlägt.

- Nachdem also Hypothesen gebildet (Phase 2 der Schleife) und entsprechend hypothesengeleitete Interventionen geplant und gesetzt (Phase 3 und 4) wurden, geht es in der Auswertungsphase (5. Schleifenabschnitt) um die Zusammenfassung der gewonnenen Informa-

tionen. Welche Ansichten dominieren? Wie ist das Kommunikationsnetz beschaffen, also wer hat wie viele Redeanteile, wer reagiert auf wen besonders stark etc.? Und wer äußert welche Ansprüche und Erwartungen?
- Auf der Basis dieser neuen Beobachtungen bildet der Supervisor neue Hypothesen (beispielsweise die einer spezifischen Entscheidungsschwäche), verwirft bisherige (keine für den Supervisor beobachtbaren Resonanzphänomene) oder akzentuiert sie (Mängel in der Wahrnehmung der für das Projekt relevanten Umwelten). Und daraufhin plant und setzt er weitere Interventionen (etwa in Richtung direkterer Konfrontation), beobachtet die Reaktion, trifft weitere Annahmen und so weiter und so fort.

Wie das Beispiel demonstrieren will, liegt der Fokus der systemischen Beobachtung nicht auf den einzelnen Elementen des Systems, sondern auf ihren Relationen (denn nur so treten die Elemente überhaupt in Erscheinung). Die Relationen werden als zentrale Bausteine jeder Organisation angesehen, sodass sich jede Veränderung des Systems nicht auf persönliche Eigenschaften, sondern auf Kommunikationsmuster konzentriert. Für die systemische Beratung ist es also unumgänglich, gewissermaßen durch die Personen hindurch zu sehen, um ein System zu begreifen. Es geht darum, „die hinter den agierenden Personen wirksamen Strukturen und Logiken des Systems zu erkennen und anschlussfähig zu intervenieren" (Königswieser/Hillebrand 2004, S. 37).

Auf das obige Praxisbeispiel bezogen heißt das, nicht nur das jeweilige Handeln (Was sagt wer zu wem?), sondern auch das Ver-Handeln (Welche Rollenerwartung wird dabei auf welche Weise geäußert?) sowie die Regelung dieses Ver-Handelns (Was wird wie wahrgenommen? Was hat welche Folgelastigkeit?) im Auge zu haben. Im Sinne der Beobachtung zweiter Ordnung ermöglicht dies dem systemischen Supervisor, den SupervisandInnen eine Rückmeldung auf ihre charakteristischen Unterscheidungen sowie auf ihre mutmaßlichen blinden Flecken zu geben (Was sehen sie nicht, während sie einander sehen?). Dabei stehen jedoch nicht die einzelnen Personen im Mittelpunkt, sondern deren erwartungsgeleitete Kommunikationen. Mit anderen Worten: die Muster und Strategien, die dem Handeln von Systemen die Richtung vorgeben (vgl. Willke 2005, S. 35).[6]

Im Hinblick auf die komplexe Infrastruktur von sozialen Systemen wird klar, dass Entscheidungen immer in ein verzweigtes Netz unterschiedlicher Erwartungen eingebettet sind. Handlungen müssen so lange unbegreiflich erscheinen, wie die BeobachterInnen die Erwartungen gar nicht in Betracht ziehen, die bestimmte Entscheidungen sozusagen erst in Form bringen. Handlungen können dann als die Oberflächenphänomene einer verzweigten Tiefenstruktur von erwartungsgeleiteten Kommunikationen gesehen werden. Zwischen die gut sichtbaren Handlungen und die nur über Umwege erkennbaren Erwartungen sind mehrere strukturierende Muster geschaltet. „Anders gesagt: Erwartungen sind nicht einfach da und Kommunikationen finden nicht einfach statt. Vielmehr folgen sie den in der Systemgenese aufgebauten Strukturmustern. Diese lassen sich verstehen als die kondensierten Traditionen, Lernerfahrungen und Selbstidentifikationen des Systems." (Ebd., S. 36) An dem skizzierten Supervisionsbeispiel lässt sich ein solches Verständnis folgendermaßen pointieren:

- Die langjährige berufliche wie private Vernetzung von Betriebsleitung und Stellvertretung und die zumindest ebenso langjährige Konfliktdynamik der Sozialarbeiterinnen sind Traditionen, die das Kommunikationsmuster wesentlich beeinflussen.
- Die wechselseitige Erhellung dieser Traditionen ermöglichte die Klärung der bislang nur implizit kommunizierten Erwartungen an den Gesamtbetrieb und seine Teile.

---

[6] Für die professionelle Fokussierung von handlungsleitenden Mustern und Strategien ist die familientherapeutische Arbeit des Mailänder Teams um Mara Selvini Palazzoli wegweisend. Ausgangspunkt für die MailänderInnen war die Familie als regelgeleitetes System: „Das entscheidende System, um das es in der Therapie geht, besteht nicht aus Personen, sondern aus Information und Kommunikation. Daher wird weniger das ‚von Haut umschlossene Individuum' als Einheit angesehen, sondern der Fokus liegt auf ‚Einheiten von Bedeutungen, von Regeln'." (Schlippe/Schweitzer 2003, S. 30) Mit Unterstützung der therapeutischen Arbeit gilt es, die Regeln zu verändern, nach denen die familiäre Interaktion organisiert ist. Zur konkreten Interventionstechnik in der systemischen Beratung, wie etwa dem zirkulären Fragen, siehe Kapitel 3.4 dieses Textes.

- Die Offenlegung der Erwartungen löste schließlich auch die tradierten Frontstellungen auf. Sie ließ Rollen wieder gestaltbar werden, brachte neue Unterschiede in die Kommunikation ein und ermöglichte konsensorientierte Entscheidungen, die auf ausgetragenem Dissens beruhten.

Damit scheint ein abschließender Blick auf den Nutzen der Beobachtung möglich. Was bringt es einem System, wenn systemische Beobachtung im Zentrum steht? Was kann das System dadurch erkennen? Systemtheoretisch lässt sich der Nutzen der Beobachtung über das Verhältnis von *ego* und *alter* definieren. Anders gesagt: über eine spezifische Differenz von System und Umwelt. Die Berechtigung für BeraterInnen, so Helmuth Willkes Conclusio, einer Organisation überhaupt einen besonderen Dienst zu erweisen, liegt nicht darin, dass BeraterInnen es besser wissen (oder auch nur besser sehen). Sie liegt ausschließlich darin, dass sie etwas anderes sehen als die Organisation. (Vgl. Willke 2005, S. 202) Jede Perspektive ist notwendig begrenzt und hat ihre spezifischen blinden Flecken. Beratende Intervention ist der Versuch, die unterschiedlichen Sichtweisen produktiv zu nutzen, um mehr über die systemeigenen Schwächen und Stärken zu erfahren und die Handlungsoptionen entscheidend zu erweitern.

3.3 Diversität systemisch

Was kann nun Diversity zu einer solchen Produktivität beitragen? Welche Stärken und Schwächen sind mit der Konzentration auf die vorhandene Vielfalt zu beobachten? Und welche Optionen sind mit einem professionellen Diversity Management erweiterbar? Auf der Suche nach Antworten wollen wir zuerst einmal den Grundannahmen der unterschiedlichen Diversitätskonzepte nachgehen. Mit systemtheoretischer Brille betrachtet, lassen sich diese Annahmen folgendermaßen umreißen:
- Es gibt Vielfalt in Systemen. Die Identität jeder Organisation, jeder Gruppe und jedes einzelnen Menschen konstituiert sich aus einer Vielzahl von Unterschieden. (Vgl. Gardenswartz/Rowe 2003)
- Der Versuch eines professionellen Umgangs mit Diversität kann als eine systemische Reaktion auf veränderte Umweltbedingungen gese-

hen werden: auf rechtliche Entwicklungen, demografischen Wandel, Wertewandel oder wirtschaftliche Metatrends (Internationalisierung, Globalisierung, Wettbewerbsdruck etc.) (vgl. Stuber 2004, S. 45ff.).
- Systeme funktionieren besser, wenn sie ihre Vielfalt nutzen. Mit Bateson ausgedrückt: Ein Mehr an Unterschieden kann den entscheidenden Unterschied machen.[7] Betriebswirtschaftlich kann das Ignorieren dieser Unterschiede hohe Folgekosten mit sich bringen: aufgrund interner Konflikte (Stichwort: Kontingenz von Selektionen), aber auch aufgrund mangelhafter Anpassung an die veränderten Umweltbedingungen (Stichwort: Komplexität von Selektionen).
- Ein professionelles Management von Vielfalt kann strategische Ressourcen mobilisieren. Neben dem Kostenargument (bei guter Integration steigen Motivation und Produktivität) und dem Flexibilitätsargument (gesteigerte Offenheit gegenüber internen oder externen Veränderungen) werden hierfür Problemlösungs- bzw. Innovationsargumente (unterschiedliche MitarbeiterInnen sorgen für eine bessere Bearbeitung komplexer Organisationsprobleme), Marketing- und Vertriebsargumente (neue Marktsegmente, höhere Marktanteile, bessere Kundenbeziehungen usw.) sowie Personalmarketingargumente (verbessertes Personalimage, höhere Attraktivität) ins Treffen geführt (vgl. Höher 2002, S. 53f.; Bendl 2004, S. 60; Überacker 2004).
- Die gezielte Nutzung von Vielfalt bedarf besonderer Kompetenzen. Diversity braucht ein professionelles Management, das sich auf eine neue Kombination von „awareness", „understanding" und „diversity skills" stützt. Dabei wird zugleich auf der Ebene persönlicher Vorurteile wie auf der Ebene organisatorischer Präferenzen angesetzt (vgl. Stuber 2004; Koall/Bruchhagen 2005).
- Vielfalt hat jedoch nicht nur ein wirtschaftliches, sondern auch ein politisches Potenzial. Vom Leitgedanken „Diversity & Inclusion" wird beispielsweise das Recht ungleicher ArbeitnehmerInnen auf ungleiche Behandlung abgeleitet (vgl. Engel 2004). Managing Diversity „zielt darauf ab, soziale Unterschiede in Geschlecht, ethnischer Her-

---

[7] Im selten zitierten Original: "A 'bit' of information is definable as a difference which makes a difference." (Bateson 1972, S. 407) Danke an Marion Kremla für das kritische Lektorat und die Paraphrasierung an dieser Stelle.

kunft, Alter, Religion, Schicht oder Lebensstil wahrzunehmen und für eine Weiterentwicklung von Gesellschaft (...) in Richtung einer bewussten Heterogenität zu nutzen" (Hartmann/Judy 2005, S. 7). Weit über organisatorische Benefits hinaus soll es also um die Einwirkung auf gesellschaftliche Macht- und Dominanzverhältnisse gehen. Dies meint emanzipatorische Arbeit an den konstitutiven Normen, die Veränderung von Erwartungshaltungen, die Etablierung neuer Auswahl- bzw. Differenzierungskriterien, kurz: die Veränderung jener Tiefenstruktur, die in vieler Hinsicht als handlungs- bzw. entscheidungsrelevant erscheint (vgl. Koall 2002, S. 3ff.).

Systemtheoretisch betrachtet, bringt die bewusste Auseinandersetzung mit Diversität jedenfalls eine gezielte Komplexitätssteigerung mit sich. Diversitätsorientierte Interventionen ermöglichen neue Erfahrungen von Differenz und sorgen damit für einen erheblichen Zuwachs an potenzieller Information. Im Sinne einer zum Problemfall erklärten Welt steigert ein bewusster Umgang mit Diversität sowohl die Vielschichtigkeit als auch die Vernetzung der vorhandenen Elemente. Für die Beratung ist es alles andere als unerheblich, ob mit der funktionalen Differenz auch eine Differenzierung nach Geschlecht, Alter, Herkunftssystem, körperlicher Verfassung oder sexueller Orientierung erfolgt. Und in der chronischen Vernachlässigung solcher Differenzierungen kann ein folgelastiger „blinder Fleck" der Systemtheorie wie der systemischen Beratung gesehen werden.

Wie das obige Beispiel der Teamsupervision zeigt, macht es mitunter einen sehr bedeutsamen Unterschied, ob die Kommunikation auf konflikthafte Diversitätsfaktoren untersucht wird. In diesem Praxisfall wurde das Entscheidungsfeld nämlich nicht nur durch Strukturdefizite, sondern auch durch den gegen den stellvertretenden Leiter erhobenen Vorwurf sexueller Nötigung komplex. So ging es gleichzeitig um den Vorwurf der Nötigung hierarchisch untergebener Frauen (Stichwort: sexualisierte Machtverhältnisse); darum, dass der Vorwurf besonders vehement von einer lesbisch lebenden Mitarbeiterin erhoben wurde (Stichwort: „anderer" Blick); darum, dass der Stellvertreter mit dem Leiter eng verbunden war (Stichwort: Männerbund); und darum, dass diese Verbindung lange Zeit eine massive Konfliktverleugnung mobilisierte (Stichwort: patriarchale Seilschaften). Wir gehen davon aus, dass der Supervisor mit einer „rein" systemischen Beobachtung ebenso deplatziert gewesen wäre wie mit Interventionen, die nicht auf diese Vielfalt fokussieren. Erst die sorgsame Differenzierung im Zuge der diagnostisch-hypothetisierend-intervenierenden Schleifen (Motto: die Verhältnisse mit anderen Augen sehen lernen) und vor allem die kritische Selbstbeobachtung (Motto: unterschwellige Männersolidarität erkennen) halfen, einen Weg aus der kommunikativen Sackgasse zu gestalten. Dass dieser Weg zur Kündigung des umstrittenen Kollegen und einer Neustrukturierung des Projekts führte, verdeutlicht, was Folgelastigkeit in einem diversitätsreichen Konfliktfeld bedeuten kann.

Durch gezielte Komplexitätssteigerung können nicht nur neue Unterschiede sichtbar gemacht werden, sondern auch Widersprüche und Machtasymmetrien.[8] Kurzum: Mit der Komplexität steigt das Konfliktpotenzial von sozialen Systemen. Lässt sich also die These wagen, dass Diversität einen ganz spezifischen „Druckpunkt" für die Veränderungsarbeit darstellt? Und dass Vielfalt eine jener sensiblen Stellen markiert, auf die systemische Beratung fokussieren kann?

Bei allen Unterschieden sind aus unserer Sicht zahlreiche Anschlüsse zwischen den Konzepten des Diversitätsmanagements und der systemischen Beratung herstellbar. So unterschiedlich ihre jeweiligen Hintergründe, so verbindend die Einschätzung, dass ...

- ... von der Annahme bedeutsamer Unterschiede auszugehen und dafür die Bedeutung von Sprache als zentral anzusehen ist.
- ... Beobachtung und Kommunikation zentrale Interventionsmedien darstellen und die Instanz der Beobachterin/des Beobachters einer besonderen Reflexion bedarf.
- ... Differenzierungsnormen und Kommunikationsprogramme, Rollenerwartungen und Spielregeln im Brennpunkt stehen.

---

8 Vgl. hierzu Dominik Sandners Bedenken, dass sich viele Managing-Diversity-AutorInnen auf individuelle Unterschiede konzentrieren und nicht auf „Unterschiede in Bezug auf die Zugänge zu Macht und die innerbetriebliche Verteilung derselben" (Sandner 2004).

- ... vielfältige Perspektiven produktiv sind. Entwicklungspotenzial wird an neue Wahrnehmungen, andere Kommunikationen, alternative Zuschreibungen geknüpft.
- ... frau/mann sich des Widerspruchs zwischen gezielter Komplexitätserhöhung und der notwendigen Selektion spezifischer Unterschiede bewusst sein sollte.
- ... ein zielorientiertes Komplexitätsmanagement, eine gesteigerte Konfliktfähigkeit und der Mut zur Unsicherheit wesentlich sind.

3.4 Diversitätsbewusste Interventionen in der systemischen Beratung

Wie lassen sich diese Verbindungen nun für die Beratung nützlich machen? Wie ist Diversität systemisch zu entfalten? Und welche konkreten Techniken können dafür eingesetzt werden?

In diesem Abschnitt wollen wir praxisorientierte, an weiteren Fallbeispielen ausgeführte Antworten auf diese Fragen versuchen. Im Zentrum steht dabei die diversitätsbewusste Anwendung von drei bekannten Interventionsmethoden:
1. systemisches Fragen,
2. Aufstellungsarbeit,
3. erlebnisorientierte Intervention.

Gemeinsam ist diesen Methoden der Anspruch, unterschiedliche Sichtweisen produktiv zu nutzen und die Handlungsoptionen eines Systems zielorientiert zu erweitern. Um die dafür maßgeblichen tiefenstrukturellen Regeln sichtbar zu machen, gilt es zu beleuchten, wie in „sozialen Systemen Menschen gemeinsam ihre Wirklichkeit erzeugen, welche Prämissen ihrem Denken zugrunde liegen und welche Möglichkeiten es gibt, diese Prämissen zu hinterfragen und zu ‚verstören'" (Schlippe/Schweitzer 2003, S. 17).

3.4.1 Systemisches Fragen

Eine von uns oft genutzte Möglichkeit potenzieller Verstörung sind systemische Fragen. Für unsere Beratungsarbeit besonders bedeutsam aus diesem „Werkzeugkasten" ist die Form der zirkulären Fragen,[9] bei denen beispielsweise eine Person über ihre Beobachtungen von zwei anderen Personen Auskunft geben soll: Wie sieht die Teamleiterin die Beziehung der Kollegin X zum Kollegen Y? Und diversitätsorientierter: Wie nimmt der 56-jährige, britische Projektleiter den Konflikt zwischen seinem 28-jährigen, aus Nigeria stammenden Team-*Junior* und dem 41-jährigen, ägyptischen *Senior Developer* wahr? Was glaubt die in Russland aufgewachsene Vertriebschefin, wie ihre beiden deutschen Stellvertreter zu ihren Entscheidungen stehen? Oder: Wie erklärt sich die im Rollstuhl sitzende Callcenter-Mitarbeiterin die unterschiedlichen Rückmeldungen, die ihr von ihrem körperlich gesunden Chef und dessen sehbehinderter Stellvertreterin gegeben werden? Mit solchen Fragen nach vermuteten Einstellungen können im Rahmen von Supervisions- oder Teamberatungsprojekten die Spielregeln des sozialen Systems ins Blickfeld gerückt werden.[10] Zudem sind zirkuläre Fragen sehr gut geeignet, um die Komplexität von Handlungsabläufen deutlich zu machen. Durch die fragegeleitete Informationsgewinnung werden kontingente Voraussetzungen und potenziell konflikthafte Wirkungsmechanismen transparent.

Konflikte kann frau/mann so wenig küssen wie Systeme. Dass der dosierte Einsatz zirkulärer Fragen dennoch Bewegung in festgefahrene Konfliktmuster bringen kann, zeigt sich in vielen Beratungssituationen. So auch im folgenden Beispiel: Im Rahmen einer von der Autorin dieses Beitrags geleiteten Teamsupervision in einem Krankenhaus, welche aufgrund eskalierter Konflikte unter drei Mitarbeiterinnen beauftragt wurde, konnte die Flut an wechselseitigen Vorwürfen mit Hilfe zirkulä-

---

[9] Manchmal wird der Begriff zur umfassenden Bezeichnung für systemische Frageformen und nicht nur für einen bestimmten Fragetypus verwendet.

[10] Fritz B. Simon schreibt zu dieser Form des Fragens: „Da das Verhalten von Menschen nicht von dem bestimmt wird, was andere Leute tatsächlich denken, sondern von dem, was sie denken, was die anderen denken, empfiehlt es sich, ganz direkt und ungeniert nach Vermutungen und Spekulationen über andere zu fragen. Wenn die dann auch noch im Raum sind, so erhalten sie eine einzigartige Rückmeldung darüber, was andere über sie denken, wie sie wahrgenommen werden, welches Bild sich die anderen von ihnen machen usw. Aber – das sollte klar sein – solche Fragen widersprechen den Regeln des guten Benehmens." (Simon 2004, S. 21)

rer Fragen unterbrochen werden: „Was würde die Abteilungsleiterin über die Beziehung zwischen Ihnen und Ihrer Kollegin behaupten? Wie denken Sie sieht die Kollegin aus der Verwaltung Ihre Zusammenarbeit? Was glauben Sie könnte Ihre Kollegin zum Oberarzt bezüglich Ihres Konfliktverhaltens sagen?" Neben kommunikationsorientierten stellte die Supervisorin auch Fragen in Richtung geschäftsrelevanter System-Umwelt-Differenzen: „Welche Auswirkungen hat es wohl auf die Leistung der Ambulanz, wenn Sie und Ihre Kollegin sich weiterhin keine Unterstützung geben? Welchen Eindruck hat eine Patientin dieses Krankenhauses, wenn sie eine ihrer typischen Auseinandersetzungen bezeugt?" Viele der zirkulären Fragen wurden von den Teilnehmerinnen als „schwierig" empfunden. Dort, wo sie sich der Herausforderung stellen konnten, regten die Fragen aber einen, wie eine Teilnehmerin formulierte, „erweiterten Blick" an. Die Veränderung der Perspektiven half nach und nach, aus den eingefahrenen Kommunikationsspuren auszubrechen und neue Umgangsregeln zu entwickeln.

Um neue Ideen bezüglich der Spielregeln sozialer Systeme zu entwickeln, erweisen sich auch oft hypothetische Fragen als hilfreich. „Was wäre wenn ...?" kann bisherige Erklärungsmuster verflüssigen und neue Möglichkeiten andenken.[11] Auch im Supervisionsbeispiel wurde mit einer bekannten hypothetischen Fragen auf ein „Wunder" gesetzt:[12] „Angenommen heute Nacht käme eine gute Fee und Ihr Problem ist morgen früh gelöst: Woran würden Sie das merken? Was wäre dann anders? Wer würde es als Erste/r merken? Wer dann? Wer wäre am meisten erleichtert? Für wen hätte es vielleicht auch Nachteile?" Fokussiert wurden dabei lösungsfördernde Kommunikationsmuster, sodass das bis dahin dominante Konfliktverhalten (v. a. zwischen der Verwaltungskraft und einer Krankenschwester) unterbrochen und mit Alternativen experimentiert werden konnte.

Hypothetische Fragen versuchen also den Blick dafür zu öffnen, wie Zuschreibungen und Bewertungen wirken. Sie helfen bei der Entwick-

---

[11] Simon hält solche Gedankenexperimente für „eines der nützlichsten Instrumente menschlichen Denkens. Sie sind ökonomisch sinnvoll (d. h., sie kosten wenig), laden ein zu kreativem Denken, geben der Phantasie eine Chance und aktivieren den Möglichkeitssinn." (Simon 2004, S. 39)
[12] Zur sogenannten Wunderfrage vgl. Steve de Shazer, 1999.

lung von Ideen, wie frau/mann die ganze Angelegenheit auch anders sehen könnte. Und in diesem Fall macht sie sich besonders bei der Konkretisierung einer möglichen Zukunft ohne Kooperationsprobleme nützlich. Bei der Bearbeitung der Konfliktpunkte zwischen den zwei Krankenschwestern (eine kommt aus Polen, eine aus Serbien) tauchte immer wieder ihr unterschiedlicher nationaler Hintergrund auf (vor allem in der Form: „Ihr Polinnen/Serbinnen seid immer so ..."). Derartige Zuschreibungen konnten einerseits differenziert werden (Welche Bilder gibt es noch? Von welchen Erwartungen werden sie getragen? Wo wird diesen Erwartungen widersprochen?); und andererseits ließen sich eskalierende Erklärungsmuster aufklären (wie: „Die serbische Kollegin geht nur zu Weihnachten auf Urlaub, weil sie mir die Heimfahrt nach Polen verunmöglichen will"). Auch wenn in der Supervision nicht alle Spannungen aus der Welt geschafft wurden, trugen die systemisch provozierten Antworten zu neuen Unterscheidungen bei. Dies brachte mit anderen Bewertungen auch neue Spielregeln auf den Weg – nicht zuletzt hinsichtlich des konkreten Konflikts. So konnte beispielsweise eine für alle akzeptable Urlaubslösung gefunden werden („Angenommen diese andere Urlaubsregelung wird seit fünf Jahre in Ihrem Unternehmen angewandt: Was wird dann anders sein? Was klappt besser? Was hat sich eventuell verschlechtert?"), die von der Leitung akzeptiert und umgesetzt wurde.

Es gibt noch weitere systemische Frageformen (vgl. Radatz 2003), die in einer diversitätsbewussten Beratungsarbeit hilfreich sein können. Etwa Skalierungsfragen (z. B. „Wie würden Sie die Intensität des Konfliktes auf einer Skala von 1 bis 10 bewerten?") oder Fragen nach Unterschieden (z. B. „Was wird in diesen Situationen ander[e]s getan, damit das Problem nicht auftritt?"). Für die Verbesserung der Zusammenarbeit erweisen sich oft Fragen nach Unterschieden von Subgruppen als aufschlussreich: Welches Bild würde die Verkaufsabteilung von der Produktionsabteilung zeichnen? Wie würde das (nur mit Österreichern besetzte) Projektmanagement die Stärken und Schwächen der (rumänisch-polnisch-schwedischen) EntwicklerInnen beschreiben? Und was sagt die Gruppe der allesamt in Österreich geborenen PhysiotherapeutInnen im ersten Stock zu der aus vier verschiedenen Nationen zusammengesetzten TherapeutInnen-Gruppe im fünften Stock?

3.4.2 Aufstellungsarbeit

Im Unterschied zur rein kognitiven Bewegung durch systemische Fragen arbeiten Differenzierungsübungen mit einer räumlichen Sichtbarmachung von Unterschieden, also einer konkreten körperlichen Aufstellung von Verbindendem und Trennendem. Eine derartige Übung hat die Autorin dieses Beitrags beispielsweise im Rahmen eines Ausbildungsmoduls („Diversity in der Beratung") für SupervisorInnen und OrganisationsentwicklerInnen begleitet. Nach fast drei gemeinsamen Ausbildungsjahren konnten im Rahmen dieser Aufstellung lernhemmende Muster der Ausbildungsgruppe offen angesprochen werden. Im Zentrum standen die Diversity-Faktoren „Beruflicher Hintergrund/Ausbildungshintergrund", „Familienstand" und „Alter", die, wie ein Teilnehmer formulierte, „noch nie in dieser Deutlichkeit thematisiert und in Bewegung gesetzt wurden". „Die aus dem Sozialbereich" standen mit einem Male nicht mehr in strikter Opposition zu „denen aus der Wirtschaft", „sofortiges Abrauschen bei Seminarende" wurde nicht mehr länger als mangelndes Interesse an den KollegInnen gewertet und wenig Berufserfahrung nicht als Disqualifikation jedweder Kompetenz empfunden.

In einem weiteren Praxisbeispiel kommen wir auf das zu Beginn unseres Beitrags vorgestellte Führungskräfte-Team zurück. Nach eineinhalbjähriger Beratungsarbeit im Produktionsbereich stießen wir in der Vorbereitung eines bereichsübergreifenden Workshops wieder auf die Hypothese, dass der Vorstand und einzelne männliche Führungskräfte der ersten Ebene die Beiträge von Frauen geringer schätzen. Muster des Übersehens und -hörens von Frauen zeigten sich auch strukturell: z. B. fand die wöchentliche Führungskräftebesprechung ohne die Leiterin der Qualitätssicherung (hierarchisch auf der gleichen Ebene wie Produktions-, Technik- und SCM-Leiter) statt. Nicht nur im Sinne einer möglichen Gender-„Verstörung" entschieden wir, mit einer Differenzierungsübung zu starten. Auch das mangelnde Funktionsbewusstsein, ein diffuses Senioritätsprinzip und unterschiedliche kulturelle Hintergründe waren aus unserer Sicht bedeutsam für die Komplexität dieser Gruppe.

Wenig überraschend – es wurde erstmals in dieser Zusammensetzung gearbeitet – blieb bei dieser Aufstellung vieles oberflächlich. So wurde auf die Leitfrage zur aufgestellten Geschlechterdifferenz – „Inwiefern ist dieser Unterschied für die Organisation relevant?" – nur von Männern geantwortet. Dass deren Antworten alle in Richtung: „Wenn Frauen in der Belegschaft sind, ist das Arbeitsklima angenehmer" gingen, erschien uns als ebenso symptomatisch für die Diversitäts-„Reife" des Unternehmens wie der Umstand, dass die „Differenzierung" beinahe einen Kreis mit einem kleinen Frauen-Kreissegment ergab. Die durchschnittlich jüngeren Mitarbeiterinnen hielten sich jedenfalls in ihren Einschätzungen, selbst auf explizites Nachfragen hin, zurück. Erst einige Zeit später, in einer Workshop-Pause, wo nur Mitarbeiterinnen und die Beraterin zusammenstanden, wurde eine aufgrund des Geschlechts empfundene Diskriminierung im Betrieb eingestanden. Gleichwohl im Laufe des Workshops entschieden wurde, die QS-Leiterin fortan an der Führungskräftebesprechung zu beteiligen, sind wir unsicher, inwiefern die bestehenden Unterschiede damit bewusster werden.

Bedeutsam für die bereichsübergreifende Zusammenarbeit wurde allerdings eine andere in der Aufstellungsübung thematisierte Diversity-Kategorie: nämlich die kulturelle Herkunft. Zu einem späteren Zeitpunkt des Workshops standen plötzlich die chronifizierten Konflikte zwischen den beiden Schichten der Staplerfahrer im Brennpunkt der Aufmerksamkeit. Im Laufe der hitzig geführten Diskussion stellte sich heraus, dass es sich dabei um eine „Österreicher-Schicht" und eine „Ausländer-Schicht" handelt. Mithilfe von hypothetischen Fragen wurde deutlich, dass strukturelle Veränderungen wie eine „Durchmischung der Schichten" für die anwesenden Führungskräfte nicht in Frage kamen. Der Nutzen der bestehenden „Lösung", so der Tenor, überwiege die „Kosten", die durch die Konflikte zwischen den Schichten entstehen. Im Aufgreifen des Aufstellungsbildes zur Kategorie „kulturelle Herkunft" konnte die untergründige Differenz der beiden anwesenden Schichtleiter wieder eingeführt werden. Auf die Frage „Angenommen Sie beide wären gebürtige Österreicher: Wäre dann etwas anders?" wurde das Thema „fremde Sprache im Büro" eingebracht. So landeten die beiden Schichtleiter schließlich bei *ihrer* Differenz: Einer ist Österreicher deutscher Muttersprache, der andere ist Österreicher mit nichtdeutscher Muttersprache. Bearbeitet wurde in weiterer Folge der Ärger des einen Schichtleiters, wenn der andere im gemeinsamen Büro mit MitarbeiterInnen in seiner Muttersprache spricht. Es wurde deutlich, dass die Vorteile dieser „nahen" Kommunikation einerseits beibehalten werden sollten; und andererseits sollte diese Kommunikation den nur Deutsch sprechenden Kollegen nicht ausschließen. Damit die Nachteile wie „Misstrauen in der Kooperation" nicht durchschlagen, verständigten sich die beiden Schichtleiter schließlich darauf, in beider Anwesenheit Deutsch zu sprechen.

3.4.3 Erlebnisorientierte Intervention

Einen anderen Zugang zu diversen Ein- und Ausschlussmustern eröffnet der systemische Einsatz erlebnis- bzw. bewegungsorientierter Interventionen (vgl. Eybl/Kaltenecker 2007). Beispielhaft wollen wir dazu eine Übung mit einem Team aus dem öffentlichen Verwaltungsbereich vorstellen. Ein mit der Teamleiterin vereinbartes Ziel war es, den „gesunden" Umgang mit Konflikten zu stärken. Zu Beginn des Workshops erhärtete sich unsere Hypothese, dass im Team eine eher ungesund wirkende Form der direktiven Steuerung gepflegt wurde – was nicht unwesentlich zu Unzufriedenheit und Konflikten beizutragen schien. Diese Hypothese wollten wir mit der gewählten Übung „Blinder Stern" prüfen. Das Ziel der Teamübung, welches wir in diesem Fall nur der Leiterin mitteilten, bestand darin, gemeinsam, mit verbundenen Augen aus einem ca. 60 Meter vom Startpunkt entfernten Seil einen fünfzackigen Stern zu gestalten. Im Verlauf der Übung beobachteten wir unter den Teammitgliedern sehr unterschiedliche Haltungen zur Führung durch die Leiterin und zur Beteiligung der MitarbeiterInnen. Die Mehrheit der Gruppenmitglieder befolgte – offensichtlich mit der Haltung „die Chefin wird das schon machen" – strikt die Anweisungen der Leiterin, die den MitarbeiterInnen einen sehr geringen Handlungsspielraum einräumten (à la „Bleiben Sie ruhig stehen, nehmen Sie das Seil und warten Sie auf weitere Informationen"). Bei einigen Teammitgliedern löste dieses Handlungsmuster eine hohe Unzufriedenheit aus. Befördert durch die strukturähnliche Konstruktion der Übung und die systemischen Transferfragen (vgl. Kaltenecker 2006, S. 13ff.) stellte sich in der Nachbearbeitung heraus, dass die gemeinsamen Handlungsmuster als charakteristisch empfunden wurden. Mit anderen Worten: dass es auch im Arbeitsalltag immer wieder Unmut über den „autoritären Führungsstil" und das „unhinterfragte Ausführen" gab. Dass dies nun nicht mehr informell und hinter vorgehaltener Hand artikuliert wurde, galt als richtungsweisender Nutzen der gemeinsamen Übung. Relevant für einen produktiven Umgang mit der vorhandenen Vielfalt erschienen uns in diesem Fall die Faktoren „Führungsverständnis" und „Selbststeuerung". So artikulierte beispielsweise eine Mitarbeiterin sehr direkt ihr „Entsetzen" über die autoritätshörige Haltung vieler KollegInnen – was bei denen, die sich angesprochen fühlten, eine massive Irritation auslöste. Bei der Bearbeitung des damit aktualisierten Konflikts setzten unsere Interventionen bei den in der Übung beobachtbaren Mustern an. Der Tendenz, die Probleme allein dem Führungsstil oder bestimmten Eigenschaften der Leiterin zuzuschreiben, wurde von uns dezitiert Einhalt geboten. Als hilfreich erwies es sich stattdessen, verstärkt nach dem Nutzen des eingefahrenen Kommunikationsmusters zu fragen (z. B. „Wozu ist es gut, dass sich immer wieder die Gleichen aufregen?"), nach „Verschlimmbesserungen" (z. B. „Wer müsste was tun, um die Konfliktsituation weiter zu eskalieren?") und nach möglichen Musterunterbrechungen (z. B. „Was tut jede Einzelne in dieser Situation, das sie in der bisherigen Konfliktdynamik nicht getan hat?"). Im Zuge der Beantwortung solcher Fragen wurde den unterschiedlichen Sichtweisen Raum gegeben, sodass ein gemeinsamer Blick auf die Unterschiedlichkeit der jeweiligen Erwartungen (an Führung und Selbststeuerung) möglich wurde.

In der Diskussion wurde klar, dass noch andere Diversitätsfaktoren für die Teamdynamik maßgeblich sind. Etwa der Faktor „Ausbildung" (die höchste Unzufriedenheit mit der Vorgangsweise wurde von AkademikerInnen zum Ausdruck gebracht), der Faktor „kulturelle Herkunft" (so wollten zwei Mitarbeiterinnen aus den ehemaligen realsozialistischen Ländern die Unzufriedenheit besonders schnell vom Tisch haben) oder der Faktor „Dauer der Betriebszugehörigkeit" (vor allem langjährige MitarbeiterInnen befürchteten eine „unproduktive Diskussion"). Und schließlich war noch ein Faktor bedeutsam, der uns bereits bei der Planung der erlebnisorientierten Intervention intensiv beschäftigt hat: nämlich die tatsächliche Blindheit einer Teilnehmerin. Im Zuge der Übung bestätigte sich die besondere Chance, die gerade Outdoor-Übungen für eine offene Auseinandersetzung mit dem Thema körperlicher Behinderung eröffnen.[13] So wurde die individuelle Besonderheit des „Blinden Sterns" sowohl zum Katalysator für eine potenzial- und nicht defizitorientierte Sonderrolle („Kontrollieren Sie die Seilzacken, Sie haben sicher das beste Raumgefühl!") als auch zum Ausgangspunkt einer differenzierten Thematisierung der Alltagskooperation.

Als Lehren hielten die TeilnehmerInnen in der abschließenden Ergebnissicherung für eine „gesunde" Konfliktkultur fest:
- Sowohl skeptische als auch folgsame Haltungen sind für eine erfolgreiche Arbeit des Gesamtteams wichtig. Anpassung ist von genauso großer Bedeutung für eine gesunde Organisation wie Kritik.
- Auch passives Verhalten hat einen besonderen Nutzen – und sei es, sich zeitintensive Auseinandersetzungen, anders ausgedrückt: Komplexität zu ersparen. Es kommt auf die Situation an, welche Vorteile welche Unterschiedlichkeit mit sich bringt.
- Unterschiedlichkeiten fordern zu unterschiedlichem Führungsverhalten auf der Basis von gleichem Respekt heraus.

Auch in der Nachbesprechung der Klausur betonte die Leiterin die von ihr wahrgenommene höhere Konfliktkompetenz im Team. Im Sinne von Diversity-Lernen konnte die Fähigkeit gestärkt werden, zu den eigenen Werten wie zu den Gruppennormen eine reflexive Distanz herzustellen. Und in der täglichen Verwaltungsarbeit standen nun nicht trotz, sondern durch die Anerkennung der Verschiedenheit die gemeinsamen Interessen im Mittelpunkt.

---

[13] Zumindest solange sie sorgsam eingesetzt und niedrigschwellig gehalten werden, das heißt, keine hohen sportlichen Ansprüche oder gar Wettkampfbedingungen schaffen – wie wir auch in zwei anderen Teamentwicklungsprojekten erlebt haben, in denen jeweils ein rollstuhlfahrender bzw. ein gehbehinderter Mitarbeiter an Übungen beteiligt waren.

3.5 Der Nutzen der Systemtheorie für eine diversitätsbewusste Beratungsarbeit

Abschließend wollen wir noch einmal versuchen, den aus unserer Sicht zentralen Nutzen eines systemtheoretisch versierten Umgangs mit Diversität herauszuarbeiten, und dafür fünf Erfahrungswerte ins Treffen führen:

> *Ein systemisches Organisationsmodell schafft Klarheit für die Supervisions- und Teamberatungsarbeit.*

Organisationen werden als soziale Systeme verstanden, die erst durch die Unterscheidung der Außenwelt ein Eigenleben gewinnen. „Wenn man (sic!) etwas Bestimmtes bezeichnen will, muss man es zunächst von allem anderen unterscheiden", heißt es bei Luhmann. „Jede Beobachtung beginnt mit einer Unterscheidung. Die Frage ist dann, ob und weshalb bestimmte Unterscheidungen zweckmäßiger sind als andere – und für wen." (Luhmann 2006, S. 30) Dementsprechend stellt die System-Umwelt-Differenzierung bereits in der Phase des Contractings ein zentrales Momentum der systemischen Supervisions- und Beratungsarbeit dar: Wer gehört zum System? Welche Unterscheidungen werden in diesem System gemacht? Wer oder was darf ungestraft weggelassen werden? Welche Vielfalt ist wann und von wem zu thematisieren? Was wird als relevante Umwelt verstanden? Welche Unterschiede werden nicht gemacht?

> *Ein systemtheoretisches Verständnis von Komplexität hilft beim Management diversitätsbedingter Konflikte.*

Die Beobachtung der Vielfalt eines sozialen Systems erhöht dessen Komplexität. Auch in der diversitätsbewussten Supervision werden die möglichen Differenzen immer wieder gezielt gesteigert. Dies steigert auch die Chancen auf konflikthafte Unterscheidungen. Für die Handlungs- und Entscheidungsfähigkeit eines Systems ist die Klärung dieser Konflikte, mit anderen Worten: die professionelle Reduktion von Komplexität, von entscheidender Bedeutung. Diese Reduktion verläuft über das systemische Aushandeln zweckmäßiger und für alle Beteiligten tragfähiger Unterscheidungen. Welche Unterschiede werden auf welche

Weise gemacht? Welche Bedeutung haben diese Unterschiede im Arbeitsalltag? Was davon ist nützlich, was nicht? Was bräuchte es, um mit den vorhandenen Unterschieden konstruktiv umzugehen?

Dass die Komplexitätsreduktion nicht ohne Einschränkung der Vielfalt zu haben ist, sorgt zuweilen für neuen Konfliktstoff. Hier besteht die besondere Chance der systemischen Beratung darin, die kritische Reflexion der Selektionsregeln und das Erproben alternativer Differenzierungsmöglichkeiten anzuregen. Was ist im Hinblick auf welche Umweltbeobachtungen zu gewinnen, wenn nicht automatisch der männliche, heterosexuelle, weiße, mitteleuropäische Blick dominiert?

> *Ein systemisches Interventionsverständnis schafft die Basis für einen respektvollen Umgang mit Diversität.*

Intervention ist für SystemikerInnen nicht ohne eine Haltung der Bescheidenheit zu praktizieren. Diese Haltung resultiert aus dem Theorie- wie Erfahrungswissen um die „Eigensinnigkeit", die Autonomie und Autopoiesis jedes Systems. Diversitätsbewusste Interventionen stellen eine besondere Provokation dar, da sie oft gezielt über die etablierten Selektionsregeln hinauszugehen versuchen. Wie ließe sich das noch sehen? Was würde ein Außenstehender dazu sagen: eine Kollegin; eine andere Führungskraft; ein Konkurrent; jemand mit böser Zunge; ein „völlig Verrückter"? Was könnte mit einer solchen Betrachtungsweise ins Auge gefasst werden? Welche (Lösungs-)Perspektive ließe sich gewinnen, wenn wir diese Zusammenhänge anders betrachten?

Dabei gilt es den paradoxen Charakter systemischer Interventionen nicht aus den Augen zu verlieren. Wie unsere Praxisbeispiele darzustellen versuchten, ist die systemische Beratung immer auf bedeutsame Unterschiede ausgerichtet, auf die Anregung produktiver Alternativen und das Ermutigen neuer Selektionen (vgl. hierzu das Krankenhaus-Beispiel). Doch sie ist damit keineswegs automatisch wirksam oder auch nur anschlussfähig. Auch diversitätsbewusste Interventionen müssen Folgelosigkeit oder klassische Flitterwocheneffekte in Kauf nehmen, mit Unverständnis oder mit aktivem Widerstand rechnen. Und sie dürfen gleichzeitig darauf vertrauen, dass sie zuweilen andere als die eigentlich intendierten Auseinandersetzungen anstoßen und sehr positive

Neben- und Langzeiteffekte erzielen können (vgl. etwa das Gender-Culture-Beispiel aus der Produktionsteamberatung).

▶ *Die systemische Schleife hilft bei der diversitätsbewussten Gestaltung von Beratungsdesigns.*

Die Fragen nach den systemtypischen Unterscheidungen leiten die Phase der Informationsgewinnung und führen zur Verdichtung bestimmter Annahmen. Dabei spielen Annahmen über die vorhandene Vielfalt selbst dann eine wesentliche Rolle, wenn Diversität gar nicht im Brennpunkt steht. Die systemische Schleife hilft indes nicht nur bei der sorgsamen Planung möglicher Interventionen. Sie macht auch deutlich, dass der Rückkopplung der beraterischen Annahmen, d. h. dem Abgleich zwischen den Beobachtungen des KlientInnen- und des BeraterInnensystems, eine entscheidende Bedeutung für den Umgang mit Diversität zukommt. Welche Differenzen werden jeweils wahrgenommen? Wie zeigen sich diese in der Kommunikation im Arbeitsalltag, aber auch hier und jetzt? Welche Erwartungen sind daran geknüpft? Welche werden erfüllt, welche nicht?

▶ *Der systemische Einsatz von Interventionstechniken sorgt für wirkungsvolle Auseinandersetzungen mit Vielfalt.*

Wie wir anhand des Einsatzes systemischer Fragen, der Aufstellungs- und der Arbeit mit erlebnisorientierten Interventionen zu zeigen versuchten, stehen für uns die Differenzen zwischen Selbst- und Fremdbeobachtungen immer im Zentrum diversitätsbewusster Interventionen. Dabei geht es sowohl um die Fähigkeit, die eigenen Beobachtungen mitzuteilen, als auch darum, die Beobachtungen anderer zu teilen, sich also an deren Perspektiven anschließen zu können. Der systemische Beitrag zu einer wirkungsvollen Auseinandersetzung mit Vielfalt liegt unserer Erfahrung nach vor allem in der offenen Kommunikation und der umsichtigen Verknüpfung dieser Beobachtungen. Es geht um das Herausfinden der jeweiligen Unterschiede, aber auch um die Definition von Gleichheit und Ähnlichkeiten, die einer gemeinsamen Neugestaltung der bestehenden Handlungs- und Entscheidungsmuster den Weg weist. In aller Bescheidenheit und ohne den Anspruch auf pädagogische

Aufklärung. Aber mit dem ehrgeizigen Ziel, das „wechselseitige Staunen zu organisieren" (Looss 1999, S. 123).

Literatur

Bateson, Gregory (1972): Ökologie des Geistes. Frankfurt: Suhrkamp.

Bendl, Regine (2004): Gendermanagement und Gender- und Diversitätsmanagement – ein Vergleich der verschiedenen Ansätze. In: Bendl, Regine/Hanappi-Egger, Edeltraud/Hofmann, Roswitha (Hg.): Interdisziplinäres Gender- und Diversitätsmanagement. Einführung in Theorie und Praxis. Wien: Linde Verlag, S. 43–72.

Engel, Roland (2004): Die „Diversität" des Diversity Managements: Geschichte und Landkarten. In: Hernsteiner 2/04, S. 15–18.

Esposito, Elena (2003): Frauen, Männer und das ausgeschlossene Dritte. In: Pasero, Ursula/Weinbach, Christine (Hg.): Frauen, Männer, Gender Trouble. Systemtheoretische Essays. Frankfurt: Suhrkamp, S. 63–79.

Eybl, Sabine/Kaltenecker, Siegfried (2007): Unter vier Augen, mit Hand und Fuß. In: Erleben und Lernen 2/07, S. 22–24.

Foerster, Heinz von (1985): Sicht und Einsicht. Braunschweig/Wiesbaden: Vieweg & Sohn.

Gardenswartz, Lee/Rowe, Anita (2003): Diverse Teams at Work: Capitalizing on the Power of Diversity. Alexandria, Virginia USA: Human Resource Management.

Hartmann, Gabriella/Judy, Michaela (Hg.) (2005): Unterschiede machen. Managing Gender & Diversity in Organisationen und Gesellschaft. Wien: Verband Wiener Volksbildung.

Höher, Friederike (2002): Diversity Training. Perspektiven – Anschlüsse – Umsetzungen. In: Koall, Iris/Bruchhagen, Verena/Höher, Friederike (Hg.): Vielfalt statt Lei(d)tkultur. Managing Gender & Diversity. Münster: LIT Verlag, S. 53–98.

Kaltenecker, Siegfried (2006): Draußen und Drinnen. Outdoor in der Organisationsberatung. In: OrganisationsEntwicklung. Zeitschrift für Unternehmensentwicklung und Change Management 2/06, S. 12–21.

Koall, Iris (2002): Grundlegungen des Weiterbildungskonzeptes Managing Gender & Diversity/DiVersion. In: Koall, Iris/Bruchhagen, Verena/Höher, Friederike (Hg.): Vielfalt statt Lei(d)tkultur. Managing Gender & Diversity. Münster: LIT Verlag, S. 1–26

Literatur

Koall, Iris/Bruchhagen, Verena (2005): Zum Umgang mit Unterschieden im Managing Gender & Diversity – eine angewandte Systemperspektive. In: Hartmann, Gabriella/Judy, Michaela (Hg.) (2005): Unterschiede machen. Managing Gender & Diversity in Organisationen und Gesellschaft. Wien: Verband Wiener Volksbildung. S. 17–56.

Königswieser, Roswita/Hillebrand, Martin (2004): Einführung in die systemische Organisationsberatung. Heidelberg: Carl-Auer-Systeme Verlag.

Königswieser, Roswita/Exner, Alexander (^{8}2004): Systemische Intervention. Architekturen und Designs für Berater und Veränderungsmanager. Stuttgart: Klett-Cotta.

Looss, W. (1999): Coaching – Qualitätsüberlegungen beim Einsatz von Coaching. In: Fatzer, G. Rappe-Giesecke, C. Looss, W. (Hg.): Qualität und Leistung von Beratung. Köln: EHP. S. 105–132.

Luhmann, Niklas (1987): Soziale Systeme. Grundriß einer allgemeine Theorie. Frankfurt: Suhrkamp.

Luhmann, Niklas (^{3}2003): Einführung in die Systemtheorie. Heidelberg: Carl-Auer Verlag.

Luhmann, Niklas (^{2}2006): Organisation und Entscheidung. Wiesbaden: VS Verlag für Sozialwissenschaften.

Pasero, Ursula (2003): Gender, Individualität, Diversity. In: Pasero, Ursula/Weinbach, Christine (Hg.): Frauen, Männer, Gender Trouble. Systemtheoretische Essays. Frankfurt: Suhrkamp, S. 105–124.

Radatz, Sonja (^{3}2003): Beratung ohne Ratschlag. Systemisches Coaching für Führungskräfte und BeraterInnen. Wien: Verlag systemisches Management.

Sandner, Dominik (2004): Von der Theorie zur Praxis. Ökonomisierung der Antidiskriminierung? In: Zebratl Sonderbeilage 4/2004. http://zebra.or.at/55art/sbmidas5.htm (11.7.2007)

Shazer, Steve de (^{6}1999): Der Dreh. Überraschende Wendungen und Lösungen in der Kurzzeittherapie. Heidelberg: Carl Auer Systeme.

Simon, Fritz B. (1997): Die Kunst, nicht zu lernen. Heidelberg: Carl Auer Systeme.

Simon, Fritz B./Rech-Simon, Christel (2004): Zirkuläres Fragen. Systemische Therapie in Fallbeispielen. Ein Lernbuch. Heidelberg: Carl Auer.

Stuber, Michael (2004): Diversity. Das Potenzial von Vielfalt nutzen – den Erfolg durch Offenheit steigern. München: Luchterhand.

Schlippe, Arist von/Schweitzer, Jochen (^{2}2003): Lehrbuch der systemischen Therapie und Beratung. Göttingen: Vandenhoeck & Ruprecht.

Überacker, Jutta: Wie kommt Diversity in die Organisation? In: Hernsteiner 2/2004, S. 10–14.
Willke, Helmut (^{4}2005): Systemtheorie II: Interventionstheorie. Stuttgart: Lucius & Lucius (UTB).
Willke, Helmut (^{5}1996): Systemtheorie I: Grundlagen. Stuttgart: Lucius & Lucius (UTB).
Wimmer, Rudolf (2004): Organisation und Beratung. Systemtheoretische Perspektiven für die Praxis. Heidelberg: Carl Auer Systeme.

4 Diversitätskonzepte im Kontext politisierter Zugänge der Cultural Studies

Gabriele Bargehr

für Marth, die mich immer wieder herausforderte,
Rout(in)en zu verlassen

4.1 Kontextualisierung

Seit einigen Jahren werden in der Beratungsarbeit die Konzepte Diversity Management bzw. Managing Diversity auf vielfältigste Weise diskutiert. Diversity-Konzepte versuchen, auf gesellschaftliche Veränderungen innerhalb der Organisationen und deren Kund_innenbedürfnisse[1] zu reagieren (Baumgartinger 2007a, S. 16f.) und – je nach Zieldefinitionen und Umsetzungsstrategien – einen Wandel in der Organisationskultur zu ermöglichen. Das Spannungsfeld reicht hierbei von einem wirtschaftlichen, Gewinn maximierenden Zugang bis hin zu machtanalytischen Ansätzen, die tatsächliche Veränderungen hegemonialer Verhältnisse fordern. Letztere distanzieren sich bewusst vom Begriff „Diversity"[2], wenn dieser Machtpositionen und herrschende Privilegien verschleiert und reproduziert. Beim politisierten Ansatz von „Diversity" geht es m. E. deshalb zum einen um die Analyse der Strukturen, (Kommunikations-)Prozesse und Inhalte einer Organisation und um die Transparenz, wie und warum Ein- und Ausschlüsse produziert werden. Zum anderen stellt sich die Frage nach der Konstruktion von Privilegien und ihrer konstant selbstverständlichen Verteilung. Aus diesen Erkenntnissen sollen Ziele für Veränderungsprozesse formuliert und im konkreten Arbeitsalltag umgesetzt werden.

Sowohl hinsichtlich machtsensibler Analyseinstrumentarien als auch in Bezug auf Anerkennung von Heterogenität in Organisationskulturen

---

[1] Baumgartinger beruft sich hier auf den Artikel: S_he (2003): Performing the Gap. Queere Gestalten und geschlechtliche Aneignung. In: arranca! linke zeitschrift. Aneignung I. http://arranca.nadir.org/arranca/article.do?id=245 (14.5.2008).
[2] Im vorliegenden Artikel werden die beiden Begriffe „Diversität" und „Diversity" synonym verwendet.

sind die gesellschaftskritischen Diskurse der Cultural Studies unverzichtbar. Viele dieser wissenschaftlich-theoretischen Diskurse sind aus den unterschiedlichen Empowerment-Bewegungen hervorgegangen, im besten Fall ist dies transparent.

Politische Theoriepotentiale mit den Praxen von selbstorganisierten Bewegungen – wie beispielsweise Act up, FeMigra, Attac, People First[3] u. a. – zu verbinden, verstehe ich als grundlegenden Fokus meiner Arbeit. Das Interesse von Beratungs- und Begleitungsarbeit besteht m. E. darin, „Diversity" in Zusammenhängen von antidiskriminatorischen Konzepten in Organisationen zu denken und weiterzuentwickeln.

In meinem Artikel wird es darum gehen, bestimmte theoretische Implikationen aus den Bereichen der Cultural Studies[4] gezielt für den Bereich Supervision, Coaching und Beratungsarbeit im Kontext von „Diversity" heranzuziehen (vgl. auch Bargehr 2005).

4.2 Exkurs: Ambivalenzen in der Polarität von Sprache

Gegenwärtige fachtheoretische Auseinandersetzungen zu Diversity-Konzepten und zu supervisorischen Debatten spiegeln sprachlich wie inhaltlich nach wie vor noch eine Verfestigung einer zweigeschlechtlichen polarisierenden Konstruktion von Geschlecht wider. Mittlerweile etablierte Schreibformen der Benennung „Beraterin und Berater" bzw. „BeraterIn" oder als weitere mögliche Form einer Umschreibung „das Beratungssystem" sind ein „Qualitätskriterium" in der Theorieentwicklung wie auch in der sprachlichen Vermittlungsarbeit. Nichtsdestotrotz

---

[3] Die Bewegung Act Up entstand 1987 in New York (USA). Der Name ist eine Abkürzung für AIDS Coalition To Unleash Power. FeMigra ist eine Plattform, die sich für die Anliegen der Migrantinnen mit feministischem Ansatz engagiert. Attac ist eine internationale Bewegung, die sich für eine demokratische und sozial gerechte Gestaltung der globalen Wirtschaft einsetzt. People First ist ein Netzwerk von und für Menschen mit Lernschwierigkeiten.

[4] Ich verwende den Begriff der Cultural Studies hier mit der Absicht, Bereiche der Feminist, Gender, Queer, Postcolonial, Black, Critical Whiteness Theories miteinander in Verbindung zu setzen. Im deutschsprachigen Raum ist die Verlinkung der unterschiedlichen wissenschaftlichen Bereiche erst im Entstehen begriffen. Üblich ist nach wie vor in der Regel die Aufzählung der einzelnen sogenannten Disziplinen und nicht deren transdisziplinäre Verschränkung.

verfestigt sich dadurch das Bild einer sogenannten „Natürlichkeit", einer zweigeschlechtlichen Zuordnung entweder als Frau oder als Mann. Dadurch werden weitere geschlechtliche Identitäten und Lebensentwürfe wie z. B. Intersexuelle, Androgyne oder Transgenderpersonen unsichtbar gehalten.

Angeregt durch die queere *Encyclopädie Queeropedia* (Baumgartinger 2007b) und den Artikel von Persson Perry Baumgartinger (2007a) in der Zeitschrift *Stimme* (Initiative Minderheiten) zu „Geschlechtergerechte Sprache" sind in diesem Artikel differente Lebensentwürfe im Text mit sichtbar.

Baumgartinger (2007a, S. 16) geht im oben genannten Artikel zu Chancengleichheit in der Sprache einerseits der Frage nach „Wie kommen TransInterQueers in einer Sprache vor, die nur Männer und Frauen kennt?" und betont, dass durch Sprache „Werte, Normen und Vorstellungen materialisiert" werden. Mit gesellschaftspolitischem Fokus kritisiert er die diskriminierenden strukturellen Rahmenbedingungen: „Jede ‚Abweichung' von der Norm wird bestraft, als krank abgestempelt (Ausübungsinstrument ICD-10)[5] und an der Zweigeschlechternorm mit Hormonen, Operationen, Namens- und Geschlechtseintragsänderungen in den Dokumenten wieder angepasst ‚normalisiert'. Damit das System seine Richtigkeit hat." Andererseits fordert er auf, neue kreative Strategien zu entwickeln, um sprachliche Chancengleichheit umsetzen zu können.

Anknüpfend an Baumgartingers Problematisierungen verwende ich im vorliegenden Text den Unterstrich („ _ "). Dieser ermöglicht es, in der schriftlichen Form einen Raum für viele weitere Geschlechtsidentitäten *(differently gendered persons)* zu denken. Auch wenn durch diese Schreibweise die Polarisierung weiblich/männlich wieder hervorgehoben wird, ist es dennoch für mich derzeit die sinnvollste Variante, viele Geschlechter sichtbar zu machen.

---

[5] ICD-10 bezieht sich auf die „Internationale statistische Klassifikation der Krankheiten und verwandter Gesundheitsprobleme", z. B. Q50–Q56 Angeborene Fehlbildungen der Genitalorgane.

4.3 Queer-Theorie und dekonstruktivistische Bewegungen

Der Begriff *queer* wurde in den USA als Schimpfwort gegen jene verwendet, die den gesellschaftlichen Normen geschlechtlicher und sexueller Identität nicht entsprachen. *Queer* organisierte Aktionsformen und Strategien entwickelten sich in den 1980er Jahren und richteten sich gegen Unterdrückungsmechanismen, Verfolgung und Gewaltübergriffe einer lesben-, schwulen- und transgenderfeindlichen Gesellschaft.

Gudrun Perko (2003, S. 31) interpretiert den Begriff *queer* folgendermaßen: „Queer etablierte sich in den USA insgesamt als Zeichen für radikale sexualisierte Aktionsformen, als Politik der Sichtbarmachung mit der Kritik an Heteronormativität und Zweigeschlechtlichkeit und mit dem Versuch, sich nicht auf ein eindeutiges Identitätsmodell zurückzuziehen, sondern Differenzen anzuerkennen."

Diese Aktions- und Widerstandsformen bildeten sich in den 1980er Jahren im angloamerikanischen Raum gegen die Stigmatisierung von Betroffenen und sogenannten Risikogruppen von HIV und Aids. Eines der wichtigsten Ziele war es, Strategien zu entwickeln, um gegen die ideologisch geprägten Konstruktionen von Risikogruppen durch die rechtskonservative Regierung unter US-Präsident Ronald Reagan aufzutreten. In den ersten Jahren der Aidskrise wurden von staatlicher Seite kaum finanzielle Mittel für Forschung, Behandlung und Prävention zur Verfügung gestellt, bis medizinisch widerlegt wurde, dass Aids nur bestimmte marginalisierte Gruppen betraf. *Queer-Bewegungen* benannten die Machtverhältnisse, in welchen Personengruppen als Risikogruppen klassifiziert wurden, und verschoben den Blick von sexuellen Identitäten zu sexuell riskanten Praktiken, die potentiell alle Amerikaner_innen betreffen. *Queer*, in seiner anfänglichen sprachlichen Bedeutung als Abwertung und vormals negativ konnotiert verwendet, wurde zur politisierten affirmativen Selbstbenennung.

Reflexionen über Differenzen und gesellschaftliche Ausgrenzungsmechanismen sind dabei ein wichtiger Bestandteil der *queeren* Bewegungen. Die Sichtbarmachung der Verknüpfungen von Diskriminierungsstrukturen durch die Normierung der Zweigeschlechtlichkeit und Heterosexualität aufgrund von Geschlecht, Hautfarbe, Nationalismen und Ethnisierung, Alter, Klasse, Ability sind Bestandteile des politischen Diskurses (vgl. Klapeer 2007, S. 17–34).

Übertragen auf das Feld feministischer Theorien und deren Forschungspraxis hat sich im deutschsprachigen Raum zum einen in den 1990er Jahren eine akademische Debatte über die Konstruktion der Kategorie Geschlecht entwickelt. Zum anderen wurde *Queer* in der öffentlichen medialen Wahrnehmung zur subkulturellen Verwendung der Lesben-, Schwulen- und später auch Transgenderbewegungen und zum Label für Partys, Filmreihen und Performance-Events.

Dekonstruktivistische Theorien und Queer Studies[6] (vgl. Villa 2003, S. 159) formulieren vehemente Kritik an diesen essentialistischen Ansätzen wie z. B. den Differenztheorien. Sie betrachten Geschlecht als etwas, das sich durch historisch spezifische Denk-, Gefühls- und Körperpraxen herstellt. Geschlecht ist demnach keine natürliche und unveränderbare Essenz, sondern eine gesellschaftlich konstruierte Existenzweise, die auf der binären Logik dichotomer Opposition gründet. Infrage gestellt werden nicht nur die Dichotomie Mann/Frau, sondern auch andere Dichotomien wie Körper/Geist, Natur/Kultur, Theorie/Praxis oder Orient/Okzident. Ausgegangen wird von der Veränderbarkeit dieser binären Konstruktionen, was z. B. durch Aneignung und Parodie umgesetzt wird, um eine Vielzahl von Geschlechtern denk- und sichtbar zu machen. Queer Theories kritisieren zudem auch die Dichotomie homosexuell/heterosexuell, von der frühe Gay and Lesbian Theories ausgehen. Ansätze für politisches Handeln sehen Vertreter_innen von Queer Theories im Widerstand und im Widerspruch gegen die hegemoniale heterosexuelle Normalität (vgl. Jagose 1996).

---

[6] Die Queer Studies verstehen sich als „[...] die Beschäftigung mit schwul-lesbischen Dimensionen in Literatur, Sozialem, Politik, Medien, Geschichte etc. Zunehmend wird der Begriff inzwischen auch wissenschaftlich-theoretisch und politisch verwendet, um solche Denk- und Lebensweisen anzudeuten, die sich jenseits etablierter Entweder/Oder-Schemata verorten, die also polymorph (Freud) sind. Demnach kann queer beispielsweise für Sexualität stehen, die sich nicht als eindeutig lesbisch, hetero- oder bisexuell zuordnen lässt." (Villa 2003, S. 159)

4.3.1 Aktuelle queer-feministische Politiken

Feministische Theorien wurden von feministischen Migrantinnen, v. a. in den politischen Kämpfen der „Women of Color"[7], kritisiert, indem sie Unterschiede zwischen Frauen deutlich machten. Ihre Kritik richtet sich gegen einen weißen Feminismus, der eine gemeinsame Identität setzt, in der rassistische Strukturen und Klassenunterschiede ausgeblendet werden und dadurch unwidersprochen weiterbestehen können.

Eine bekannte Vertreterin im englischsprachigen Raum ist die Juristin Kimberlé Crenshaw, die 1989 das Konzept Intersektionalität *(intersectionality)* als weiterführende Kritik an der Konstruktion von Identitätspolitiken entwickelte. Crenshaw zeigte die miteinander verwobenen Dynamiken von Rassisierung, Geschlecht und Klasse auf, die jeweils unterschiedlichen Hierarchien und Machtverhältnissen unterworfen sind (vgl. Elsuni 2006).

Ähnlich wie Crenshaw analysieren Autorinnen wie Sedef Gümen (1996, S. 77–89) und Birgit Rommelspacher die unterschiedlichen Positionen, die Einzelne in der Gesellschaft einnehmen, und fragen nach den rassistischen und sexistischen Strukturen, die diesen gesellschaftlichen Positionen zugrunde liegen. Sie fragen aber auch nach der Möglichkeit von Bündnissen und Kooperationen zwischen Menschen unterschiedlicher Herkünfte, Geschlechter und gesellschaftlicher Positionierungen (Stötzer 2004, S. 92f.). Rommelspacher versucht mit dem Konzept der multiplen Identität die Komplexität der Vieldimensionalität von Macht, die durch Strukturkategorien wie Geschlecht, Herkunft, Alter, Aufenthaltsstatus, Religion und Weltanschauung usw. konstituiert wird, theoretisch zu erfassen (Rommelspacher 1994, S. 23): „Multiple Identität bedeutet, dass niemand entweder nur Frau oder Mann ist, schwarz oder weiß, Deutsche oder Türkin, arm oder reich, sondern Frau und Weiß oder Deutsche und Türkin zugleich. Je nachdem, in welchem

---

[7] Der Begriff „Women of Color" ist leider unübersetzbar. Er bezieht sich keinesfalls auf „biologische" Merkmale im Sinne der Kennzeichnung der Hautfarbe, sondern auf die sozial konstruierten Formen systematischer Unterdrückung und Ausschließung von Frauen aus Minoritätengruppen in westlichen Industrieländern und auf ihre kollektive, politische Identität und ihre Widerstandspotentiale in rassistischen Gesellschaften (vgl. Gümen 1996, S. 87).

Kontext *frau* sich bewegt, tritt mal der eine, mal der andere Aspekt in den Vordergrund. Das Selbst ist als ein offenes System zu begreifen, in dem unterschiedliche Identitätselemente gleichzeitig wirksam sind, sich gegenseitig beeinflussen und ständig gegeneinander verschieben."

In ihrem intersektionell-pluralen bzw. interkategorial-pluralen Diversity-Ansatz im Lehrraum greifen auch Leah Carola Czollek und Gudrun Perko auf Crenshaw zurück und fokussieren auf ein System von Diversity-Kategorien, die in Wechselbeziehungen zueinander stehen und unterschiedliche Schwerpunktsetzungen erlauben (vgl. Perko/Czollek 2006). Davon ausgehend, ist es auch m. E. für die Beratungspraxis unerlässlich, ein Bezugssystem zur Verfügung zu stellen, in dem ein Ausgangspunkt (z. B. Interkulturalität) gewählt werden kann, von dem aus dann unterschiedliche strukturell verankerte Diskriminierungen in Organisationen bzw. Teams erfasst werden können. So könnte auch in einem Fachberatungssetting zu Gender Mainstreaming dieses Verfahren zu einem offenen Genderkonzept werden, das unterschiedliche Wechselwirkungen mit beispielsweise Alter, Herkunft, Hautfarbe, Aufenthaltsstatus, Klasse und anderen Analysekategorien zulässt. Bei dieser Beratungspraxis der Intersektionalität bleibt wesentlich, sie als eine dynamische zu begreifen, in der jede Positionierung immer wieder kritisch zur Debatte steht und in Frage gestellt werden muss.

Zusammenfassend lässt sich sagen, dass aktuelle queer-feministische Politiken das sogenannte biologische Geschlecht *(sex)* nicht mehr als unveränderbar und dem sozial konstruierten Geschlecht *(gender)* vorgängig betrachten. Sie sprechen vielmehr vom Sex-Gender-Konstrukt und untersuchen, wie dieses Konstrukt konkret auf Frauen, Mädchen, Lesben, Queere, Männer, Schwule, Heteros, Transgender, Jungs oder anders „gegenderte" *(differently gendered)* Personen wirkt.

Und sie berücksichtigen das Faktum, dass unterschiedliche Strukturkategorien wie Herkunft/Ethnisierung/Rassisierung, Klasse oder sexuelle Orientierung zusammenwirken. Das Ziel dieser Politiken ist es, Kooperationen, aber auch politische Bündnisse zu schaffen, in denen gesellschaftliche Unterschiede diskutiert und ausverhandelt werden, um strukturelle Veränderungen in Richtung einer egalitären, multigeschlechtlichen und transkulturellen Gesellschaftsform zu erreichen.

Vor allem die Queer-Theorien der Cultural Studies betonen die Konstruiertheit von Identitäten, während in der Beratungstätigkeit von Supervision und/oder Coaching im Zusammenhang mit Diversity die meisten Kund_innen wie auch Supervisor_innen und Coaches von einer essentialistischen Identität ausgehen.

Eine grundlegende Herausforderung der Beratungsarbeit besteht darin, Verwobenheiten verschiedener sozialer Kategorien und die Konstruiertheit von Identitäten zu erkennen und als Reflexionsthemen einzuführen. Damit können gesellschaftspolitische Dynamiken und Organisationsprinzipien mit dem eigenen Tun und Handeln diskutiert und analysiert werden.

4.4 Cultural Studies und antirassistische Bewegungen

Als Einstieg ins Thema möchte ich einen Auszug aus einem gemeinsamen Vortrag mit Jo Schmeiser zu Cultural Studies im Rahmen einer Fortbildung zu Diversitätskonzepten in Organisationen zusammenfassend wiedergeben: Wir beschrieben, dass viele dieser Theorien und methodischen Ansätze in anderen Ländern, Kontexten und Sprachräumen entstanden und quasi „gereist" sind. Daher ist es wichtig zu erkennen, dass der Import jeder Theorie, Methode oder Praxis nicht unproblematisch und auf seine Wirkungen, Möglichkeiten bzw. Unmöglichkeiten im eigenen lokalen Kontext zu überprüfen sind (vgl. Schmeiser/Bargehr 2006).

Die Cultural Studies sind eine transdisziplinäre Forschungsrichtung, die Methoden aus unterschiedlichen Wissens- und Praxisfeldern verbindet: feministische Theorien, Postcolonial Studies, Black Studies, Gender und Queer Studies, Critical Whiteness Studies, Gay and Lesbian Studies ebenso wie Praxen aktueller Kunst, Kultur und Politik.

Colette Guillaumin (1995, S. 222f., Übers. von Jo Schmeiser) verdeutlicht die Transdisziplinarität dieser Forschungsrichtung:„Es ist nur zu deutlich, dass Frauen anders sind als Männer, die selbst nicht anders sind; Männer unterscheiden sich von nichts. Und höchstens subversive Denker_innen würden so weit gehen, zu behaupten, dass sich Männer von Männern und Frauen von Frauen unterscheiden. Doch gehen gewagte Spekulationen wie diese in der Dominanz der entscheidenden

Differenz unter, diesem beständigen und mächtigen Merkmal, das bestimmte Gruppen kennzeichnet: Schwarze sind anders. Weiße sind einfach nur. Chines_innen sind anders, Europäer_innen sind. Frauen sind anders, Männer sind. Wir sind anders. Wir sind immer ‚mehr' oder ‚weniger'. Und wir sind niemals der Bezugspunkt. Die dominante Gruppe, der große unsichtbare Maßstab, könnte sich nichts Besseres vorstellen, als unser Anders-Sein. Was die dominante Gruppe umgekehrt aber nicht aushält, ist unsere Gleichheit. Sie können nicht aushalten, dass wir das gleiche Recht auf Ressourcen, auf Freiheit, auf Selbstbestimmung, auf Existenz haben wie sie, und dass wir uns all diese Rechte nehmen oder es zumindest versuchen."

Die europäische Verortung der Cultural Studies ist in der Gründung des Projektes „Centre for Contemporary Cultural Studies in Birmingham" (CCCS) in England zu finden. Stuart Hall, Richard Hoggart und andere haben das Zentrum als intellektuelles und politisches Projekt in den 1970er Jahren gegründet.

Gleichzeitig mit der zeitlichen und räumlichen Verortung der Cultural Studies wird die Frage des westlichen bzw. europäischen Ursprungs problematisiert und hinterfragt. Denn die Cultural Studies wenden sich explizit gegen ethnozentristische und eurozentristische Ansätze: „Wir wollen damit aber auf keinen Fall die ‚original' europäischen Wurzeln der Cultural Studies reklamieren. Denn das würde die Tatsache ignorieren, dass und wie sich die Cultural Studies über die Jahre aus unterschiedlichsten Wissens- und Praxisfeldern und an unterschiedlichsten Orten in der Welt entwickelt haben und weiterentwickeln. Die Birmingham School war bereits ein Hybrid. Sie entstand aus dem Zweig der Anglistik, bewegte sich hin zur Soziologie, kombinierte Ideen des Marxismus, Strukturalismus und der ethnographischen Forschung, um eine offene, prozesshafte Theorie der Gesellschaft und Kultur sowie Methoden zu deren Erforschung in konkreten Kontexten zu entwickeln. Ähnliche Hybride sind anderswo auf der Welt erfunden worden, zum Teil von den gleichen, zum Teil von ganz anderen Richtungen und Themenkomplexen her kommend. Die unterschiedlichen Ursprünge und Ansätze der Cultural Studies haben sich seither gegenseitig beeinflusst und ergänzt, um das zu formen, was heute unter dem Begriff International Cultural Studies gefasst wird." (Alasuutari/Gray 1997, o. S., Übers. von Jo Schmeiser)

Die Cultural Studies bezeichnen sich als transdisziplinär oder sogar als antidisziplinär. Zum einen soll damit die traditionelle Theorie-Praxis-Dichotomie überwunden werden, um in unterschiedlichen Feldern und Kontexten erarbeitetes Wissen austauschen und verbinden zu können. Zum anderen soll vermieden werden, dass Cultural Studies zu einer Disziplin werden, die wie alle anderen Disziplinen Ausschlüsse produziert und dadurch nicht mehr kritisch hinterfragen kann, wie und wo Macht- und Herrschaftsstrukturen in ihren eigenen Arbeitsbereich hineinregieren.

Schwerpunkte der Cultural Studies sind Themen wie Herkunft/Ethnisierung/Rassisierung *(race)*,[8] Gender, Sexualität, Jugendkultur, Klassenverhältnisse, Konstruktionen von Männlichkeit, Weiblichkeit und anderen Geschlechtsentwürfen, Fragen der Konstruktion von Identität und Zugehörigkeit sowie Konzepte von transnationaler und transkultureller Bürger_innenschaft. Eindrücklich wird diese kritische Auseinandersetzung mit Rassismen und tabuisierten Kolonialismen von FeMigra[9] am Beispiel der Ausländergesetze in Deutschland geführt: „Das Ausländergesetz operiert ebenfalls mit nationalen Unterschieden, die innerhalb der eingewanderten Bevölkerung aufgrund des gewährten Rechtsstatus Hierarchien schaffen. Der Staat konstruiert somit einerseits eine nationale Gemeinschaft, andererseits rassifiziert und minorisiert er zugleich andere Bevölkerungsgruppen innerhalb des Nationalstaates über deren Sonderbehandlung (Ausländergesetze) und Sonderstellungen (Gastarbeiter, Asylbewerber). Rassisierung und Minorisierung der Gesellschaft haben die Funktion der Hierarchisierung, eine

---

[8] Das Wort „Rasse" ist im deutschen Sprachgebrauch aufgrund seiner Verwendung im Nationalsozialismus eindeutig rassistisch konnotiert. Der englische Begriff „race" hingegen hat nicht nur biologistisch-rassistische Bedeutung. Er wird von Black People und Wo/men of Colour verwendet, um einen konkreten historischen und gegenwärtigen Ausgrenzungsmechanismus in westlichen hochindustrialisierten Gesellschaften zu benennen. In explizit politischen Schriften wird „race" daher nicht mit Rasse, sondern Rassisierung (feministisches übersetzungskollektiv „gender et alia" http://genderetalia.sil.at/selbstdar.html) oder Rassifizierung übersetzt.

[9] FeMigra (Feministische Migrantinnen, Frankfurt/Main) gründete sich 1991 in Frankfurt in Verbindung mit dem fünften Studienkongress Schwarzer Frauen.

Funktion, die auch der Sexismus erfüllt, jedoch in unterschiedlicher Weise." (FeMigra 1994, S. 54)

Diese grundlegende Analyse kritisiert den gängigen politischen Gesellschaftsdiskurs, der Rassismus und Sexismus als Einzelphänomene, als spezifisches Problem der Diskriminierten beschreibt und der im staatlichen Umfeld und in den Organisationen verankerte strukturelle Diskriminierung unzureichend in den politischen (Berufs-)Alltag einbezieht.

Allen diesen Themen zentral ist das Wissen, dass Kultur ein Prozess ist, in dem unterschiedliche Gruppen unterschiedliche Bedeutungen herstellen. Kultur im Kontext von Diversität ist nicht nur auf Ethnie zu reduzieren, sondern beinhaltet eine Auseinandersetzung mit den Organisationsthemen wie Alter, sichtbare und nicht sichtbare erlebte Beeinträchtigungen, HomoBiHetero-Begehren etc. Welche Bedeutungen, Definitionen und Lebensentwürfe sich behaupten können, hängt jedoch von historisch gewachsenen Macht- und Herrschaftsstrukturen ab. Diese Definition von Kultur bildet die Grundlage meiner Arbeit als Organisationsentwicklungsberaterin und Supervisorin in Organisationen und Beratungssettings, in denen die Teilnehmer_innen immer häufiger den Fragen nachgehen: „Was verstehen wir unter Interkulturalität?" bzw. „Warum sind wir ein interkulturelles Team?" Diese Fragen tauchen meist erst dann auf, wenn in Teams Migrant_innen als neue Mitarbeiter_innen „aufgenommen" (sic!) werden. Differenzen in der Zusammenarbeit werden häufig sehr schnell auf die sogenannte „andere Kultur" zurückgeführt. Erst einmal und insbesondere ist interkulturelles Arbeiten in Teams eine Frage der alltäglichen Praxis des miteinander Tuns. Dabei stellen sich die Fragen, welche informellen und formellen Aushandlungsprozesse in den Teams stattfinden und welche gesellschaftspolitischen Regeln sich in der Teamarbeit spiegeln. Eine notwendige Reflexion über die eigene „Kulturverbundenheit" aller Teampersonen lenkt den Blick auf die „Anderen" ab und fordert auf, die eigene Arbeits- und Herkunftsbiografie für die Reflexion zur Interkulturalität zur Verfügung zu stellen. Transkulturelle Ähnlichkeiten wie aber auch kulturelle Vorurteile in den Teams sind häufig in den biografischen Erfahrungen in Bezug auf Werte, sogenannte Traditionen zu finden, aber auch bezogen auf Geld, Arbeit, Geschlechter, sexuelle Politiken und Religionen.

4.4.1 Zum Kulturbegriff

Es ist problematisch, eine Definition von „Kultur" bzw. deren Konzeptualisierungen zu geben. Der Begriff bleibt komplex – mehr ein Bereich von konvergierenden Interessen als eine logische oder konzeptuell geklärte Idee (vgl. Hall 1999, S. 16). Dazu meint Hakan Gürses (2003, S. 17): „Der Kulturbegriff kann nicht abseits der Funktionen betrachtet werden, die er erfüllt und die seit 300 Jahren mehr oder weniger gleich und zählbar geblieben sind."

Machtverhältnisse gehören zu den Faktoren, die den Zugang und Umgang mit dem Konzept Kultur bedeutend mitbestimmen. Macht bedingt Machtasymmetrien und dadurch begünstigte Haltungen und Handlungsarten der Agierenden, die sich durch Einstellungen und Bewertungen u. a. von Geschlechterrollen, religiösen Einstellungen und Sprachkompetenzen äußern.

Unter Ausblendung von Machtverhältnissen wird Kultur als unveränderliche Eigenschaft angesehen, wobei Haltungen von Menschen als Ausdruck einer homogen und konstant gedachten Kultur betrachtet werden. Hier wird z. B. Ethnizität als Wesensmerkmal der „Anderen" gedeutet. Bei Einbeziehung von Machtverhältnissen wird Kultur als historischer Prozess verstanden, in dem sich Verhaltensweisen und Haltungen herausbilden, verfestigen oder verändern.

4.4.2 Interkulturelle Kompetenz

Die Diskussion um die „interkulturelle Kompetenz", in den USA bereits seit den 1960er Jahren geführt, wurde in Deutschland und Österreich erst Anfang der 1990er Jahre aufgegriffen. Der Hintergrund dieser Diskussion ist aufgrund unterschiedlicher politischer und geschichtlicher Hintergründe und Entwicklungen im angloamerikanischen Raum (u. a. Bürger_innenrechtsbewegung) ein anderer als im (deutschsprachigen) EU-europäischen (z. B. Anwerbeabkommen).[10]

Im deutschsprachigen Raum geht es bei der Diskussion zentral um die Infragestellung bisher selbstverständlich eingenommener Rollen wie

---

[10] Vgl. dazu die Homepage zur Ausstellung „Gastarbajteri" unter http://www.gastarbajteri.at [28.08.2007].

z. B. fest gefügter Hierarchien, um die Offenlegung und Hinterfragung bestehender Vorurteile, Stereotype und gegebenenfalls Rassismen, um den Abbau von Konkurrenzvorteilen bei Bewerbungen um Arbeitsplätze, um Prozesse der Kommunikation und Kooperation in interkulturellen Teams etc.

Bei interkultureller Kompetenz handelt es sich um keine Technik, die in einem Lehrgang oder Seminar erlernt und je nach Situation effizient eingesetzt werden kann. Die meisten Ansätze gehen daher von Fähigkeiten, Haltungen und Einstellungen aus, die aus einem speziellen Wertehintergrund erwachsen sind und die sich immer wieder an den Anforderungen, die aus der gesellschaftlichen Realität und den sich wandelnden Berufssituationen resultieren, zu orientieren haben.

Im Rahmen des Diskurses um interkulturelle Kompetenz kursieren mehrere Begriffe gleichzeitig, wie etwa interkulturelle Kommunikationskompetenz, interkulturelle Handlungskompetenz, *intercultural awareness* oder auch Interkulturelles Management (IKM). Obwohl sich der Begriff „Interkulturelle Kompetenz" weitgehend durchgesetzt hat, sollte er dennoch auf seine Anwendungsmöglichkeiten und -grenzen befragt und hinterfragt werden:

Interkulturelle Kompetenz wird häufig als Schlüsselqualifikation bezeichnet, ohne dass diese näher beschrieben wird. Als solche bezieht sich interkulturelle Kompetenz nicht nur auf den Umgang mit „Fremdheit" aus anderen Herkunftskulturen (ethnisierend), sondern auch auf den Umgang mit biographischer, milieuspezifischer und (sub-)kultureller „Fremdheit". Interkulturelle Kompetenz bezieht sich auf alle Bereiche in einer Organisation und bewährt sich daher in der Erfüllung von Querschnittsaufgaben. Das Hauptanliegen sollte sein, interkulturelle Kompetenz nicht nur als Kompetenz, wie mit „verschiedenen Kulturen" umgegangen wird, zu verstehen, sondern sie mit den unterschiedlichen Diversitätskategorien, wie z. B. Milieu, Biographie etc., zu verbinden.

Georg Auernheimer (2002, S. 184ff.) hat vier Dimensionen interkultureller Kommunikation identifiziert, mit denen die Erwartungen von Kommunikationsteilnehmer_innen bestimmt werden können:
- die Machtdimension, da interkulturelle Beziehungen fast durchwegs durch Machtasymmetrie gekennzeichnet sind;

- Kollektiverfahrungen, die die gegenseitige Wahrnehmung und Verhaltenserwartung bestimmen oder beeinflussen;
- Fremdbilder, die als kollektive Zuschreibungen funktionieren und die Konstrukte gesellschaftlicher Diskurse sind;
- differente Kulturmuster, die auf Rollenvorstellungen und damit auf Normen verweisen, welche wiederum an Wertorientierungen geknüpft sind.

4.4.3 Kulturbegriffe nach Tan May Ing

Tan May Ing beschreibt vier Kulturbegriffe, die zum Ziel haben, multikulturelle Gesellschaften zu nutzen und nicht mehr als Defizit, sondern als Herausforderung zu sehen. In Organisationen sollen Bedingungen geschaffen werden, unter denen alle Beschäftigten ihre Leistungsfähigkeit und -bereitschaft uneingeschränkt entwickeln und entfalten können. Es geht also hauptsächlich darum, *Vielfalt* als modernen, unternehmensorientierten „Leitbildbegriff" zu setzen, der sich gegen monokulturell geführte Organisationen richtet. Tan May Ing (2000, S. 15–19) unterscheidet in ihrer Theorie zwischen monokulturell, multikulturell, interkulturell und transkulturell. Diese Einteilung ist als deskriptives Konzept zu verstehen:

- Als *monokulturell* bezeichnet sie Denk- und Verhaltensmuster sowie Systeme, die davon ausgehen, dass sie die einzig richtigen oder einzig möglichen sind, wobei die jeweiligen Ausgangspunkte nicht infrage gestellt werden.
- *Multikulturell* beschreibt nach Tan May Ing einen Kontext, in dem Menschen verschiedener Herkunft (interdisziplinär, ethnischer …) im selben Raum leben und arbeiten. Der Begriff sage allerdings nichts über das Wie, also die Qualität des Zusammenlebens aus.
- Der Begriff *interkulturell* bezieht sich auf die Interaktion zwischen Menschen mit verschiedenen kulturellen Hintergründen, wobei das Hauptziel das Überbrücken von Unterschieden bzw. das Vorbeugen von Missverständnissen aufgrund von (kulturellen) Unterschieden ist.
- Mit der vierten Kategorie, *transkulturell*, beschreibt Tan May Ing einen Kulturbegriff, der jegliche Form von Grenzziehung zu überschreiten beabsichtigt. Hier sei das Ziel nicht die Überbrückung von

Unterschieden, sondern deren Transformation – das gemeinsame Schaffen von etwas Neuem.

Es stellt sich immer die Frage, welche Dimensionen von Diversity in einem System wahrgenommen werden und welche nicht. Wenn im deutschsprachigen Raum von Diversity gesprochen wird, ist vor allem der ethnisierend-kulturelle Hintergrund gemeint. Je nach Organisationsbedürfnissen führt dies leider oft auch zu einer Engführung des Konzeptes. Diversity in seiner ganzen Komplexität wahrzunehmen, stellt oft eine Überforderung für Einzelne und Systeme dar. Deshalb sind Entscheidungen nötig, auf welche Strukturkategorien fokussiert werden soll und welche warum „zurzeit", z. B. im Supervisionsprozess, nicht berücksichtigt werden.

4.5 Diversitätskompetenz als „Verstehenspraxis" in der Beratungsarbeit

Konfliktbereiche in Organisationen werden oft nicht in größerem gesellschaftlichem Zusammenhang begriffen, sondern als persönliches Problemfeld Einzelner verstanden.

Umgekehrt kann auch die Reflexion der eigenen Position im politischen Diskurs zum Verschwinden kommen. Als dynamisches Beratungskonzept kann Supervision an dieser Stelle methodische Instrumente bereitstellen, um Reflexionsebenen immer wieder zu verschieben. Im Supervisionsprozess sind die Beteiligten gefordert, ihre ausgewählten relevanten Themenbereiche aus unterschiedlichen Perspektiven sowohl auf der persönlichen, der interaktionalen, organisationalen und gesellschaftspolitischen Ebene zu bearbeiten.

Einander kennenzulernen, Vertrauen zu entwickeln, im Arbeitsprozess eine affirmative Basis füreinander herzustellen, wird meistens als Wunsch gegenüber Coaches und Supervisor_innen formuliert. Um in einem Konflikt Anerkennungsstrukturen überhaupt erst wieder etablieren zu können, bedarf es einer Auseinandersetzung mit Unterschieden und Mechanismen, die diese Unterschiede bewerten bzw. abwerten.

Bewertungs- bzw. Abwertungssysteme sind vielschichtige Phänomene und werden je nach funktionaler und sozialer Position gänzlich unterschiedlich betrachtet oder gar nicht wahrgenommen. Als wichtige Basis für die Entwicklung von Beratungskonzepten dienen daher das Wissen um die verschiedenen systematischen Diskriminierungsmechanismen und -formen und eine dahingehende differenzierte Auseinandersetzung mit den jeweils spezifischen Ausgrenzungsmechanismen.

Verschiedene Diskriminierungsformen schließen sich nicht aus, vielmehr treten sie oft als ineinandergreifende Mehrfachdiskriminierungen auf. Ich gehe davon aus, dass die Erfassung der Zusammenhänge zwischen den unterschiedlichen systematischen Diskriminierungen hinsichtlich ihrer umfassenden Bekämpfung von grundlegender Bedeutung ist.

Diversitätskompetenz bedeutet die Entwicklung eines machtanalytischen Verständnisses gegenüber Diskriminierungsverfahren und bietet die Möglichkeit, Handlungsoptionen zu entwickeln, die diese einschränken bzw. verhindern sollen.

Genau hier kann das Beratungs- und Begleitungskonzept der Supervision ansetzen: Supervision und Coaching erhalten den Auftrag, bei Einzelnen, in Teams und Organisationen Diversitätskompetenz als kontinuierliche Verstehenspraxis zu etablieren. Hierfür bietet sich folgendes methodisches Instrumentarium an (siehe auch Tabelle 1):

- *Wissen* um gesellschaftliche Konstruktionen von Ungleichverhältnissen in Bezug auf die Kategorien Geschlecht, Herkunft, Migrationserfahrung, Alter, Behinderung, Religion, Weltanschauung, sexuelle Orientierung usw.
- *Erkennen* der Diskriminierungsstrukturen und welche Rolle die eigenen Werte, Normen und Einstellungen spielen.
- *Positionieren und Handeln* resultiert aus dem Wissen und Erkennen.

Wissen umfasst hier den Bereich diskursiver Wissensproduktion. Demgegenüber soll *Erkennen* die Perspektiven auf die eigene Position im jeweiligen Wissensfeld und deren Reflexion ermöglichen. *Positionieren und Handeln* zielt auf produktive Weiterentwicklungen ab. Auf den unterschiedlichsten Funktions- und Hierarchieebenen einer Organisation soll organisationales Lernen erlaubt sein und dadurch Diversitätskompetenz im jeweiligen Unternehmen etabliert werden.

Tab. 1: Diversitätskompetenz (Quelle: Bargehr & Steinbacher OEG mit PartnerInnen)

Wissen	Erkennen	Positionieren und Handeln
• Wissen, dass und wie jedes Handeln eine Diversitätsdimension impliziert und unterschiedliche Auswirkungen auf unterschiedlich „vergeschlechtlichte" Menschen hat • Wissen, dass unterschiedliche Struktur- bzw. Diskriminierungskategorien wie Herkunft/Migrationserfahrung/Ability/Klasse/Alter/sexuelle Orientierung u. a. zusammenwirken. Diese müssen in ein adäquates Diversitätskonzept aufgenommen werden • Einbezug normativitätskritischer Theoriefelder der Cultural Studies • Wissen, dass Diversitätsfragen immer gesellschaftspolitische Fragen sind und deshalb auch gesellschaftspolitischer Lösungen bedürfen • Kenntnis von Daten und Fakten zu den Diskriminierungs- bzw. Ungleichheitsverhältnissen und Strukturen, die diese reproduzieren • Wissen um die Anwendung der Instrumente und Methoden im Beratungskonzept zu Diversity	• Erkennen der eigenen Sozialisationsinstanzen, z. B. Herkunftsfamilie, Migrationserfahrung, Klassenzugehörigkeit usw., und ihrer Auswirkungen auf das beraterische Handeln • Erkennen, welche Rolle die persönlichen Werte, Normen und Einstellungen im (Berufs-)Alltag spielen • Reflexion und Erkennen der Dynamiken der Eigen- und Fremdwahrnehmung. Infragestellung von Selbstverständlichkeiten und Regeln in Gruppenprozessen • Erkennen der eigenen Verständigungs- und Handlungsstrategien • Erkennen der vielfältigen Diskriminierungsstrukturen im gesellschaftspolitischen Kontext • Erkennen von Diversitätskompetenz als dynamischer politischer Haltung, die eigene Positionierungen im Kollektiv immer wieder selbstkritisch hinterfragen lässt	• Einbringen des Wissens und Erkennens ins alltägliche (Berufs-)Handeln, z. B. Anwendung einer diversitätsgerechten Sprache in Wort und Schrift, Anwendung einer diversitätsgerechten Didaktik in der Lehre (Ausbildung), entsprechende Forschungsmethoden anwenden und Ergebnisse auswerten u.v.m. • Geeignetes Wissensmanagement: Sichtbarmachen und Weitergeben von Informationen • Diversitätskonzepte routinemäßig zum Bestandteil aller Planungs- und Arbeitsdokumente machen (Personalausschreibung, Bewertungen, Statistiken, Budgetplanungen, Berichtswesen, Marketingmaßnahmen, Supervision und Coaching, Mitarbeiter_innengespräche, Auftragsvergabe mit nachgewiesener Diversitätskompetenz wie externe Fort- und Weiterbildungen usw.)

Diversitätskompetenz versucht, in Organisationen eine Praxis zu verankern, durch die sich komplexe soziale Bezugssysteme verstehen und verändern lassen. Konstruktion(en) sozialer Beziehungen werden erkannt und analysiert, um jeweils spezifische Kontexte zu erfassen und nachvollziehbar zu machen, welche Bedeutungen die Zusammenhänge der sozialen Beziehungen in diesen haben. Gefragt wird auch nach stereotypisierenden Zuschreibungen von Wirklichkeit, nach deren Wirkung und danach, wie diese Wirklichkeit erst konstruieren. Das Wissen ist immer als etwas dynamisch Veränderbares zu verstehen, es braucht also in der Reflexion eine Haltung der Relativierung des eigenen Wissens als Verzicht auf eindeutige Grenzen.

Literatur

Alasuutari, Pertti/Gray, Ann (1997): European Journal of Cultural Studies. Amsterdam: First Issue Editorial. http://www.sagepub.co.uk/journals/details/j0213.html.

Auernheimer, Georg (Hg.) (2002): Interkulturelle Kompetenz und pädagogische Professionalität. Interkulturelle Studien Band 13. Opladen: Leske + Budrich.

Bargehr Gabriele (2005): Bildungsmaßnahmen im Zusammenhang mit der Implementierung von Gender Mainstreaming in Organisationen am Beispiel des Lehrgangs des Instituts Im Kontext „Mainstreaming Gender und Diversity in modernen Organisationen – Anwendung und strukturelle Verankerung im Berufsalltag". Master-Thesis, Donau-Universität Krems. http://www.im-kontext.at/download/gabriele_bargehr_master-thesis.pdf

Bargehr, Gabriele/Schmeiser, Jo (2006): Vortrag zu Modul 3: Gender- u. Diversitytraining. 4. Lehrgang „Mainstreaming Gender und Diversity in Modernen Organisationen", 26.11.2006.

Baumgartinger, Persson Perry (2007a): Geschlechtergerechte Sprache? Über queere widerständige Strategien gegen diskriminierenden Sprachalltag. In: Stimmen von und für Minderheiten, Nr. 62. S. 16–17.

Baumgartinger, Persson Perry (2007b): queeropedia [print]. Herausgegeben von der Österreichische HochschülerInnenschaft an der Universität Wien. Referat für Homobitrans-Angelegenheiten der Universität Wien.

Elsuni, Sarah (2006): Feministische Rechtstheorie. In: Buckel/Christensen/Fischer-Lescano (Hg.): Neue Theorien des Rechts. Lucius & Lucius Verlagsgesellschaft mbH. Stuttgart: Seite 180–184.

FeMigra: Wir, die Seiltänzerinnen. Politische Strategien von Migrantinnen gegen Ethnisierung und Assimilation. In: Eichhorn, Cornelia/ Grimm, Sabine (1994) (Hg.): Gender Killer. Texte zu Feminismus und Politik. Berlin: Edition ID-Archiv, S. 49–63.

Guillaumin, Colette (1995): Racism, Sexism, Power and Ideology. London, New York: Routledge.

Gümen, Sedef (1996): Die sozialpolitische Konstruktion „kultureller" Differenzen in der bundesdeutschen Frauen- und Migrationsforschung. In: beiträge zur feministischen theorie und praxis. Entfremdung. Migration und Dominanzgesellschaft. 19/42, S. 77–89.

Gürses, Hakan (2003): Funktionen der Kultur. Zur Kritik des Kulturbegriffs. In: Novotny, Stefan/Staudigl, Michael (Hg.): Grenzen des Kulturkonzepts. Meta-Genealogien. Wien: Turia + Kant.

Hall, Stuart (1999): Die zwei Paradigmen der Cultural Studies. In: Hörnig, Karl H./Winter, Rainer (Hg.): Widerspenstige Kulturen. Cultural Studies als Herausforderung. Frankfurt/Main: Suhrkamp.

Haritaworn, Jin/Tauqir, Tamsila/Erdem, Esra (Hg.) (2007): Queer-Imperialismus: Eine Intervention in die Debatte über muslimische Homophobie. In: Ha, Kien Nghi/Lauré al-Samarai, Nicola/Mysorekar, Sheila: re/visionen. Postkoloniale Perspektiven von People of Color auf Rassismus, Kulturpolitik und Widerstand in Deutschland. Münster: UNRAST-Verlag, S. 177–186.

Jagose, Annamarie (1996): Queer Theory – Eine Einführung. Berlin: Querverlag.

Klapeer, Christine M. (2007): queer.contexts. Entstehung und Rezeption von Queer Theory in den USA und Österreich. Demokratie im 21. Jahrhundert Band 6. Innsbruck: Studien Verlag.

Perko, Gudrun (2003): Fragend queer be/denkend. In: Czollek, C. Leah/Weinbach, Heike (Hg.): Was Sie schon immer über Gender wissen wollten ... und über Sex nicht gefragt haben. http://www.asfh-berlin.de/index.php?id=617 [22.01.2008].

Perko, Gudrun/Czollek, Leah Carola (2006): Vielfalt und Verschiedenheit in Institutionen. Der intersektionell-plurale bzw. interkategorial-plurale Diversity-Ansatz im Lehrraum. http://www.itp.tu-berlin.de/uploads/media/Diversity-perko-czollek.pdf [14.4.2007]

S_he (2003): Performing the Gap. Queere Gestalten und geschlechtliche Aneignung. In: arranca! linke zeitschrift: Aneignung I. Ausgabe 28. Berlin, November, http://arranca.nadir.org/avvanca/article.do?id=245.

Stötzer, Bettina (2004): InDifferenzen. Feministische Theorie in der antirassistischen Kritik. Hamburg: Argument Verlag, S. 92–93.

Tan May Ing (2000): Managing Diversity – ein Managementkonzept für eine sich verändernde Welt. In: Managing Diversity. Ansätze zur Schaffung transkultureller Organisationen. Berlin: KOBRA Werkstattpapier zur Frauenförderung Nr. 14., Seite 15–19.
Villa, Paula-Irene (2003): Judith Butler. Frankfurt/New York: Campus Verlag.

5 Exklusive Behinderungen! Inklusive Beratung?

Norbert Pauser

Der vorliegende Beitrag verfolgt im Wesentlichen vier Ziele. Im ersten Teil erfolgt eine theoretische Einführung in das Thema Behinderung unter der Perspektive des medizinischen Defizits, der sozialen Konstruktion von Behinderung und der Disability Studies.

Im zweiten und dritten Teil werden Möglichkeiten der verstärkten Teilhabe von Menschen mit Behinderungen exemplarisch und unter (ausgewählten) Gesichtspunkten von Integration, Inklusion und Diversity Management betrachtet. Mit Inklusion steht ein Konzept zur Einbeziehung marginalisierter Personen und Gruppen in Organisationen zur Verfügung, welches sich mit systematischem Diversity Management vergleichen lässt.

Im vierten Teil werden konkrete Anregungen hinsichtlich der Möglichkeiten (oder Grenzen?) einer Veränderung beraterischer Praxis formuliert. Dabei werden bewährte partizipative (und damit klar auf Teilhabe abzielende) Ansätze in der Beratung von und für Menschen mit Behinderungen vorgestellt.

5.1 Behinderung

„Für manche ist Behinderung eine persönliche Katastrophe, die möglichst vermieden werden sollte, ein beschämender Zustand, der, wenn er eingetreten ist, geleugnet oder versteckt und nur innerhalb des Zufluchtsortes der eigenen Familie und des eigenen persönlichen Raums besprochen werden sollte. Für andere ist Behinderung eine Quelle des Stolzes und der Ermächtigung – Symbol der bereicherten Ich-Identität und der Selbstwertgefühle und zentrale Kraft bei der Herausbildung einer gemeinschaftlichen Absicht, die fundamentalen Werte des Lebens, der Menschenrechte, der staatlichen Zugehörigkeit und der Differenz hervorzuheben und zu feiern. Behinderung ist aus vielen Gründen die Erfahrung einer Neudefinition, die dem individuellen Leben Wert hinzufügt und klarstellt, was es bedeutet, ein Mensch zu sein." (Gary Albrecht)

5.1.1 Behinderung als Defizit

Der Begriff „Behinderung" ist mehrdimensional. Lindmeier (1993, S. 23) kritisiert, dass der Begriff zwar „im allgemeinen Sprachgebrauch und im Bereich vieler wissenschaftlicher Disziplinen, besonders in den Humanwissenschaften wie Pädagogik, Soziologie, Psychologie oder Medizin seit Jahrzehnten etabliert ist", dass jedoch Sinn oder Grenzen des Begriffes nicht hinreichend geklärt sind.

In der Regel wird „Behinderung" als eine (oder mehrere) Einschränkung(en) unterschiedlicher Ausprägung definiert. Geprägt sind diese von einem medizinischen Verständnis, welches sich in erster Linie auf eine sichtbare bzw. unsichtbare „Schädigung" bezieht. „Behinderung bezeichnet ganz allgemein zunächst jegliche Art von Einschränkung oder Hemmnis. In der Medizin findet er als Synonym für angeborene, erworbene, langfristige bzw. dauerhafte Schädigung Anwendung" (Bundschuh/Heimlich/Krawitz 2002, S. 38). Impliziert das die Notwendigkeit zur größtmöglichen Differenzierung und einer möglichst genauen Klassifizierung der jeweiligen „Abweichung"?

> Welche Bilder und Assoziationen tauchen zum Begriff „Behinderung" auf? Woran denken wir in der Regel? Entspricht das auch der „Wirklichkeit"?

In der Medizin erfolgt eine Einordnung nach der Schädigung verschiedener Organe. „So wird zwischen Körperbehinderung, Sinnesbehinderung (Hör- und Sehbehinderung), Sprachbehinderung, geistiger Behinderung und seelischer Behinderung unterschieden. Treten in mehreren Bereichen Schädigungen auf, wird von einer Mehrfachbehinderung gesprochen. Ferner wird nach dem Schweregrad einer Behinderung unterschieden. Behinderung, verstanden als physische Schädigung und Funktionseinschränkung, betont in erster Linie einen ‚Defekt' in der Person selbst." (Ebd., S. 38f.)

In diesem Verständnis wird eine Behinderung zum individuellen Defizit, welches dementsprechend vermieden, beseitigt bzw. behoben werden soll, um größtmögliche Normalität (wieder-)herzustellen bzw. sichern zu können. Diese Haltung wird von VetreterInnen der sogenannten Behindertenbewegung als klar defizitorientiert abgelehnt. Die Begriffe „Defizitorientierung" und „Kompetenzorientierung" haben ihren Ursprung in der bildungspolitischen Diskussion der 1970er Jahre. Ziel des medizinischen Modells war, für Menschen mit Behinderungen spezielle, auf ihre Einschränkungen bezogene pädagogische und therapeutische Verfahren zu entwickeln und sie gezielt zu fördern (vgl. Rödler 2002, S. 49).

> „Können Sie sich vorstellen, wie es sich anfühlt, als vierzigjährige Frau zum Arzt zu kommen, und der streichelt Ihnen am Ende bedauernd über den Kopf? Das ist mehr als entwürdigend. In medizinischen Zusammenhängen ist meist die ‚Behinderung' das erste Thema und nicht die Krankheit, wegen der der Arzt/die Ärztin aufgesucht wurde. Ich muss nicht bemitleidet werden, ich will eine korrekte medizinische Behandlung!"[1]

Schätzungen zufolge (es liegen in Österreich keine validen Zahlen vor) sind rund 10% der Bevölkerung von einer Behinderung betroffen (vgl. Grill 2005, S. 14). Die Geschichte weist zum Teil dramatische Auswirkungen einer verengten Herangehensweise an Menschen(-Gruppen) auf. So dauern Euthanasiedebatten bis heute an bzw. steht mit der Pränataldiagnostik gegenwärtig eine Form der „Behandlung" zur Verfügung, welche die „Eliminierung" von ungeborenen Kindern (bspw. mit Trisomie 21) vorsieht, denn sie stellt die (medizinisch derzeit) einzige mögliche Form der Behandlung bzw. Vermeidung von Behinderung dar und legitimiert sich damit trotz der massiven Kritik von zahlreichen Behindertenverbänden und vergleichbaren Organisationen (siehe z. B. Strachota 2002). Es kommt dabei zur mangelnden Abgrenzung von Behinderung und Krankheit, ein Phänomen, welches auch in der Alltagssprache zutiefst verwurzelt scheint.

Bei einer ausschließlichen Orientierung an Diagnose, Therapie, Heilung, Vermeidung etc. ist und bleibt der Defekt unvermeidbar im Zentrum. Der immense Einfluss der Medizin bzw. des medizinischen Modells (welches sich bspw. auch in sonder- und heilpädagogischen Konzepten klar manifestiert) ist dabei evident. In enger Verbindung zur Defizitorientierung steht auch die Aussonderung und Separation (zu einem möglichst frühen Zeitpunkt), um entsprechende therapeutische

---

[1] Dieses und die folgenden Zitate entstammen aus Berichten von KollegInnen, FreundInnen und anderen Betroffenen.

Maßnahmen möglichst gezielt treffen zu können. Nach wie vor werden Kinder, Jugendliche und Erwachsene mit Behinderungen in zahlreichen Sondereinrichtungen betreut.

Die gesellschaftliche Beurteilung von Menschen mit Behinderungen unterliegt einem historischen Wandel, dennoch scheint es schwierig, Forderungen und Veränderungen hinsichtlich sozialer, politischer und kultureller Festschreibungen durchzusetzen. Spätestens mit der Vorstellung und Kritik des Defizitmodells kam es zur Entwicklung eines sogenannten Kompetenzmodells, welches sich gegen eine einseitige Orientierung am „Unvermögen" richtete. Die sogenannte Integrationsbewegung oder die Gleichstellungsgesetzgebung haben in den letzten Jahrzehnten einige bedeutsame Veränderungen erwirkt (vgl. Verein Bizeps 2008). Die gesellschaftliche Teilhabe von Menschen mit Behinderungen erfährt seit den 1970er Jahren insofern einen signifikanten Aufschwung, als mit (de-)konstruktivistischen Theorien eine Reihe von neuen Ansätzen entwickelt wurde, die deutlich weniger das Individuum als die Gesellschaft in die Pflicht nehmen.

Die Betrachtung des Status quo zeigt dennoch: „Unter diesen bestehenden gesellschaftlichen Bedingungen tragen Menschen mit Behinderung besonders hohe bzw. mehrfache Exklusionsrisiken: Bereits häufig mangelhafte oder weitgehend ‚erfolglose' Inklusion in das Bildungssystem ist mit Chancenminderung am Arbeitsplatz verbunden, was soziale Ausgrenzungen in anderen Lebensbereichen nach sich zieht." (Wansing 2005, S. 15)

5.1.2 Behinderung als soziales Konstrukt

Eine Konzentration auf „das individuelle Defizit" verhindert nach Ansicht der VertreterInnen der Theorie der sozialen Konstruktion die Sicht, dass Behindertsein lediglich eine weitere – völlig legitime – Ausprägungsform von Menschsein sei. Demnach sind Menschen nicht a priori behindert, sondern sie werden erst durch die Festlegung auf ihre Voraussetzungen, ebenso wie durch mangelnde Schaffung von angemessenen Rahmenbedingungen von der Gesellschaft behindert, wie sich am Beispiel des nach wie vor bestehenden Sonderschulwesens deutlich erkennen lässt. „Behinderung ist aus dieser Sicht also kein unveränderbarer, genetisch, hirnorganisch oder sonst wie biologisch vorgegebener Defekt, sondern eine durch soziales Handeln und Erleben veränderliche Bedingung des Menschseins. Sind Kinder ungenügend in ihr Ökosystem integriert, haben sie zu wenig Anregungen zur Auseinandersetzung mit ihrer konkreten Lebenswelt, dann werden sie behindert." (Feyrer 2003, S. 3)

Mit der „Aussonderung" von Kindern und Jugendlichen aus bereits vorschulischen und schulischen Institutionen setzt z.T. eine lebenslange Exklusion ein, die weit reichende Konsequenzen hat. „Selektion und Separation verringern die Möglichkeit zur Partizipation, zur vollen Teilhabe am gesellschaftlichen Leben und stellen damit erst behindernde Situationen her. Jedes Kind braucht zur Entwicklung nämlich ausreichend Anregungen aus seiner sozialen und materiellen Umwelt, (...) das ihm in einem dialektischen Wechselwirkungsprozess lernen und entwickeln ermöglicht." (Ebd.)

> „Ich war in einer Integrationsklasse und wurde die ganze Schulzeit hindurch als sogenanntes ‚I-Kind' bezeichnet. Für mich war das damals ganz normal. Heute, wenn ich darüber nachdenke, finde ich es höchst unangemessen, eine Klassengesellschaft in der Schule einzuführen. Wer will bitte als I-Mensch gelten?"

Eine Gesellschaft, die festlegt, wer und in welcher Form „integrationswürdig" ist und wer nicht, kann sich selbst nicht gleichzeitig als problematisch identifizieren, noch können umfassende Reformen einsetzen. Ein bipolares Verständnis von Differenz (und so auch von „behindert–nicht behindert" bzw. vielfach auch „krank–gesund") ist geneigt, Dominanzen aufrechtzuerhalten, und weniger diese zu überwinden (vgl. Lutz/Wenning 2001, S. 20). Behindert ist in erster Linie, wer behindert wird.

Daraus folgt: „Die sog. Behinderung ist also nur ein Teil der Gesamtpersönlichkeit (...), die ihrerseits eingebunden ist in verschiedene soziale Systeme. Eine systemische und lebensweltorientierte Sichtweise könnte das monokausale Denken und damit die einseitig defektorientierte Betrachtung überwinden." (Eberwein 1995, S. 48) Wird also begonnen, Behinderung als eine Form von Vielfalt (Diversity) zu begreifen, verändert sich der Blick auf Behinderung damit? Behinderung stellt sich aus dieser Perspektive dann nämlich vielmehr als Verhinderung der davon Betroffenen dar. Die Gesellschaft geht letztlich von einer (allerdings immer imaginären) Norm aus. Eine neuere theoretische Position, die zuletzt mannigfaltig in Erscheinung tritt und den Abbau von gesellschaftlicher Dominanz ins Zentrum rückt, soll im Folgenden skizziert werden.

5.1.3 Disability Studies

In den Disability Studies geht es im Gegensatz zur Medizin oder der Pädagogik „nicht primär um eine bessere medizinische Behandlung von Behinderung oder eine Optimierung pädagogischer Förderung, die beide traditionell auf je eigene Weise das Ziel möglichst weitgehender ‚Diagnostik', ‚Heilung', ‚Rehabilitation' oder ‚Kompensation' verfolgen" (Dederich 2007, S. 26). Das heißt, es erfolgte eine noch deutlichere Abkehr von traditionellen Herangehensweisen auf die Phänomene von Behinderung. „Darüber hinaus ist es die spezifische Leistung der Disability Studies, Behinderung als Analysekategorie der Mehrheitsgesellschaft in Gebrauch zu nehmen. Erkenntnisleitendes Motiv dabei ist es, die Mehrheitsgesellschaft aus der Perspektive ‚Behinderung' zu untersuchen." (Sauter 2008, S. 306) Die Disability Studies nehmen somit die „Norm" zum Ausgangspunkt der Beobachtung und Analyse von sowie der Kritik an bestehenden Machtverhältnissen.

Das Handlungs- und Forschungsfeld der Disability Studies ist weit reichend und lässt sich wie folgt beschreiben: „Die Disability Studies rücken gesellschaftliche und kulturelle Wandlungsprozesse im Umgang mit den grundlegenden Erfahrungen menschlicher Vergänglichkeit, Krankheit, Gebrechlichkeit und Abhängigkeit in den Blick; sie untersuchen wie, unter welchen Bedingungen und mit welchen Folgen Deutungsmuster, Theorien und Modelle von körperlicher, geistiger, wahrnehmungs- und verhaltensbezogener, moralischer und kultureller Abweichung, von Abnormität, Andersheit oder Fremdheit entstehen; sie untersuchen ferner, welche Praxen sich um ‚widersinnige' Formen des Wahrnehmens, Erlebens und Denkens, um erwartungswidrige Formen der Kommunikation, des Verhaltens, des Aussehens und des körperlichen und intellektuellen Funktionierens organisieren. (...) Offenkundig ist die Analyse solcher Fragen für die Erforschung der Gesellschaften und Kulturen insgesamt bedeutsam." (Dederich 2007, S. 19f.) Dazu zählen auch Aspekte wie Gender bzw. Intersektionalität, die in traditionellen Formen der theoretischen Beschäftigung mit Behinderung einen vergleichsweise geringen Stellenwert einnehmen.

Der Ausgangspunkt für die Disability Studies war die zuvor beschriebene konstruktivistische Herangehensweise in den Anfängen der emanzipatorischen Behindertenbewegung ausgehend von den Vereinigten Staaten. „Die Anfänge der Disability Studies liegen in der politischen Behindertenbewegung. In den USA hatten deren Aktivitäten zur Gründung des Disability Rights Movement geführt, einer sozialen Bewegung, die sich für Gleichberechtigung und Emanzipation einsetzte und begann, Strukturen der gegenseitigen Unterstützung und Solidarität zu schaffen." (Ebd., S. 17)

Fünf zentrale Elemente kennzeichnen die Disability Studies, wobei diese jeweils auch schwerpunktmäßig in Erscheinung treten (können). Diese sind:

1. Antidiskriminierung und Gleichstellung behinderter Menschen,
2. Entmedizinierung von Behinderung,
3. Nichtaussonderung und größtmögliche Integration in das Leben der Gemeinde,
4. größtmögliche Kontrolle über die Dienstleistungen für Behinderte durch Behinderte,
5. Peer Counseling, Peer Support und Empowerment als Schlüssel zur Ermächtigung Behinderter (vgl. Miles-Paul 2006, S. 35).

> Welche der fünf zentralen Elemente der Disability Studies schlagen sich in Beratung, Coaching und Supervision nieder? Ist es Aufgabe von Sondereinrichtungen, diesen Aspekten gerecht zu werden? Oder bietet auch der „Mainstream" Anknüpfungspunkte dazu?

Die Disability Studies nehmen Standpunkte von Menschen mit Behinderungen in der jeweiligen Gesellschaftsordnung in einem umfassenden Sinne ein, ohne dabei den Abbau von individuellen Einschränkungen, also der „Behinderung" in den Vordergrund zu rücken, sondern vielmehr um die vielfachen externen „Verhinderungen" zu präzisieren. Der Slogan „Nichts über uns ohne uns!" wurde zu einer der wesentlichsten Maximen der Disability Studies. „Sie verstand sich als eigenständige Forschungsrichtung, die sich aus ihrer Umklammerung durch die Medizin, Psychologie und Behindertenpädagogik zu befreien suchte. Gegenüber der auf dem Gedanken der Rehabilitation beruhenden Zentralperspektive der genannten Disziplinen ging es den Disability Studies von Anfang an darum, die unterschiedlichen Lebensbedingungen von Menschen mit Behinderungen und ihre relevanten kulturellen, sozialen, ökonomischen, historischen und rechtlichen Kontexte aus einer inter- oder transdisziplinären Perspektive zu untersuchen." (Dederich 2007, S. 22)

> „Die akademische Auseinandersetzung mit dem Thema ‚Behinderungen' hat mich als Betroffenen in zweifacher Weise gestärkt: Ich habe natürlich Neues über mich erfahren und bin mit ProfessionistInnen aus den unterschiedlichen Disziplinen konfrontiert gewesen, die wiederum eine ganze Menge Vorurteile hinsichtlich meiner Lernschwierigkeiten über den Haufen werfen mussten."

Zusammenfassend betrachtet geht es in den Disability Studies darum, dem traditionell individualisierenden, defekt-, defizit- oder schädigungsbezogenen Verständnis von Behinderung ein weit über das ambivalente Integrationsangebot hinausgehendes theoretisches Modell entgegenzuhalten, das mit dem Anspruch verknüpft ist, den gesellschaftlichen und politischen Umgang mit Unterschiedlichkeit zu verändern. Dabei erscheinen gesellschaftliche und kulturelle Verhältnisse, die offen oder latent behindertenfeindliche, abwertende oder unterdrückende Lebensumstände und Handlungsweisen hervorbringen, als höchst veränderungswürdig (vgl. ebd., S. 31).

Die theoretischen Stränge abschließend folgt im nächsten Kapitel eine Vorstellung von Konzepten, die sich an die Praxis richten. Welches Verständnis von Integration, Inklusion und Diversity kann im Zusammenhang mit Behinderung verortet werden?

5.2 Inklusion

Inklusion – als ein Leitziel der Disability Studies – wird vom Institute for Inclusion, einer US-amerikanischen Nonprofitorganisation, wie folgt definiert: "The term inclusion began as a policy to ensure that all children regardless of ability are mainstreamed into classrooms and become part of their school community. Inclusion today is more widely thought of as a practice of ensuring that people in organizations feel they belong, are engaged, and connected through their work to the goals and objectives of the organization." (Institute for Inclusion 2008, o. S.)

5.2.1 Inklusion versus Integration?

Der Begriff „Integration" kann aus soziologischer, pädagogischer, psychologischer und (staats-)philosophischer Perspektive für individuelle und kollektive Prozesse der (Des-)Integration definiert werden. Aus heutiger Sicht hat das Wort, in teils inflationärer Verwendung, vollständigen Einzug in die Alltagssprache gehalten. (Vgl. Kobi 1997, S. 71f.) Ein Alltagsverständnis von Integration beschränkt sich in der Regel auf einen Aspekt, nämlich der Assimilierung im Sinne der (sozialen) Anpassung.

„Der Begriff ‚soziale Integration' bezog sich in der Pädagogik zuerst auf rassische/ethnische Minderheiten (so hauptsächlich in den USA), später auf Gastarbeiter(-kinder) und erst in jüngerer Zeit akzentuiert auch auf Behinderte" (ebd., S. 74). In weiterer Folge werden – ausgehend von Menschen mit Behinderungen – Bezüge zu sämtlichen marginalisierten Gruppierungen hergestellt, um einem umfassenden Verständnis von *Diversity and Inclusion* gerecht zu werden.

„Integration findet ihren Ausdruck im Bestreben, soziale Kontakte zwischen behinderten und nichtbehinderten Kindern und Erwachsenen zu ermöglichen, zu fördern und zu intensivieren." (Haider 1992, S. 22) Relevanz hat dieser Ansatz daher besonders in Bezug auf die Schule. Demgegenüber steht ein weiter reichender Ansatz von Integration im Sinne einer kulturellen, sozialen und inter- bzw. intrapersonellen Ganzheit. Denn: „Integrative Lernorte sind vielfältige Lebens- und Erfahrungsräume, die der ‚ganzheitlichen' Entfaltung (…) dienlich sind und dem Lernen mit ‚Kopf, Herz und Hand' (Pestalozzi) Raum geben." (Wocken 2006, S. 99)

Die Eröffnung von integrativen Prozessen liegt in jenen Begegnungen, die in vielfältigen Räumen zwar ihren Ausgangspunkt haben können (bzw. müssen), und geht dennoch weit darüber hinaus. „Integration kann somit nicht nur Ziel sein, sondern muß Weg und Ziel zugleich sein und hat einen prinzipiellen Charakter. Integration meint mehr als das räumliche Beisammensein von behinderten und nichtbehinderten Kindern, das allerdings als eine unerläßliche Voraussetzung von Integration angesehen werden kann." (Haider 1992, S. 23) Das Ziel von Integration kann demnach nicht ein gleichberechtigtes Nebeneinander oder die weitgehende Anpassung von Individuen an eine (in jedem Fall) imaginierte Norm sein, sondern Integration ist immer auch Erziehungsmittel und -ziel, gelebte Solidarität, erreichte Akzeption, Emanzipation etc. (vgl. ebd., S. 21ff.).

Doch längst sind nicht alle Barrieren abgebaut. „Mit der bisherigen Entwicklung der Integration konnte zumindest eine Aufweichung der starren Grenzen zwischen normal und nichtnormal, behindert und nichtbehindert erreicht werden. (...) Ziel der Inklusion ist aber die ‚Transnormalität' (...)." (Feyrer 2003, S. 10) Und genau diese Transnormalität meint eben nicht eine prinzipielle Gleichheit aller, sondern eine Form der Möglichkeit der Gestaltungs- und Einflussnahme am gemeinsamen Ganzen – in aller Unterschiedlichkeit. „Gleichwertigkeit und nicht Gleichartigkeit ist daher eines der grundlegendsten Prinzipien der Integration und Inklusion." (Ebd., S. 3)

Die Vereinten Nationen haben sich 1993 im Rahmen der UN-Standardregeln im Zusammenhang mit der Chancengleichheit von Menschen mit Behinderungen im Hinblick auf Integration/Inklusion auf einen Katalog geeinigt, der fortan weltweit eine Reihe von Entwicklungen in die Wege geleitet hat. Dieser Katalog umfasst Forderungen wie bspw. die Wahrung der Würde jedes Menschen, das Recht auf Bildung zur maximalen Entfaltung und sozialen Integration, das Normalisierungsprinzip (zur Herstellung möglichst normaler Lebensbedingungen), gleiche Bürgerrechte, gleiche Bildungschancen etc. Besonders in Bezug auf Bildungsprozesse wird deutlich, dass der umfassende Zugang zu Bildung, ein inklusives Bildungssystem, bedürfnisadäquate, qualitative Bildung und der Besuch der Regelschule (der Besuch einer

Sonderschule wird als klare Ausnahme identifiziert) festgelegt worden. Gefordert wird eine stufenweise Integration von Maßnahmen, mit dem Ziel der umfassenden Teilnahme von Menschen mit Behinderungen in allen Bereichen des gesellschaftlichen Zusammenlebens (vgl. Bürli 2008, S. 62f.). Als Meilenstein der Inklusion wird immer wieder die Salamanca-Erklärung der UNESCO von 1994 genannt, die Inklusion als Weiterentwicklung von Integration in Bildungsprozessen festgelegt hat.

Was ist aber nun neu an Inklusion? Warum wird der Forderung nach Integration eine inklusive Komponente hinzugefügt? Die Begriffsdiskussion der vergangenen Jahre hat dazu geführt, den Blick auf die Heterogenität der Gemeinschaften an sich zu schärfen, eine Schule für alle zu entwickeln, die gemeinsames und individuelles Lernen in den Mittelpunkt stellt. Inklusion lässt sich daher auf (mindestens) drei Ebenen verorten: der Mikro-, Meso- und Makroebene. Das bedeutet, dass sich die gesellschaftliche (politische) Forderung nach Integration der (neuerdings durchaus weiter gefassten) Subjekte nicht losgelöst von der jeweiligen Organisationsform vollziehen kann. Es folgt, dass sich Schulen dahingehend verändern müssen, um auch auf organisationaler Ebene auf Diversität reagieren zu können (vgl. Pauser/Pinetz 2009, o. S.). Das umfasst nicht nur faktische Barrierefreiheit (Zugänglichkeit, aber auch Anpassung an unterschiedliche Bedürfnisse, wie bspw. Einsatz von Gebärdensprache, „Easy-to-Read"-Textversionen, Brailleschrift etc.), sondern gewissermaßen auch „ideologische" Barrierefreiheit in den Köpfen und Herzen.

In der Erklärung von Salamanca wird deutlich, wer in der Schule der Vielfalt Platz finden soll: „Das Leitprinzip, das diesem Rahmen zugrunde liegt, besagt, dass Schulen alle Kinder, unabhängig von ihren physischen, intellektuellen, sozialen, emotionalen, sprachlichen oder anderen Fähigkeiten aufnehmen sollen. Das soll behinderte und begabte Kinder einschließen, Straßen- ebenso wie arbeitende Kinder, Kinder von entlegenen oder nomadischen Völkern, von sprachlichen, kulturellen oder ethnischen Minoritäten sowie Kinder von anders benachteiligten Randgruppen oder -gebieten." (UNESCO 1994, o. S.)

Bedeutet das, dass Inklusion im Gegensatz zu Integration Personen nicht „in Anspruch nimmt"? Integration stellt in der Praxis ein an sich selektives Prinzip dar, Inklusion stellt die Forderung der Teilhabe „aller". Was „integrationswürdig" ist, wird nicht abstrakt definiert, sondern wird zu einer organisationalen Frage, um Ziele erreichen zu können (vgl. Pauser/Pinetz 2009, o. S.).

Ausgehend von der Schule erschließt sich eine Praxis der Einbeziehung, die Differenzen als für Organisationen relevant (an-)erkennt und (mit-)bedenkt. In sämtlichen Bereichen findet diese Vielfalt nicht nur Niederschlag, sie macht strukturelle Veränderungen folglich notwendig. Herkömmliche Integration dagegen, im Sinne einer Koexistenz bzw. Assimilation, muss sich den Vorwurf der defizitären Herangehensweise an Differenzen gefallen lassen: „Heute ist Bildungspolitik dadurch gekennzeichnet, dass zwar Chancengerechtigkeit und Chancengleichheit postuliert werden, aber gleichzeitig die sozial segregierenden Strukturen für unverzichtbar erklärt werden. Zugespitzt formuliert: Im Namen des Gleichheitspostulats wird Ungleichheit produziert." (Schnell/Sander 2004, S. 28)

Welchen Beitrag zur sozialen Exklusion hat eine einseitige Konzentration auf Integration mit verursacht? Anhand des Modells in Abbildung 1 wird sichtbar, wie sich (auch historisch betrachtet) eine Abfolge der (an-)steigenden Einbeziehung vollzieht, die jedoch keineswegs von einer linearen Entwicklung gekennzeichnet ist, sondern viel eher eine spiralförmige Bewegung aufweist.

5.2.2 Die inklusive Organisation am Beispiel Schule

Die erste Adresse für Inklusion ist folglich die Schule (bzw. vorschulische Organisationen). Im Zusammenhang mit lebenslangem Lernen aber gewinnt das Konzept der Inklusion für sämtliche Einrichtungen der Bildung (und Beratung) an Bedeutung, denn: „Erkennbar wird im Falle der Organisation Schule, die der Idee von Inklusion folgt, das Bekenntnis und damit die Notwendigkeit zur Umgestaltung der Organisation. Eine inklusive Schule ist eine professionelle pädagogische Organisation, die inhaltliche Ziele, MitarbeiterInnenziele, SchülerInnen u. a. gleichermaßen im Blick hat." (Pauser/Pinetz 2009, o. S.)

Inklusion

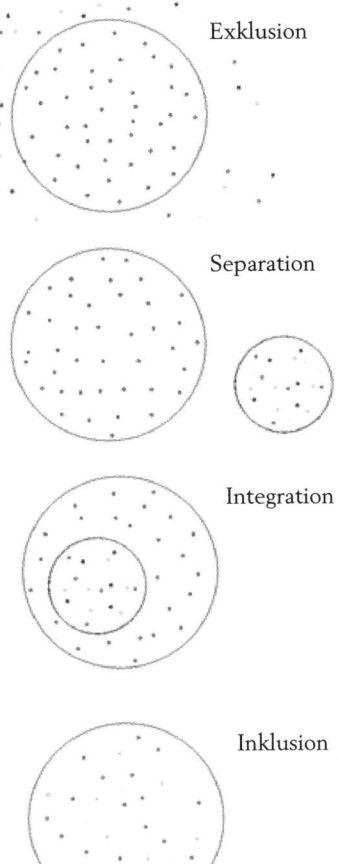

Abb. 1: Schema der Entwicklungsstufen schulischer Integration (Quelle: Wikipedia „Inklusive Pädagogik")

Während bei Integration also konkret über die Aufnahme Einzelner (oder dagegen) entschieden wird, stellt sich Inklusion quasi als ein Spiegelbild der jeweiligen (demografischen) lebensweltlich geprägten Wirklichkeiten in Organisationen (und Unternehmen) dar. Die Herausforderung dabei ist, geänderte, deutlich innovativere Rahmenbedingungen zu schaffen, die der Vielfalt „aller" gerecht werden (wollen). Inklusion ist dabei nicht nur ein organisationaler Entwicklungsprozess, sondern die Möglichkeit zu individueller Entwicklung zwischen zueinander in Beziehung stehenden Menschen, die eine gemeinsame gesellschaftliche Absicht bzw. sogar Vision haben, nämlich die umfassende Vervollständigung des sozialen Gefüges.

> „Durch die Beschäftigung mit dem ‚Index of Inclusion' – in der deutschen Bearbeitung von Ines Boban und Andreas Hinz – habe ich auch als selbstständiger Supervisor und Coach einen umfassenden Eindruck über die Möglichkeit der Anbindung von Inklusion in meiner Arbeit erfahren. Egal ob Teams, Personen oder Organisationen, der ‚Index' steckt voller wertvoller Anregungen zum Thema Inklusion."

Es handelt sich dabei aber um Veränderungsprozesse, die in erster Linie Einfluss auf bestehende Strukturen und Abläufe haben. Die Ablehnung gegenüber größeren Veränderungen kennzeichnet nicht nur Systeme generell, Schulen – als tendenziell eher innovationsresistente Einheiten – haben dabei bereits jetzt schon große Mühe mit, wie sich an der aktuellen Diskussion zur sogenannten Gesamtschule zeigt, tiefer gehenden Veränderungen. Mit dem „Index of Inclusion" liegt bspw. ein Instrument vor, welches es Organisationen erleichtern kann, sich mit Qualität in der Integration zu beschäftigen. Auf der Basis von „betriebswirtschaftlicher" Logik werden dabei Indikatoren, Ziele und Maßnahmen identifiziert, die der Regulierung von komplexen Vorgängen dienen (siehe Boban/Hinz 2003).

Denn die Inklusion „aller" bedeutet tatsächlich eine Aufwertung bislang zumindest minorisierter, wenn nicht sogar ausgeschlossener Gruppierungen – so auch Menschen mit Behinderungen. Alle AdressatInnen von Erziehung und Bildung sowie das Schulumfeld müssen auf diese Veränderungen vorbereitet werden.

> „Die Perspektive der Integrationsbewegung ist somit notwendigerweise zu präzisieren: Von Interesse ist unter diesen Bedingungen nicht mehr nur, wie das gemeinsame Lernen von Kindern mit und ohne Behinderungen realisiert werden kann, sondern von Interesse wird es in Zukunft verstärkt sein, wie es gelingt, auch die Kinder mit und ohne Behinderungen aus ‚eher integrationsfernen Milieus' an dieser Gemeinsamkeit teilhaben zu lassen." (Schnell/Sander 2004, S. 89)

Die inklusive Schule wird künftig Strategien entwickeln, die einzelne Subjekte bzw. Gruppierungen nicht weiterhin problematisiert (oder unangemessen idealisiert). Sie wird Wege finden müssen, Vielfalt umfassend zu verankern, damit verbundene Spannungen und Konflikte auszuhandeln und zu überwinden, um letztlich Bedingungen zu schaffen, die nicht länger die Teilhabe „aller" als rein schlagwortartige Forderung ohne spürbare Konsequenzen artikulieren. Umfassend gesehen bedeutet dies letztlich auf der Mikro,- Meso- und Makroebene Einfluss zu nehmen und zu gewinnen.

„Ein wiederkehrendes Problem in Bildungssystemen, sogar in jenen, die ausgezeichnete Bildungsangebote für Schüler und Schülerinnen mit Behinderung anbieten, ist der Mangel an Rollenvorbildern für solche Schüler und Schülerinnen. Schüler und Schülerinnen mit besonderen Bedürfnissen müssen die Möglichkeit zum Kontakt mit Erwachsenen, die behindert und erfolgreich sind, haben, damit sie ihren eigenen Lebensstil entwerfen können und eine Ahnung von realistischen Erwartungen bekommen. (...) Bildungssysteme sollten daher bemüht sein, qualifizierte Lehrer und Lehrerinnen sowie anderes pädagogisches Personal mit Behinderungen zu gewinnen." (UNESCO 1994)

Immer wieder wird erkennbar, was die Forderung von „Nichts über uns ohne uns!" dahingehend bedeuten würde: die Öffnung sämtlicher Bereiche für Menschen mit Behinderungen als anerkannte ExpertInnen – mit gleicher Ausbildung. Jedoch begegnet uns in Wirklichkeit eine Situation, welche von Integration noch weit entfernt zu sein scheint: „Einige Berufe, wie etwa LehrerIn und RichterIn, sind jedoch in Österreich blinden oder hochgradig hörbehinderten Personen verschlossen. Denn in § 2 Abs. 1 des Richterdienstgesetzes und § 121 des Schulorganisationsgesetzes wird die ‚körperliche Eignung' als Berufsvoraussetzung gefordert. Dies kommt einem Berufsverbot für blinde und gehörlose bzw. hochgradig hörbehinderte Personen gleich, da ihnen nach herrschender Auslegung diese körperliche Eignung abgesprochen wird." (Breiter 2005, S. 144f.) Derartige Beschränkungen bestehen de facto nach wie vor.

5.2.3 Die Relevanz von Inklusion für die Beratung

Relevant für den Beratungsbereich wird all dies nun insofern, als Beratungseinrichtungen als eine Schnittstelle zu Bildung und Qualifizierung verortet werden können (bzw. eine konkrete Schnittmenge aufweisen) und daher auch der Aufbau bzw. die Weiterführung von inklusiven Prozessen an Bedeutung gewinnt. „Orientierung, Planung, Auswahl, Entscheidung und Handlung können in unserer schnelllebigen Zeit nicht allein durch die in Bildungsprozessen erlernte Wissens- und Handlungskompetenzen gemeistert werden, sondern bedürfen oft rasch zugänglicher Ergänzungen und Unterstützung durch Beratung." (Mutzeck 2005, S. 12) Wie gehen aber Beratungseinrichtungen, die in der Regel spezifizierte Zielsetzungen verfolgen (und sich häufig an konkrete Zielgruppen wenden), mit dem Konzept der Inklusion um? Welchen Stellenwert haben bspw. Menschen mit Behinderungen abseits der Tatsache, dass sie Hilfe und Beratung in Anspruch nehmen (müssen)? Sind sie darüber hinaus selbstverständlicher Teil des Systems oder gar anerkannte ExpertInnen, die auf allen Ebenen repräsentiert sind?

> Fließt die Auseinandersetzung mit Inklusion in die eigene beraterische Arbeit mit ein? Oder können inklusive Prozesse in den relevanten Umwelten besser verstanden und reflektiert werden? Oder beides?

„Mag sein, dass eine Beratungsorganisation im Hinblick auf ihre Kernklientel eine große Offenheit und einen betont ressourcenorientierten Ansatz vertritt, doch wie ist die Angemessenheit und Reaktionsgeschwindigkeit in Anbetracht von Zielgruppen, die nur in einem Teilausschnitt zu den Kernkompetenzen der jeweiligen Institution zählen? Als Beispiele wären zu nennen: Gehörlose Frauen mit Suchtproblematik, oder verschuldete MigrantInnen mit niederschwelliger Ausbildung oder Eltern (mit unterschiedlicher Glaubensausrichtung) von Jugendlichen, die aufgrund der sexuellen Orientierung ihres Kindes eine Fachstelle für Kinder- und Jugendberatung aufsuchen. Die Liste der Beispiele ließe sich noch endlos fortsetzen, gemeint ist aber im Kern, dass Diversität in der Beratung schon längst zur Querschnittmaterie geworden ist." (Pauser 2007, S. 52) Um all jene Fragen der Bewältigung von Komplexität geht es nicht nur in der Schule und Gesellschaft ganz allgemein, sondern ganz konkret im breiten Feld der Beratung, welches in zunehmendem Maße – bspw. als Alternative zu herkömmlichen Therapieformen – oder in Form von Coaching, Supervision etc. in einem sehr konkreten Bildungskontext steht und nach wie vor an Bedeutung gewinnt.

„Es war gar nicht so leicht, eine/n SupervisorIn zu finden, die die Zusammenarbeit zwischen gehörlosen und hörenden Menschen als Selbstverständlichkeit erachtet. Wir hatten ziemliche Mühe, eine geeignete Person zu finden. Für uns als Team war es manchmal spannend, Grundlagenarbeit in ‚eigener Sache' zu betreiben, das hat uns zwar in gewisser Weise sogar gestärkt, aber oft auch einfach aufgehalten."

Zusätzlich stellt das Konzept der Inklusion im breiten Feld der Beratung eine Ergänzung dar, die eine Reihe von Vorteilen bringen kann. Genannt seien hier bspw.: Inklusion erschließt neue Zielgruppen, steht für mehr Qualität, verbessert das Ansehen, folgt Rechtsbestimmungen, die sich zurzeit z.T. in Übergangsfristen befinden (z. B. Zugänglichkeit von Gebäuden etc.). Darüber hinaus stellt sich Inklusion auch im Beratungsbereich als normative Forderung nach gerechter Verteilung und ethisch-moralischer Verantwortung dar (vgl. Grill 2005, S. 13ff.).

Inklusion betrifft nun also nicht nur die methodisch-didaktischen Aspekte von gemeinsamen Lernprozessen. Inklusion bedeutet nicht Idee der personellen Vielfalt um ihrer selbst willen. Sie dient der Vervollständigung des sozialen Gefüges. Inklusion stellt sich als untrennbare Einheit einer Organisation mit notwendigen Selbstbeschränkungen und gegenwärtig dennoch enormen, brachliegenden Potentialen hinsichtlich Vielfalt und ihrer Einbeziehung dar. Lässt sich Inklusion mit Diversity vergleichen?

5.3 Diversity and Inclusion

„Mit *Diversity and Inclusion* verfolgen Unternehmen, NPOs und die öffentliche Verwaltung Strategien, sodass sich alle MitarbeiterInnen in diesen Organisationen zugehörig fühlen können. Es steht also für die systematische Einbeziehung sämtlicher Differenzen, die moderne (Arbeits-)Gesellschaften kennzeichnen: Gender, Alter, ethnische Zugehörigkeit, Religion, Behinderung und sexuelle Orientierung. Aber auch

Sprache, soziale Herkunft, oder Arbeitsort etc. rücken in den Blick. Sämtliche dieser Dimensionen haben in organisationalen Kontexten mittlerweile große Bedeutung erlangt." (Pauser 2008, o. S., Hervorh. im Orig.)

5.3.1 DiM – Diversity Management

Wie beim Modell der Inklusion rückt auch bei Diversity Management eine vielfältige Gesellschaft ins Zentrum der Betrachtung. DiM greift mitunter wesentlich deutlicher betriebswirtschaftlich orientiert Differenzen auf, um sie in ökonomisch und ethisch relevante Faktoren des Erwerbslebens zu übersetzen. Dabei kommt es zur Auflösung von vermeintlichen Gegensätzen, die in der Vergangenheit den Arbeitsmarkt bestimmt haben: Wirtschaft, NPOs bzw. NGOs, die öffentliche Verwaltung – mit dem Einzug eines neuen Verständnisses der Dienstleistungsgesellschaft vermengen sie sich.

„Crossing-cultures, Kreuzungen von bisher eher getrennten Kulturen und Kategorien, sind eine Variante zur Erweiterung von Verstehens- und Erfahrungsräumen. Bereiche von Bildung und Business, Profit- und Nonprofit-Bereichen z. B. scheinen näher aneinander zu rücken. So beobachten wir einerseits die zunehmende Ökonomisierung sozialer Bereiche, andererseits steigen die Erwartungen und Anforderungen in Bezug auf die Fähigkeit zum Managen interpersoneller, sozialer und organisationaler Prozesse. Bildungskonzepte, Personalentwicklungsstrategien und Managementkonzepte verwischen zunehmd ineinander." (Bruchhagen 2002, S. 50)

DiM wird häufig als organisationaler Entwicklungsprozess beschrieben, aber: „Neben den betriebswirtschaftlichen Aspekten im engeren Sinne wird gern die emanzipatorische Kraft des Diversitätsmanagements betont, die positive Veränderungen im Unternehmen herbeiführt." (Hanappi-Egger 2004, S. 35) Auffallend ist dabei, dass der elaborierteste Ansatz, der *Lern- und Effektivitätsansatz* (siehe Kapitel 1), am ehesten dem oben diskutierten inklusiven Prinzip gerecht wird. In Organisationen ist dieser gleichzeitig am wenigsten verbreitet, weil von der Organisation und den darin tätigen Mitgliedern eine hohe Diversitätsreife verlangt wird.

Keinesfalls stehen bei DiM aber nur die MitarbeiterInnen im Zentrum der Veränderung, sondern es werden sämtliche Bereiche der Organisation sichtbar: "Diversity can be organized into four interdependent and sometimes overlapping aspects: Workforce Diversity, Behavioral Diversity, Structural Diversity, and Business and Global Diversity." (Hubbard 2004, S. 8)

Das stellt Organisationen vor große Herausforderungen, denn bspw. sind Menschen mit Behinderungen keineswegs als gleichberechtigte TeilnehmerInnen des Erwerbslebens anerkannt oder gar relevante Zielgruppen, die für Marketing und Werbung attraktiv sind, sondern werden in der Regel im Rahmen von sogenannter sozialer Verantwortung in Unternehmen in eben jenem oben kritisch diskutierten Sinn von „Integration" verhandelt.

> „Das schöne an unseren Projekten war, dass wir keine gezielten – also exklusiven – Angebote für Menschen mit Behinderungen formuliert haben, sondern versuchten, ‚echte' Integration zu ermöglichen. Das bedeutete in erster Linie, KollegInnen mit und ohne Behinderungen als MitarbeiterInnen zu gewinnen, um solche Strukturen aufzubauen."

Während Inklusion von AutorInnen als Konzept zur Transnormalität beschrieben wird, ist DiM ein Konzept, welches sich mitunter für die Bildung einer „dritten Kultur" einsetzt. „Nur die schrittweise Annäherung an die höchst erstrebenswerte ‚dritte Kultur' verhindert in Zeiten der Veränderung einen Zusammenbruch des fragilen Gefüges, welches menschliches Zusammenarbeiten wahrscheinlich generell kennzeichnet." (Pauser 2007, S. 397) Stärkt die Auseinandersetzung mit Vielfalt Organisationen und die darin tätigen Menschen? Die Einbeziehung von Menschen mit Behinderungen kann in diesem Zusammenhang völlig neue Potenziale freisetzen. Die Erhöhung von Durchlässigkeit, die Organisationen primär bedroht, wird dann zu einer Stärke, wenn der (organisationale und individuelle) Handlungsspielraum in Vielfalt wächst.

DiM, im Gegensatz zu Inklusion, hat gegenwärtig einen stärkeren Wirtschaftsbezug und folgt viel eher der Logik der Funktionalität von Arbeitsbeziehungen. Zu der normativen Kraft, die Inklusion entfaltet, kommen wirtschaftliche Vorteile hinzu, die auf neue Zielgruppen, Imageverbesserung, höhere Flexibilität, Innovationskraft, optimiertes Personalmanagement etc. abzielen (vgl. Aretz/Hansen 2002, S. 73ff.).

Die Relevanz von *Diversity and Inclusion* für den Beratungsbereich ist damit evident. Beratung als eine Schnittstelle von Bildung und Wirtschaft, zwischen Hilfe und Selbstermächtigung, ist in diesem Sinn gut beraten, beide Zugänge gleichermaßen zu nutzen.

> „Aus meiner Sicht geht es nicht darum, permanent den Unterschied zu **machen**, sondern Unterschiedlichkeit mit zu bedenken. Und das fordert mich als Individuum zu einer permanenten Reflexion auf den Ebenen von Hand, Head und Heart. Wer darf wann und warum dazugehören und wer nicht? Diese Haltung hat meine Herangehensweise hinsichtlich der Zusammenarbeit mit Menschen mit Behinderungen nachhaltig verändert. Es ist einfach normal geworden."

5.4 Beraterische Praxis

Während Inklusion also klar auf die umfassende Teilhabe von Menschen mit Behinderungen und anderer marginalisierter Personen und Gruppen abzielt, hat Diversity Management zusätzlich eine ökonomische Komponente, die bspw. im Sinne neuer Zielgruppen auch ein Mehr an wirtschaftlichem Erfolg verspricht.

Die Frage der Einbeziehung von Menschen mit Behinderungen und anderen marginalisierten Gruppen trifft im breiten Feld der Beratung auf eine Ambivalenz, die Beratungskontexte generell aufweisen. Im klassischen Sinn kann Beratung als eine Unterstützung der Orientierung verstanden werden, die einerseits systemadaptiv (vgl. de Haan 2001, S. 164) wirkt. Dies zeigt sich beispielsweise bei einer gängigen Form der Beratung – der Arbeitsassistenz für Menschen mit Behinderungen, die auf Normalisierung im Sinne einer größtmöglichen Anpassungsleistung abzielt und in der Regel nicht von Betroffenen angeboten wird. So sind Menschen mit Behinderungen auch oft, mangels Alternativen, in bspw. aussterbenden Handwerksberufen anzutreffen. Dem gegenüber stehen andererseits Ansätze, die in einem höchst emanzipatorischen Sinn all jene mit ihren spezifischen Fähigkeiten und Voraussetzungen in den Blick rücken und Voraussetzungen schaffen, damit diese Fähigkeiten verstärkt zum Vorschein kommen können.

„Werde ich primär als ‚zu integrierende Person' oder als ‚gleichwertiger Partner' wahrgenommen? Schätzungsweise werde ich immer als so kompetent wahrgenommen, wie mein Gegenüber in der Lage ist, mich einzuschätzen. Da tun sich in der Regel große Unterschiede auf. Ich muss mich permanent beweisen!"

„Beratungsangebote entstehen um bestimmte gesellschaftlich relevante bzw. problematisch gewordene Themenbereiche herum und sie stellen sich in ihren Theoriedebatten und Praxisangeboten auf die jeweils veränderten kulturellen und gesellschaftlichen Herausforderungen ein: Verändern sich gesellschaftliche Problemlagen, theoretische Orientierungen und methodische Herangehensweisen in den Fachdisziplinen, so kommt es typischerweise auch zu einer entsprechenden Anpassung des Beratungsangebotes." (Schnoor 2006, S. 16) Verändert sich eine inklusive Praxis im Bildungsbereich oder der unternehmerische Umgang mit Vielfalt, sind Beratungseinrichtungen wahrscheinlich gut beraten, sich diesen Konzepten zu öffnen, um anschlussfähig zu bleiben. Welche neueren Beratungsformen, die in konkretem Zusammenhang zu Menschen mit Behinderungen stehen, sind dabei (exemplarisch) zu nennen?

Zurzeit stehen erprobte Formen der Beratung und Unterstützung von und für Menschen mit Behinderungen zur Verfügung, die Empowerment-Ansätzen und der Selbstbestimmt-Leben-Bewegung entsprechen und die z.T. auch in anderen Dimensionen von Vielfalt Anwendung finden. Empowerment wird dabei generell verstanden als „(Selbst-)Ermächtigungsprozess" für gesellschaftlich benachteiligte Gruppen (vgl. Integration: Österreich/Firlinger 2003, S. 38).

Bei „Mentoring" handelt es sich um eine Form von *natural support*, wo im jeweiligen (Arbeits-)Zusammenhang eine Person nominiert wird, die, anders als ArbeitsassistentInnen, die extern bestellt werden, im Unternehmen bzw. der Organisation eine dauerhafte Ansprechperson für eine Person mit Behinderung ist (vgl. ebd. 2003, S. 41).

„**Peer Counselling** ist eine Beratungsmethode, die davon ausgeht, dass Menschen mit Behinderungen einander bei den verschiedensten Fragestellungen besser unterstützen und beraten können als Nichtbehinderte. (…) Grundprinzipien dieser mit der → **Independent Living Bewegung** verbundenen Beratungsform sind aktives Zuhören, Beratung ohne Bevormundung und Übernahme von Eigenverantwortung für die eigenen Probleme." (Ebd., Hervorh. im Orig.)

„Im Rahmen der Peerberatung bin ich das erste Mal darauf aufmerksam geworden, dass ich eigentlich eine unglaubliche Kreativität aus meiner ‚Einschränkung' heraus entwickelt habe. Ich habe mich quasi neu kennen gelernt und das hat mir richtig gut getan. Ich nütze meine neu gewonnene Kreativität jetzt, sooft es geht, und ich finde das gelingt mir mittlerweile recht gut."

Eine Form der Unterstützung, die nicht in unmittelbarem Zusammenhang mit Beratung steht und dennoch zunehmende Bedeutung für das Erwerbsleben und die persönliche Lebensgestaltung von Menschen mit Behinderungen hat (und deren Möglichkeiten zu umfassender Teilnahme erhöht), ist die „persönliche Assistenz". „Persönliche Assistenz ist jede Art von Hilfe, die behinderte Menschen in die Lage versetzt, ein unabhängiges und selbstbestimmtes Leben zu führen. Persönliche Assistenz gibt behinderten Menschen die Möglichkeit, ihr Leben nach ihren eigenen Bedürfnissen zu gestalten. Persönliche Assistenz umfasst alle Bereiche des täglichen Lebens, in denen Menschen aufgrund ihrer Behinderung Hilfe und Unterstützung benötigen. Das umfasst unter anderem die Bereiche Körperpflege, Haushaltshilfe, Mobilitätshilfe und Kommunikationshilfe. Als Assistenznehmer wählen sie ihre Assistenten selbst aus. Sie leiten sie an und bestimmen Zeit, Ort und Art der Assistenzleistungen." (BIZEPS Ratgeber 2007, o. S.)

„Unterstützte Beschäftigung" (oder: Supported Employment) ist eine Form von bezahlter Arbeit auf dem allgemeinen Arbeitsmarkt mit zeitweiliger oder dauerhafter Unterstützung. Ein wesentliches Merkmal ist dabei, dass die Qualifizierung direkt am Arbeitsplatz stattfindet und nicht im Rahmen einer Vorqualifizierung. Vorteile werden hinsichtlich der Bewältigung von Anforderungen am konkreten Arbeitsplatz erwartet und dementsprechend wird die Unterstützung organisiert. Der Vorteil ist die Möglichkeit der individuellen, passgenauen Unterstützung. (Vgl. Doose 2007, o. S.)

„Als sogenannte nichtbehinderte Kollegin bin ich durch das innerbetriebliche Mentoring auf eine junge Kollegin aufmerksam geworden, die mich auf Anhieb fasziniert hat. Mittlerweile sind wir Freundinnen geworden. Ich habe großen Respekt vor ihr. Wir lernen viel voneinander!"

„**Clearing** ist eine Dienstleistung für junge Menschen mit Behinderungen an der Nahtstelle von Schule und Beruf. Clearing soll unter Einbeziehung von Eltern bzw. Lehrer/innen die Jugendlichen über künftige Berufs- und Weiterbildungsmöglichkeiten aufklären und Entscheidungsgrundlagen für ein realistisches weiteres Vorgehen in Richtung berufliche Integration schaffen." (Integration: Österreich/Firlinger 2003, S. 49, Hervorh. im Orig.) Auch hier stellen die Angehörigen, FreundInnen, im positiven Sinn, eine Quelle der Informationen über die Neigungen, Fähigkeiten und Talente der Jugendlichen dar.

„Bei meiner ersten ‚Zukunftskonferenz' im Rahmen des Clearings waren meine Familie, meine Freunde und Bekannten alle dabei. Sie alle haben mir meine Fähigkeiten aus ihrer Sicht erläutert und ich war wirklich überrascht, dass mir so viel zugetraut wurde. Ich werde diese Situation bestimmt nie vergessen, es gibt viele Menschen, die an mich glauben und hinter mir stehen."

Diese spezifischen Beratungsformen gewinnen in Unternehmen und Ausbildungen zunehmend an Bedeutung – insofern, als sie inklusive Prozesse unterstützen und damit Separation verringern. Sie sind somit klar auf eine Verankerung im „Mainstream" angewiesen und dennoch – außerhalb von fachspezifischen Kreisen – weitgehend unbekannt.

Sämtliche partizipative Verfahren eignen sich wiederum für eine veränderte Theorie und Praxis der Beratung generell, da sie sich nicht am (vordergründig vermeintlichen) Defizit orientieren, sondern neue Formen der Teilhabe und Einflussnahme ermöglichen. Sie können damit auch jederzeit für „alle" eine Bereicherung darstellen. Im „Handbuch inklusive Bildung" beschreibt die Autorin im Bereich Methodik/Didaktik inklusive Lernarrangements wie folgt:

- Selbstgesteuertes Lernen fördern: Teilnehmer/innen entwickeln eigenständige Lernziele und Lernstrategien.
- Stärkenorientiert arbeiten: Teilnehmer/innen und Trainer/innen bauen auf Stärken und Kompetenzen der einzelnen Personen auf.
- Die Vielfalt der Gruppe nutzen: Teilnehmer/innen lernen in und von der Gruppe.

(Vgl. Grill 2005, S. 53)

In dem von ihr erstellten Inklusions-Check verweist Grill auf die zahlreichen Anbindungsmöglichkeiten von Inklusion an bestehende Strukturen in der Erwachsenenbildung. Sie macht dabei aufmerksam, dass Inklusion auf faktischer Basis (hinsichtlich Raumgestaltung, Zugänglichkeit, technischer Hilfsmittel etc.), aber auch hinsichtlich der Soft Skills von ExpertInnen und TeilnehmerInnen (Verhalten, Einstellungen und Werte etc.) eine Reihe von Veränderungen bewirken kann, die letztlich klar „allen" zugutekommen können.

In diesem Sinn gibt es wahrscheinlich auch kein inklusives Methodenset und damit verbundene Anleitungen, sondern vielmehr eine Aufforderung zur Reflexion der eigenen Praxis und zum Hinterfragen hinsichtlich der Ein- und Ausschlüsse, die individuell oder organisational bewusst oder unbewusst (re-)produziert werden.

5.5 Schlussfolgerungen

Sowohl die Einführung von Inklusion als auch von DiM stellt in erster Linie einen Organisationsentwicklungsprozess dar, der anhand standardisierter, erprobter Instrumente forciert werden kann. DiM als Konzept, welches tendenziell von Unternehmen favorisiert wird, bietet ein ausdifferenziertes Angebot an Implementierungsschritten und Ebenen der Verankerung. Der Schwerpunkt der individuellen und gesellschaftlichen Komponente wird dabei womöglich derzeit vernachlässigt. Inklusion im Gegensatz dazu stellt hohe Ansprüche an die AkteurInnen des inklusiven Modells und hat Beratungseinrichtungen als bedeutsame Einheiten für inklusive Prozesse noch zu wenig im Blick.

Herkömmliche Integration und die damit verbundene defizitäre Sicht auf Individuen erleichtern offensichtlich die Handhabung von Phänomenen rund um das Thema Behinderung insofern, als Personen problematisiert werden und daher die Organisation als solche keinen Handlungsbedarf zu haben scheint. Im Falle eines umfassenden Bekenntnisses zu *Diversity and Inclusion* erkennen Organisationen, dass sie veränderten Umweltbedingungen (bzw. den veränderten Umwelten) nicht in genügendem Ausmaß Rechnung tragen können, und eröffnen damit die Perspektive der transkulturellen Organisation, die zum gegebenen Zeitpunkt sicherlich eine hohe Herausforderung darstellt. DiM differenziert hierbei auf der Basis der sogenannten Kerndimensionen von Diversity, Inklusion bleibt durchaus vage in der Definition, wer „alle" sein könnten.

Beide Ansätze stellen die Gesellschaft insofern vor eine große Herausforderung, als die Unterscheidung „anders–abnormal" und „gleich–normal" grundlegend hinterfragt wird und die am Prozess beteiligten Individuen erkennen, dass erst durch den reflexiven Prozess der Unterscheidung eine zufrieden stellende Form von Gleichheit hergestellt werden kann.

Für den Beratungsbereich relevant ist *Diversity and Inclusion* damit in zweifacher Weise. Die zu Beratenden stellen BeraterInnen neuerdings vor zahlreiche Herausforderungen, weil sie zunehmend eigene Bedürfnisse und Standpunkte formulieren. In Beratungskontexten wird die eigene Kompetenz hinsichtlich *Diversity and Inclusion* zusätzlich auf den Prüfstand gestellt. Defizitäre Ausrichtungen finden zunehmend weniger Zuspruch, es folgt, dass sich Einrichtungen der Beratung (im Sinne der ressourcenorientierten Ansätze) umorientieren müssen.

Unsicherheiten in der Begegnung mit Menschen mit Behinderungen sind z.T. verständliche Auswirkungen der Separation in der Vergangenheit. Viele BeraterInnen und Einrichtungen fühlen sich oftmals überfordert und wissen nicht, wo und wie sie Fragen stellen können oder dürfen. Zahlreiche Verbände (siehe Linkliste im Literaturverzeichnis) stehen zur Verfügung und geben bereitwillig Auskunft über den jeweiligen State of the Art im angemessenen Umgang mit betroffenen Personen. Patentrezepte finden sich allerdings nicht. Zahlreiche Broschüren können bspw. auch bei den entsprechenden Niederlassungen der jeweiligen Bundessozialämter oder beim Sozialministerium bestellt werden.

Des Weiteren werden immer wieder integrative Weiterbildungen für Menschen mit und ohne Behinderung (siehe z. B. mainweb Wien) angeboten, auch der Besuch eines Schnupperkurses für Gebärdensprache (siehe z. B. equalizent Wien) ist bspw. eine Option, erste Berührungsängste abzubauen. Auch in den Bundesländern gibt es innovative Maßnahmen und Konzepte, die integrative/inklusive Ansätze fördern und unterstützen. So bietet z. B. der ee.lehrgang „Barrieren erleben, begreifen, überwinden" (siehe ee.experts in Graz) die Möglichkeit, im Rahmen eines Lehrganges Wissen und Kompetenzen rund um das Thema Behinderungen zu erlangen.

Im Falle der Einbeziehung von Menschen mit Behinderungen in die beraterische Tätigkeit stelle ich zuletzt vier konkrete Ansatzpunkte – kurz-, mittel- und langfristig – vor, wie Veränderungen gestaltet werden können:

1. Für die Beratungseinrichtung bzw. BeraterInnen eröffnet sich faktisch eine völlig neue Nische, dementsprechende Rahmenbedingungen müssen geschaffen werden (wie Zusatzausbildungen, erhöhte Barrierefreiheit bzw. grundsätzliche Schaffung von Zugänglichkeit, Kooperationen mit betroffenen ExpertInnen etc.). Eine Spezialisierung dahingehend wird gewünscht und ist realisierbar.
2. Beratungen von und für Menschen mit Behinderungen passen in das bereits bestehende Portfolio und erfordern lediglich einige Adaptionen hinsichtlich Methoden, Repräsentanzen, Ausstattung etc. Eine dahingehende Öffnung war bis dato nicht angedacht, ist allerdings durchführbar.
3. Die derzeitigen Rahmenbedingungen machen eine Öffnung – im Sinne einer umfassenden Partizipation – schwierig. Eine Reihe von Maßnahmen müsste getroffen werden, um die Teilhabe von Menschen mit Behinderungen zu ermöglichen. Ressourcen dahingehend fehlen, es mangelt an Know-how, welches eine Umsetzung zusätzlich schwierig macht.
4. Die Organisation ist zurzeit nicht in der Lage, die Komplexität einer umfassenden Öffnung der Angebote handhabbar zu machen. Gute Gründe sprechen dafür, diese Klientel vorläufig nicht bedienen zu können, denn die wechselseitigen Erwartungen hinsichtlich professioneller Beratung würden auf beiden Seiten grob enttäuscht.

Ergänzungen für die Zukunft werden damit bestimmt von zweierlei Überlegungen. Erstens erhebt sich die Frage, welches konkrete Menschenbild sich in beraterischen Kontexten zeigt, und zweitens, inwieweit die professionelle Anschlussfähigkeit durch *Diversity and Inclusion* erhalten bleibt bzw. gesteigert werden kann. Abschließend stellt sich damit die Frage: Wo verorte ich mich derzeit mit meinen individuellen und organisationalen Möglichkeiten und Grenzen?

Literatur

Antor, Georg/Bleidick, Ulrich (Hg.) (2006): Handlexikon der Behindertenpädagogik. Schlüsselbegriffe aus Theorie und Praxis. Kohlhammer Verlag: Stuttgart (2., überarbeitete und erweiterte Auflage).

Aretz, Hans-Jürgen/Hansen, Katrin (2002): Diversity und Diversity-Management im Unternehmen. Eine Analyse aus systemtheoretischer Sicht. LIT Verlag: Münster, Hamburg, London.

Bendl, Regine/Hanappi-Egger, Edeltraud/Hofmann, Roswitha (2004): Interdisziplinäres Gender- und Diversitätsmanagement. Linde Verlag: Wien.

Biewer, Gottfried/Luciak, Mikael/Schwinge, Mirella (Hg.) (2008): Begegnungen und Differenz: Menschen – Länder – Kulturen. Beiträge zur Heil- und Sonderpädagogik. Klinkhardt Verlag: Bad Heilbrunn.

Bizeps Ratgeber (2007): Selbstbestimmt Leben mit persönlicher Assistenz. http://www.bizeps.or.at/broschueren/pa/hauptteil.pdf, abgefragt am 10.11.2008.

Boban, Ines/Hinz, Andreas (2003a): Index für Inklusion. Lernen und Teilhabe in der Schule der Vielfalt entwickeln. (Engl. von Booth, Tony & Ainscow, Mel) Übersetzt, für deutschsprachige Verhältnisse bearbeitet. Martin-Luther-Universität-Halle-Wittenberg.

Boban, Ines/Hinz, Andreas (2003b): Qualitätsentwicklung des Gemeinsamen Unterrichts durch den „Index für Inklusion". http://bidok.uibk.ac.at/library/boban-qualitaetsentwicklung.html, abgefragt am 11.12.2008.

Breiter, Marion (2005): Muttersprache Gebärdensprache. Vita – Studie zur Lebens- und Berufssituation gehörloser Frauen in Wien. Guthmann-Peterson Verlag: Wien und Mülheim an der Ruhr.

Bürli, Alois (2008): Integration/Inklusion aus Sicht der UNESCO. In: Biewer, Gottfried/Luciak, Mikael/Schwinge, Mirella (Hg.): Begegnungen und Differenz: Menschen – Länder – Kulturen. Beiträge zur Heil- und Sonderpädagogik. Klinkhardt Verlag: Bad Heilbrunn S. 61–75.

Bruchhagen, Verena (2002): DIVERSITY LERNEN. Chance für eine emanzipatorische Praxis. In: Koall, Iris/Bruchhagen, Verena/Höher, Friderick (Hg.): Vielfalt statt Lei(d)tkultur. Managing Gender & Diversity. LIT Verlag: Münster, Hamburg, London S. 35–52.

Bundschuh, Konrad/Heimlich, Ulrich/Krawitz, Rudi (2002): Behinderung. In: Bundschuh, Konrad/Heimlich, Ulrich/Krawitz, Rudi; (Hg.): Wörterbuch Heilpädagogik. Klinkhardt Verlag: Bad Heilbrunn S. 38–40.

Bundschuh, Konrad/Heimlich, Ulrich/Krawitz, Rudi (Hg.) (2002): Wörterbuch Heilpädagogik. Klinkhardt Verlag: Bad Heilbrunn. 2. Auflage.

Dederich, Markus (2007): Disability Studies. In: Dederich, Markus (Hg.): Körper, Kultur und Behinderung. Eine Einführung in die Disability Studies. Bielefeld, S. 17–55.
Dederich, Markus (2007): Disability Studies und Integration. In: Behinderte Menschen 3/4/2007, 22–31.
Doose, Stefan (2007): Unterstützte Beschäftigung. http://www.edumoodle.at/bidok/mod/glossary/showentry.php?courseid=1&concept=Unterstützte+Beschäftigung, abgefragt am 28.09.2008.
De Haan, Gerhard (2001): Beratung. In: Lenzen, D. (Hg.): Pädagogische Grundbegriffe. Band 1. Aggression bis Interdisziplinarität. Rowohlt Verlag: Stuttgart (6. Auflage), S. 160–166.
Deppe-Wolfinger, Helga (2004): Integrationskultur – am Anfang oder am Ende? In: Schnell, Irmtraud/Sander, Alfred (Hg.): Inklusive Pädagogik. Klinkhardt Verlag: Bad Heilbrunn.
Eberwein, Hans (Hg.) (1997): Handbuch Integrationspädagogik. Kinder mit und ohne Behinderung lernen gemeinsam. Beltz Verlag: Weinheim und Basel (4. unveränderte Auflage).
Feyerer Ewald (2003): Pädagogik und Didaktik integrativer bzw. inklusiver Bildungsprozesse. http://bidok.uibk.ac.at/library/beh1-03-feyerer-bildungsprozesse.html, abgefragt am 14.12.2009.
Grill, Isabell (2005): Inklusive Bildung. Erste Schritte zu einer gemeinsamen Erwachsenenbildung für behinderte und nichtbehinderte Menschen. Online Schulungs- und Beratungsges.mbH. Eigenverlag: Wien.
Haider, Monika (1992): Integration. Eine pädagogische Standortbestimmung. Unveröffentlichte Diplomarbeit an der Universität Wien.
Hanappi-Egger, Edeltraud (2004): Einführung in die Organisationstheorie unter besonderer Berücksichtigung von Gender- und Diversitätsaspekten In: Bendl, Regine/Hanappi-Egger, Edeltraud/Hofmann, Roswitha (Hg.): Interdisziplinäres Gender- und Diversitätsmanagement. Linde Verlag: Wien S. 21–42.
Hubbard, Edward E. (2004): The Diversity Scorecard. Evaluating the Impact of Diversity on Organizational Performance. Elsevier Butterworth-Heinemann: Oxford.
Integration: Österreich/Firlinger, Beate (Hg.) (2003): Buch der Begriffe. Sprache, Behinderung, Integration. Bundesministerium für soziale Sicherheit, Generationen und Konsumentenschutz: Wien.
Institute for Inclusion (2008): Inclusion (value and practice). http://www.instituteforinclusion.org/index.php?option=com_content&task=view&id=39, abgefragt am 27.09.2009.

Literatur

Kobi, Emil E. (1997): Was bedeutet Integration? Analyse eines Begriffs In: Eberwein, Hans (Hg.): Handbuch Integrationspädagogik. Kinder mit und ohne Behinderung lernen gemeinsam. Beltz Verlag: Weinheim und Basel (4. unveränderte Auflage), S. 54–62.

Koall, Iris/Bruchhagen, Verena/Höher, Friederike (Hg.) (2002): Vielfalt statt Lei(d)tkultur. Managing Gender & Diversity. LIT Verlag: Münster, Hamburg, London.

Koall, Iris/Bruchhagen, Verena/Höher, Friederike (Hg.) (2007): Diversity Outlooks. Managing Diversity zwischen Ethik, Profit und Antidiskriminierung. LIT Verlag: Münster, Hamburg, London.

Lenzen, Dieter (Hg.) (2001): Pädagogische Grundbegriffe. Band 1. Aggression bis Interdisziplinarität. Rowohlt Verlag: Stuttgart (6. Auflage).

Lindmeier, Christian (1993): Behinderung – Phänomen oder Faktum? Klinkhardt Verlag: Bad Heilbrunn.

Lutz, Helma/Wenning, Norbert (2001): Differenzen über Differenz. Einführung in die Debatten. In: Lutz, Helma/Wenning, Norbert (Hg.): Unterschiedlich verschieden. Differenz in der Erziehungswissenschaft. Verlag Leske und Budrich: Opladen, S. 11–24.

Lutz, Helma/Wenning, Norbert (Hg.) (2001): Unterschiedlich verschieden. Differenz in der Erziehungswissenschaft. Verlag Leske und Budrich: Opladen.

Miles-Paul, Ottmar (2007): Selbstbestimmung behinderter Menschen – eine Grundlage der Disability Studies. http://www.zedis.uni-hamburg.de/wp-content/uploads/2007/07/ milespaul_selbstbestimmung.pdf

Mutzeck, Wolfgang (2005): Kooperative Beratung. Beltz Verlag: Weinheim und Basel.

Pauser, Norbert (2007): Equalizent GmbH – Gleicher geht's nicht In: Koall, Iris/Bruchhagen, Verena/Höher, Friederike (2007): Diversity Outlooks. Managing Diversity zwischen Ethik, Profit und Antidiskriminierung. LIT Verlag: Münster, Hamburg, London, S. 386–397.

Pauser, Norbert (2007): Mit Vielfalt gut beraten: Diversity Management als Ansatz für die psychologisch-pädagogische Beratung? In: Heilpädagogik Online 03/07, http://www.heilpaedagogik-online.com/2007/heilpaedagogik_online_0307.pdf

Pauser, Norbert (2008): Diversity and Inclusion. http://www.diversity-inclusion.at/Web-Site/Diversity%20and%20 Inclusion. html

Pauser, Norbert/Pinetz, Petra (2009): Diversity und/oder Inklusion – Konzepte zur Qualitätsentwicklung in Organisationen?! In: Tagungsband der 22. Jahrestagung der Integrations- und InklusionsforscherInnen. Verlag unbekannt (in Erscheinung).

Rödler, Peter (2002): Defizitorientierung. In: Bundschuh, Konrad/Heimlich, Ulrich/Krawitz, Rudi (Hg.): Wörterbuch Heilpädagogik. Klinkhardt Verlag: Bad Heilbrunn, S. 49–50.

UNESCO (1994): Salamanca-Erklärung über Prinzipien, Politik und Praxis der Pädagogik für besondere Bedürfnisse. http://www.unesco.at/bildung/basisdokumente/salamanca_erklaerung.pdf, abgefragt am 10.11.2008.

Sauter, Sven (2008): Vielfalt, Heterogenität und Differenz – Das Bildungs- und Erziehungssystem als kultureller Raum. In: Biewer, Gottfried/Luciak, Mikael/Schwinge, Mirella (Hg.): Begegnung und Differenz: Menschen – Länder – Kulturen. Beiträge zur Heil- und Sonderpädagogik. Klinkhardt Verlag: Bad Heilbrunn, S. 296–313.

Schnell, Irmtraud/Sander, Alfred (2004): Inklusive Pädagogik. Klinkhardt Verlag: Bad Heilbrunn.

Schnoor, Heike (2006): Psychosoziale Beratung in der Sozial- und Rehabilitationspädagogik. Kohlhammer Verlag: Stuttgart.

Strachota, Andrea (2002): Heilpädagogik und Medizin. Eine Beziehungsgeschichte. Literas Verlag: Wien.

Stufen schulischer Inklusion (2008): http://upload.wikimedia.org/wikipedia/de/1/11/Stufen_schulischer_Integration.png, abgefragt am 10.11.2008.

Platte, Andrea/Seitz, Simone/Terfloth, Karin (2006): Inklusive Bildungsprozesse. Klinkhardt Verlag: Bad Heilbrunn.

Wansing, Gudrun (2005): Teilhabe an der Gesellschaft. Menschen mit Behinderung zwischen Inklusion und Exklusion. Verlag für Sozialwissenschaften: Wiesbaden.

Wocken, Hans (2006): Integration. In: Antor, Georg/Bleidick, Ulrich (Hg.): Handlexikon der Behindertenpädagogik. Schlüsselbegriffe aus Theorie und Praxis. Kohlhammer Verlag: Stuttgart (2. überarbeitete und erweiterte Auflage).

Verein Bizeps (2008): http://www.bizeps.or.at/gleichstellung/rechte/bgstg.php, abgefragt am 10.11.2008.

Weiterführende Links (auszugsweise):

www.arbeitundbehinderung.at – Information zur Arbeitswelt

www.bizeps.at – BIZEPS – Zentrum für Selbstbestimmtes Leben

https://broschuerenservice.bmsk.gv.at – Broschürenservice Sozialministerium

www.easyentrance.at – Barrierefreiheit managen

www.equalizent.com – Aus- und Weiterbildung
www.hpe.at – HPE Österreich: Hilfe für Angehörige und Freunde psychisch Erkrankter
www.mainweb.at – Plattform für integrative und barrierefreie Medien- und Kulturarbeit
www.oear.or.at – Österreichische Arbeitsgemeinschaft für Rehabilitation
www.oebsv.at – Österreichischer Blinden- und Sehbehindertenverband"
www.oeglb.at – Österreichischer Gehörlosenbund
www.oeziv.at – Österreichischer Zivil-Invalidenverband
www.vox.at – Österreichischer Schwerhörigenverband
www.unesco.at – Österreichische UNESCO-Kommission

6 Über Diversity integrativ ko-respondieren
Grundlagen Integrativer Theorie und ihre Bedeutung für den Umgang mit Diversität

Surur Abdul-Hussain

„Vielfalt will vielfältig betrachtet werden", schreibt Hilarion G. Petzold (1998a, S. 110), der Begründer der Integrativen Therapie und Supervision und damit einer Integrativen Theorie für Supervision, Coaching und Beratung. Mit diesem Satz sind bereits zwei zentrale Grundgedanken der Integrativen Theorie angesprochen: Wirklichkeit bzw. Realität wird als pluriform und sich ständig pluralisierend aufgefasst und Beratungsarbeit mit Menschen erfordert daher ein multitheoretisches und mehrperspektivisches Vorgehen (vgl. ebd., S. 105). Die Vielfalt von Menschen und Lebensrealitäten wird so zum Ausgangspunkt für alle metatheoretischen, theoretischen, praxeologischen und praktischen Überlegungen in der Integrativen Supervision und Beratung und lässt sich direkt mit den in Kapitel 1 vorgestellten Überlegungen zu Diversity vernetzen. Für einen multitheoretischen und mehrperspektivischen Zugang zur Erschließung menschlicher Vielfalt wurde in diesem Buch bereits eine Reihe von Theorien vorgestellt, die insbesondere im Umgang mit Diversität unterstützend sein können. Integrative Theorie bietet darüber hinaus Konzepte zur Vernetzung, Synergie und Integration dieser Theorien an, um sie integrierend und nicht eklektisch für die Arbeit mit Diversität nutzen zu können.

Vom Integrativen Theoriegebäude kann hier nur ein kleiner Auszug vorgestellt werden. Die Auswahl der Aspekte zielt darauf ab, einen ersten Eindruck vom Integrativen Ansatz zu vermitteln und relevante Ideen und Konzepte für den Umgang mit Diversity vorzustellen. Zu Beginn wird der Begriff „Integrativ" beleuchtet und auf die anthropologischen Grundlagen eingegangen. Das Ko-respondenzmodell, der Polylog und die hermeneutische Spirale werden als zentrale theoretische Momente vorgestellt, um anschließend auf Reflexionsmodelle einzugehen, welche die Integrative Theorie für die praktische Arbeit in Supervision, Coaching und Beratung zur Verfügung stellt. Alle vorgestellten Überlegungen werden laufend mit Diversity verknüpft und mit Beispielen aus der Praxis illustriert.

6.1 Integration und Integrität

Integrative Theorie findet ihren Ursprung Mitte der 1960er Jahre, als sich Psychotherapieverfahren wie beispielsweise die Psychoanalyse (1920er Jahre), die klientenzentrierte Gesprächspsychotherapie von Carl R. Rogers (1940er Jahre), die Gestalttherapie von Fritz und Lore Perls (1940er Jahre), die systemische Familientherapie u. a. von Virginia Satir (1940er Jahre) oder das Psychodrama von Jakob Levy Moreno (1930er Jahre) als Schulen etabliert hatten, die mehr oder weniger getrennt voneinander arbeiteten und sich weiterentwickelten. Hilarion G. Petzold lernte bei vielen von ihnen und begann an einem ganzheitlichen und schulenübergreifenden Ansatz zu arbeiten, indem er zusammen mit seinen KollegInnen das Wissen der psychotherapeutischen Schulen und verschiedenste Quellen und Bezüge vor allem aus der Philosophie, aber auch aus der Psychologie sowie den Sozial- und Naturwissenschaften[1] zusammenführte.

6.1.1 Integration

Petzold knüpft in seinem Integrationsbegriff zunächst an der lateinischen Bedeutung von Integration an: Ausgehend von *integer* (= „ganz, vollständig, unverletzt") bedeutet *Integration* die Zusammenfassung verschiedener Teile zu einem übergeordneten Ganzen, womit gleichzeitig die Zielsetzung von Integrationsprozessen deutlich wird.

---

[1] „[…],die französische Tradition klinischer Philosophie und Psychologie' (P. Janet, G. Marcel, M. Merleau-Ponty, M. Foucault, P. Ricœur), die russische, kulturtheoretische und psychophysiologische Tradition (N. Bernštejn, A. Lurija, L. Vygotskij), gestalttheoretische Autoren (W. Köhler, K. Lewin, M. Wertheimer) und Protagonisten tiefenpsychologischen Denkens (S. Ferenczi, S. Freud, F. Nietzsche) sowie experimenteller, kreativer (V. Iljine, J.L. Moreno, F. Perls), körper- und bewegungsorientierter (E. Gindler, O. Raknes, W. Reich) und last but not least behavioraler Psychotherapie (A. Bandura, F. Kanfer, A. Lazarus). Wichtige Einflüsse kommen auch aus der griechisch-römischen Tradition philosophischer Seelenführung (Sokrates, Seneca, Epictet, Marc Aurel u. a.) und den asiatischen Kampfkunst- und Meditationstraditionen (Budo, Wushu) (Petzold 2002h, p; Petzold, Bloem, Moget 2004)." (Petzold 2008, S. 2)

> Im Integrativen Ansatz sehen wir: „Integrieren als einen Prozeß, dessen Folge eine *Ganzheit* (nicht *das* Ganze) ist, in der Differentes nicht eingeschmolzen, eingeebnet wird, sondern erkennbar bleibt. Es geht um Verbindungen von Zerstreutem, Unterschiedlichem durch Vernetzungen, Synopsen, Synergieeffekte, so daß durch die *kokreative* Wirkung der Teilaspekte Sinnbezüge hergestellt werden und Innovationen geschehen, ein *Novum* auftauchen kann. Damit werden die Begriffe *Differenzierung, Integration* und *Kreation* in einen dialektischen Bezug gestellt." (Petzold 1975h, S. 8, zit. n. Petzold 2003a; S. 701; Hervorh. im Orig.)

Eine neue „Ganzheit" kann in diesem Sinne über Verbindungen, Verknüpfungen und ein Zusammendenken von Verschiedenem entstehen, ein Vorgehen, das für die Integrative Theorie charakteristisch ist. Petzold prägt dafür die Begriffe der „Konnektivierung" und der „Transversalität". „Konnektivierung" beschreibt eine Art des Vernetzens von unterschiedlichem Wissen und verschiedenen Theorien, das zur Erhellung von Situationen beiträgt und somit Einseitigkeiten oder Dogmatismen entgegenwirkt (vgl. Petzold 1998a, S. 34). Konnektivierung lässt sich aber ohne „Transversalität" nicht erreichen. Dieser Begriff beschreibt ein „nicht-lineares, pluriformes Denken von Vielfalt" (ebd., S. 34f.), das in laufenden Übergängen und mehrperspektivischem Reflektieren, Überdenken, Nachdenken und Durchdringen nach und nach die Komplexität von sozialen Situationen erschließt. Und damit kommt ein weiteres zentrales Konzept der Integrativen Theorie hinzu, die „Mehrperspektivität": Sie beschreibt die Fähigkeit, vielgestaltige Wirklichkeit aus einer exzentrischen Position aus verschiedenen Blickwinkeln und mit unterschiedlichen theoretischen Referenzrahmen wahrzunehmen. Auf diese Weise können neue Aspekte gewonnen und vorhandene Komplexität und Pluralität erfasst werden (vgl. Petzold 1990o, 1994a; Schreyögg 1994, zit. n. Petzold 1998a, S. 233f.). Im Integrationsprozess des Konnektivierens und transversalen Denkens entstehen übergreifende Qualitäten, die zu einer Weiterentwicklung des Gesamten beitragen. Leitprinzipien des Integrierens sind das Synopse- und das Synergieprinzip, also die Prinzipien des Zusammenschauens und Zusammenwirkens (vgl. Petzold/Sieper 1977a, S. 31, zit. n. Sieper 2007, S. 127).

Integration bedeutet also die Entwicklung einer neuen Ganzheit, indem Unterschiedliches und Zerstreutes, aber auch Widersprüchliches, durch mehrperspektivisches und pluriformes Denken von Vielfalt miteinander verknüpft, verbunden und zusammengedacht wird, um so komplexe Situationen erhellen und zu einer übergeordneten Metaposition kommen zu können. Integration „denkt Ganzheit *und* Differenz ‚in eins'" (Petzold 2003a, S. 358) und ist daher unlösbar mit der Idee der Differenz verbunden (vgl. Sieper 2007, S. 127). Integration wird daher klar von jeglichen Assimilationsbestrebungen abgegrenzt, vielmehr wird laufend betont, dass es um die Konnektivierung von Verschiedenem geht, und stets so, dass *„Differentes als Differentes bleiben kann"* (Petzold 1997s, S. 55; Hervorh. im Orig.). Integrationsprozesse dieser Art können nie abgeschlossen sein. Der Integrative Ansatz versteht sich daher als prinzipiell unfertig und bewahrt sich seinen Impetus des Integrierens (vgl. Petzold 1970c, zit. n. Petzold 2003a, S. 383).

6.1.2 Diversity

Für den Umgang mit Diversität in Supervision, Coaching und Beratung ist diese Idee der Integration unerlässlich, kann es doch nur um das Einnehmen verschiedener Perspektiven mit Hilfe verschiedener Erklärungsmodelle und um die Verknüpfung dieser für ein gemeinsames Erkennen gehen, um miteinander zu konstruktiven Ideen (Kreationen) zu kommen. In diesem Buch stellen wir nur eine kleine Auswahl uns wesentlich erscheinender theoretischer Zugänge vor und es gäbe noch wesentlich mehr. Die Bedeutung der ausgewählten Theorien und ihrer Integration in Bezug auf Diversität wird klar, wenn Folgendes in den Blick genommen wird: Ohne das Verständnis sozialer Repräsentationen (siehe Kapitel 2) lassen sich zum Beispiel Vorurteile, Stereotypisierungen und damit verbundene Diskriminierungen gegenüber Menschen kaum verstehen. Ohne Cultural Studies (Kapitel 4) könnten wir interkulturell geprägte Prozesse in der Betreuung von KlientInnen kaum erkennen oder erklären. Ohne Disability Studies würden wir Behinderung als etwas Gegebenes und Unveränderbares wahrnehmen und nicht als eine

Frage der Bedingungen diskutieren (Kapitel 5). Und ohne Systemtheorie (Kapitel 3) würden wir uns gar nicht mit der Frage beschäftigen, welche Unterschiede überhaupt einen Unterschied machen in einem Team, einer Organisation oder Institution. Gerade für den Umgang mit Diversität ist die Vernetzung von Wissensbeständen von zentraler Bedeutung, weil sich ohne sie die Dimensionen von Diversität und ihre Auswirkungen in sozialen Prozessen gar nicht erfassen ließen. Integrative Beratung, Supervision und Coaching stellen sich somit die Aufgabe, mit vielgestaltigen und komplexen (Lebens-)Situationen angemessen umzugehen und KlientInnen zu ermächtigen, diese Vielfalt und Komplexität in ihrem Alltag bewältigen zu können. Dafür wird im jeweiligen Setting multitheoretisch, mehrperspektivisch, konnektivierend und transversal gearbeitet.

6.1.3 Zwischenmenschliche Integration

Neben der theoretischen Integration von Wissensbeständen stellt Petzold auch für die persönliche und zwischenmenschliche Ebene des Integrierens eine Definition bereit:

> „**Integration** *im zwischenmenschlichen bzw. sozialen Bereich [...] erfordert mehrperspektivisches Wahrnehmen und komplexes Erfassen von Materialien, Ereignissen, Problemen, Aufgaben oder Konzepten aus dem Lebenskontext [und Berufskontext, die Verf.] oder dem erinnerten oder antizipierten Lebenskontinuum in einer Art und Weise, daß in Ko-respondenz, [...] Einzelfakten sich zu übergeordneten Zusammenhängen verbinden, die oftmals die etablierten Grenzen überschreiten und die Qualität eines Neuen haben. [...]*" (Petzold 2003a, S. 1094; Hervorh. im Orig.).

Ähnlich wie die Integration von verschiedenen Wissensbeständen zu neuen Kreationen führen kann, verhält es sich auch im zwischenmenschlichen Bereich, wenn Wahrnehmungen und Gefühle ausgetauscht, Positionen erhellt und miteinander sowie mit theoretischen Konzepten vernetzt werden. Mehrperspektivität reduziert sich hier nicht auf theoretische Perspektiven, sondern nimmt Perspektiven aus verschiedenen makro-, meso- und mikrosoziokulturellen Kontexten ein. So werden in einem interdisziplinären Team etwa Perspektiven aus der psychologischen, sozialpädagogischen, juristischen oder medizinischen Berufskultur heraus eingenommen. Oder in einer von hoher Diversität geprägten Gruppe können Perspektiven aus verschiedenen Generationen, körperlichen und psychischen Verfasstheiten, aus Genderperspektiven, Religionsauffassungen, aus ethnischen Hintergründen, aus Positionen verschiedener Hautfarben oder unterschiedlicher sexueller Orientierung heraus eingenommen werden. Auch die Integration auf der persönlichen und zwischenmenschlichen Ebene ist ein Prozess des mehrperspektivischen Zusammentragens von Sichtweisen und Perspektiven, Gefühlen, Erfahrungen und Erinnertem, des Vernetzens und des transversalen Durchdenkens, um zu übergeordneten Sinnzusammenhängen und damit zu neuen Ideen und Handlungsoptionen zu kommen. Wichtig für diesen Prozess ist, dass er sinnstiftend ist, dass das Prozessgeschehen für SupervisandInnen, Coaches und zu Beratende Sinn macht und ihnen neue Freiheiten in ihrem Handeln erlaubt.

6.1.4 Integrität

In der Entwicklung und stetigen Weiterentwicklung des Integrativen Ansatzes wurden laufend auch die kritischen Aspekte des Terminus „Integration" diskutiert und reflektiert. So etwa im Sinne von „Zwangsintegrationen" (Sieper 2007, S. 119) im Nationalsozialismus, des „Integrationsdrucks" (ebd.) für religiöse oder ethnische Minderheiten oder des Verständnisses von Integration als Assimilation (ebd.). Hilarion G. Petzold, Ilse Orth und Johanna Sieper haben sich intensiv mit „strukturell gewaltsamen Integrationen" und „Desintegrierungen" (ebd. 2007, S. 120) auseinandergesetzt.[2] Vor diesem Hintergrund sieht Petzold all seine Arbeit im und für den Integrativen Ansatz als Beitrag „einer **politisch bewussten Kulturarbeit**, der es um die Förderung von Humanität und Hominität" (Petzold 2003e; Hervorh. im Orig.) geht. Dies drückt sich unter anderem in einer diskriminierungssensiblen Theoriebildung und Sprache aus (vgl. Petzold 2007q, S. 161).

Der Integrationsbegriff wird also sehr problembewusst eingesetzt und daher dezidiert in den Zusammenhang einer Ethik der Integrität

---

[2] Siehe die Veröffentlichungen 1996j und 2001m von Hilarion G. Petzold im Literaturverzeichnis.

und eine Anthropologie der Hominität und Humanität (siehe Kapitel 6.2) gestellt.

> „*Integrität* bedeutet nicht nur die Erhaltung der Identität von Menschen, Gruppen, ökologischen Gegebenheiten, sondern schließt immer auch ihre Entwicklung und Entfaltung ein. Auch wo Entfaltungsmöglichkeiten eingeschränkt werden, ist Integrität bedroht." (Petzold 1978c; Hervorh. im Orig.)

Integrität ist eingebettet in das „Koexistenzprinzip" und das „Consorprinzip". Das Koexistenzprinzip besagt: „Alles Sein ist Mit-Sein." (Petzold 2003a, S. 116) Das Koexistenzprinzip ist eng verknüpft mit dem Consorprinzip: „Mensch wird man nur durch Mitmenschen." (Ebd.) Damit wird deutlich, dass, wo immer jemandes Integrität bedroht ist, auch die eigene Integrität gefährdet ist. Integritätsverletzungen im Sinne der Menschenrechte und der Humanität könnten unter veränderten sozialen, wirtschaftlichen und politischen Bedingungen auch Menschen treffen, deren Integrität gesellschaftlich gesehen weniger in Gefahr steht. Für Supervision, Coaching und Beratung aus Integrativer Perspektive gilt daher das Ziel, die Integrität aller Beteiligten und ihres Umfeldes bzw. Arbeitszusammenhanges zu erhalten und einen Rahmen für die Entwicklung und Entfaltung von Identität anzubieten.

Die Integrität alles Lebendigen ist ein sinnvoller Bezugspunkt für jede beraterische Arbeit mit Diversität. SupervisorInnen, BeraterInnen und Coaches, die sich nicht mit Diversitäten, ihren Auswirkungen und mit damit verbundenen Diskriminierungsprozessen auseinandersetzen, laufen Gefahr, Diskriminierungen zu unterstützen, und tragen somit zur Verletzung der Integrität von Diskriminierten bei.

6.2 Das Menschenbild in der Integrativen Theorie

Ein weiterer Orientierungsrahmen für beraterisches Handeln ist das Menschenbild in der Integrativen Theorie. Das Postulat der Theorie-Praxis-Verschränkung im Integrativen Ansatz fordert, dass sich jedes beraterische Handeln in der (1) Praxis, vor dem Hintergrund eingesetzter (2) Theorien über die Praxis (Praxeologie), vor (3) Theoriekonzepten und vor (4) Metatheorien erklären lässt. Diese vier Ebenen und ihre

Inhalte hat Petzold (1998a, S. 95f.) als *„tree of science"* bezeichnet und für Supervision und Therapie erläutert. Das Menschenbild ist als Teil der Anthropologie auf der Ebene der Metatheorien angesiedelt und bildet ein Rückgrat Integrativer Praxis.

Das Menschenbild wird in einer anthropologischen Grundposition beschrieben:

> „Der Mensch – Mann und Frau – wird im Integrativen Ansatz als Körper[1]-Seele[2]-Geist[3]-Wesen gesehen, d. h. als Leib[4], als Leibsubjekt, das eingebettet ist im ökologischen[A] und sozialen[B] Kontext/Kontinuum[C] der Lebenswelt, in der es mit seinen Mitmenschen seine Hominität[0] verwirklicht (vgl. idem 1969c, 2003e)." (Zit. n. Petzold 2007c, S. 27)

Petzold löst mit der Triade Körper–Seele–Geist und dem die Triade umfassenden Leibbegriff dualistisches Denken von Körper und Geist oder Natur und Kultur auf.

[0] **Hominität** beschreibt die Menschennatur als Natur- und Kulturwesen auf ihrer individuellen und kollektiven Ebene. Dabei wird sie als biopsychosozial verfasst und kulturell eingebunden verstanden (vgl. Petzold 2007c, S. 27). [1] **Körper/Soma** umfasst alle körperlichen Prozesse sowie das darauf basierende Körpergedächtnis als Resultat von Lernprozessen, -erfahrungen und -ergebnissen (vgl. ebd.). [2] **Seele/Psyche** beschreibt alle „Gefühle, Motive/Motivationen, Willensakte und schöpferischen Impulse" (ebd.). Sie gründen in körperlichen Prozessen (s.o.) und wirken auf diese zurück in Form des Leibgedächtnisses, welches auch antizipierte Emotionen wie Hoffnungen, Wünsche und Befürchtungen enthält (vgl. Petzold 2007c, S. 27f.). [3] **Geist/ Nous** bezeichnet alle *„kognitiven bzw. mentalen, transmateriellen* **Prozesse***"* (ebd., S. 28; Hervorh. im Orig.). Diese umfassen etwa persönliche Überzeugungen, Werte und Glaubenshaltungen *(individuell)* oder z. B. Weltanschauungen, Staatsformen, Kunst oder Wissenschaft *(kollektiv)*. Dazu gehören darüber hinaus individuell und kollektiv kulturell archivierte gemeinschaftliche Lernprozesse, Erfahrungen und Wissensbestände (*sozial-mentale Repräsentationen*, siehe Kapitel 2) und mögliche antizipatorische Leistungen und Perspektiven wie etwa Ziele, Pläne, Entwürfe und Visionen (vgl. Petzold 2007c, S. 28). „**Geist** wird als bewußt, also reflektierend/interpretierend und reflexionsfähig/sinnschöpfend gesehen, als kausal, also begründetes Handeln er-

möglichend und dieses e v a u l i e r e n d und wertend, sowie als regulativ fungierend, z. B. Bedürfnisse steuernd und soziale/politische Erfordernisse entscheidend." (Ebd.; Hervorh. im Orig.) [4] Der **Leib** ist eingebettet in Kontext und Kontinuum und definiert alle „sensorischen, motorischen, emotionalen, volitiven, kognitiven und sozial-kommunikativen *Schemata* bzw. *Stile*" (ebd.). Sie konstituieren zusammen mit dem verleiblichten Niederschlag ihrer Inszenierungen den *„informierten Leib"* (Petzold 1996a, S. 283, zit. n. Petzold 2007c, S. 28; Hervorh. im Orig.).

Im Konzept des *informierten Leibes* wird die Rekursivität von Körper, Psyche und Geist deutlich. Danach nimmt der Leib Informationen über die Welt in sich auf und inkorporiert erlebte Welt und Lebenswelt (vgl. Petzold 1970c, zit. n. Petzold 1998a, S. 79). Der *informierte Leib* wird damit zu einem bedeutenden Wahrnehmungsorgan menschlichen Seins. Sobald wir einen Raum betreten, nimmt der Leib die Atmosphäre wahr, noch lange bevor diese Wahrnehmung in unser Bewusstsein dringt. Gerade im Umgang mit unangenehmen Erfahrungen im Zusammenhang mit Diversität können SupervisandInnen, Coachees oder zu Beratende ihre Wahrnehmungen oft nur diffus beschreiben. Sie **spüren**, dass etwas nicht stimmt, die Atmosphäre **fühlt** sich unangenehm an usw. Hier ermöglicht die Arbeit mit dem Konzept des *informierten Leibes*, diesen Wahrnehmungen und Gefühlen nachzugehen, indem das Leibgedächtnis befragt wird, der Leib zum Sinn wird und die Wahrnehmungen ins Bewusstsein dringen können. [A, B, C] In den **sozialen und ökologischen Kontext** und das **soziale und ökologische Kontinuum** ist das Leibsubjekt mit all seinen Dimensionen eingebettet. Der *Kontext* umfasst historische (auch persönliche) Bedingtheiten in ihren kulturellen, politischen und sozialen Aspekten sowie ökonomische und ökologische Determinierungen, welche in permanenter Veränderung begriffen sind. Das *Kontinuum* bettet das Leibsubjekt in seinen Dimensionen von Vergangenheit, Gegenwart und Zukunft ein, in seiner Leibzeit und Lebenszeit, seiner sozialen Zeit und seiner Zeitgeschichte (vgl. Petzold 2003a, S. 118f.). Für alle Dimensionen der anthropologischen Grundposition gilt, dass sie in der Dialektik von Unizität und Plurizität stehen (vgl. Petzold 2007c, S. 28). „Menschsein erfordert die Gewährleistung von Einheitlichkeit, Einzigartigkeit und Kohärenz des Subjekts, eine **Unizität** und zugleich eine Kreativität und Differenzierungskraft, welche Vielfalt, Mannigfaltigkeit des Subjekts ermöglicht, eine **Plurizität**, die sich jeder Uniformität und Standardisierung widersetzt, denn Menschheit wurde als Vielheit von vielfältigen und zugleich klar erkennbaren Einzelnen." (Petzold 1970c, S. 21, zit. n. Petzold 2003e, S. 33; Hervorh. im Orig.)

Zusammenfassend kann der Mensch als Mann und Frau[3] im Integrativen Ansatz als reflexives, kreatives und schöpferisches Leibsubjekt in der Lebenswelt betrachtet werden, das sich in der Welt erlebt, verhält und denkt und das die Welt, deren Teil es ist, reflektiert und gestaltet, d. h. sinnlich realisiert und mit Bedeutung versieht. Es ist das Bild eines Menschen in der Welt, in die er oder sie hineinwirkt und die auf ihn oder sie wirkt. Dieses Menschenbild eignet sich insofern für die Arbeit mit Diversität in Supervision, Coaching und Beratung, als es alle Dimensionen menschlichen Seins einbezieht. So lassen sich alle Dimensionen der *Four Layers of Diversity* (siehe Kapitel 1) vor diesem Hintergrund erklären und in diesen einbetten. Darüber hinaus kann die Bedeutung von Diversity als Unterschiede **und** Gemeinsamkeiten (Kapitel 1) mit der Dialektik von Unizität und Plurizität erweitert werden.

6.3 Intersubjektive Begegnungen

Die Verknüpfung von Integrativen Metatheorien und Integrativer Praxis wird vor allem durch das Ko-respondenzmodell nachvollziehbar, das Kernstück der metatheoretischen, theoretischen und praxeologischen Arbeiten von Petzold. Ko-respondenz kommt im Integrativen Ansatz als Leitprinzip zum Tragen und bietet ein handlungstheoretisches Konzept für Supervision, Coaching und Beratung.

Zum Begriff selbst schreibt Petzold: „Der Begriff *Ko-respondenz* beinhaltet das Korrespondieren von Subjekten, Gruppen, Institutionen, Systemen auf gleicher Ebene, ein Aufeinander-Antworten, ein Miteinander-Antworten." (2003a, S. 115; Hervorh. im Orig.) Ko-respondenz wird als interaktionales, diskursives und „polyloges" Geschehen aufgefasst. Der „Polylog" bildet eine wesentliche Grundlage von Ko-respondenzprozes-

---

[3] Die Differenzierung des Menschen in Mann und Frau in der anthropologischen Grundposition der Integrativen Theorie wurde 1988 aus gendertheoretischen und -politischen Gründen ergänzt, womit in den metatheoretischen Grundlagen von Beratungsverfahren ein Meilenstein gesetzt wurde.

sen und bezeichnet die „vielstimmige Rede, die den Dialog zwischen Menschen umgibt und in ihm zur Sprache kommt" (Petzold 1988t/2002c, zit. n. Petzold 2007c, S. 53). Petzold meint damit, dass in jeder Interaktionssituation zwischen Menschen nicht nur die physisch anwesenden Menschen präsent sind, sondern auch deren Einbettung in ihre sozialen Systeme und damit ihre Mitmenschen. So sind in jedem Gespräch, jeder Interaktion und jedem Ko-respondieren viele Stimmen am Wort und zusammen entsteht eine Vielstimmigkeit vielfältigen Sinns. „Das Konzept des **Polyloges** bringt unausweichlich das **Wir**, die strukturell anwesenden Anderen, in den Blick, macht die Rede der Anderen hörbar oder erinnert, daß sie gehört werden müssen – unbedingt!" (Ebd.; Hervorh. im Orig.). Denn, so betont Petzold (2002h, zit. n. Petzold 2007c, S. 23; Hervorh. im Orig.) immer wieder: „Menschen sind nicht aus Dyaden, sondern aus **Polyaden** hervorgegangen. Ihre evolutionsbiologische Ausstattung hat sie für das Leben in Gruppen ausgerüstet, weil sie aus dem Leben in Gruppen, in ‚Wir-Feldern' in **Polyaden** zu Menschen geworden sind." Vor diesem Hintergrund wird Ko-respondenz folgendermaßen definiert:

*„**Ko-respondenz** ist ein synergetischer Prozeß direkter und ganzheitlicher Begegnung und Auseinandersetzung zwischen Subjekten auf der Leib-, Gefühls- und Vernunftsebene über ein Thema unter Einbeziehung des jeweiligen Kontextes/Kontinuums.'*

*‚Ziel von **Ko-respondenz** ist die Konstituierung von **Konsens/Dissens**, der in **Konzepten** Niederschlag finden kann, die von Konsensgemeinschaften getragen werden und für diese zur Grundlage für **Kooperation** werden.'*

*‚Voraussetzung für **Ko-respondenz** ist die in der prinzipiellen **Koexistenz** alles Lebendigen gründende, wechselseitige Anerkennung subjektiver Integrität, die durch **Konsens** bezeugt wird, und sei es nur der Konsens darüber, miteinander auf der Subjektebene in den Prozeß der Ko-respondenzen einzutreten oder konsensuell **Dissens** festzustellen und als solchen zu respektieren'*

‚Scheitern von Ko-respondenz führt zu Entfremdung, Frontenbildung, Krieg.'"
(Petzold 2003a, S. 117)

Das Ko-respondenzmodell beschreibt sowohl die Beziehungsebene eines Beratungs-, Coaching- bzw. Supervisionsprozesses als auch den Prozess selbst. Bereits beim ersten Blick auf diese Definition wird der Bezug zur anthropologischen Grundposition (siehe Kapitel 6.2) deutlich. Dies drückt sich vor allem in der intersubjektiven Begegnung auf der Leib-, Gefühls- und Vernunftsebene als auch in der Einbeziehung des Kontextes/Kontinuums aus. Dieser synergetische Prozess ist darüber hinaus durch Intersubjektivität geprägt. Intersubjektivität gründet im Koexistenzprinzip (der Verbundenheit alles Seins), das in der zwischenmenschlichen Begegnung zum Consorprinzip (alles Sein ist Mit-Sein) wird. Vor diesem Hintergrund liegt der Fokus im Ko-repondenzmodell nicht auf „Ich" und „Du", sondern auf **„Du, Ich, Wir in Kontext/Kontinuum – Wir, Du, Ich in Lebensgeschichte/Lebensgegenwart/Lebenszukunft** (Petzold 1988t, Petzold, Orth, Sieper 2005)" (zit. n. Sieper 2007, S. 89; Hervorh. im Orig.). Es geht also um eine gemeinsame Auseinandersetzung zu einem Thema, in die sich alle Beteiligten mit ihrem Sein in ihrem Kontext und Kontinuum mit ihrer Vielstimmigkeit einbringen und austauschen können.

Über diesen ganzheitlichen Austausch kann und soll Konsens, übersetzt Mit-Sinn, also gemeinsamer Sinn, entstehen. Das Ziel von Ko-respondenzprozessen ist die Entwicklung gemeinsamer Wirklichkeit. Kann kein Konsens gefunden werden, bleibt noch immer die Feststellung eines Dissenses im gegenseitigen Respekt und Wissen darüber. Gelingt ein Konsens, können auf dieser Basis gemeinsame Konzepte entwickelt werden, die durch Konsensgemeinschaften zu Kooperationen werden können. Voraussetzung für Ko-respondenz ist die wechselseitige Anerkennung subjektiver Integrität, ein deutlicher Verweis auf das Integritätskonzept (siehe Kapitel 6.1). Diese wechselseitige Anerkennung wird durch Konsens bezeugt und das kann auch ein Konsens über den Dissens sein. Um ganzheitlich miteinander ko-rrespondieren zu können sind Offenheit, Vertrauen und Authentizität von hoher Bedeutung (vgl. Petzold 2003a, S. 120). Gleichzeitig können diese Qualitäten auch über Ko-respondezprozesse vertieft und erweitert werden. Für die beraterische Praxis hat Petzold den Ko-respondenzprozess in den sogenannten Theorie-Praxis-Zyklus des Ko-respondenzmodells gegossen.

6.3.1 Phasen der Ko-respondenz

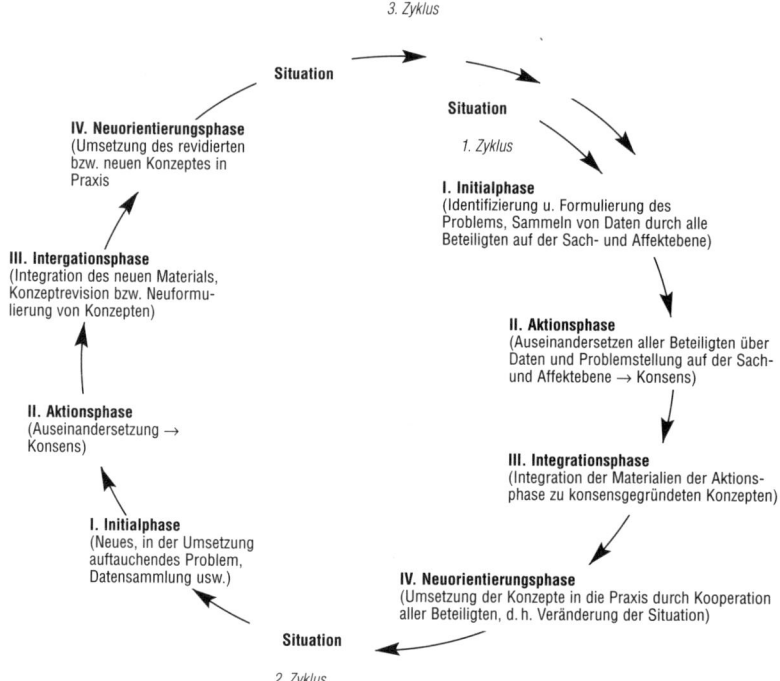

Abb. 1: Der „Theorie-Praxis-Zyklus" im Ko-respondenzmodell (Quelle: Petzold 1973/1980c, S. 346, zit. n. Petzold 2003a, S. 499)

Den Hintergrund dieses Zyklus bildet die Grundannahme der Wechselwirkung zwischen Theorie und Praxis. Im Integrativen Ansatz arbeiten wir mit dem Verständnis, dass jegliche Theorie in die Praxis wirkt und jede Praxis Theoriebildung beeinflusst. Sie konstituieren sich wechselseitig und formen somit eine Einheit (vgl. Petzold 2003a, S. 136). Der Theorie-Praxis-Zyklus beschreibt den Ko-respondenzprozess als tetraedisches System, welches das dyadische Beratungssetting genauso erfasst, wie die Arbeit in Kleingruppen, Großgruppen und Institutionen. Voraussetzung für die Zusammenarbeit ist die Möglichkeit intersubjektiver Begegnung. Der Prozess umfasst vier idealtypische Phasen:

I. Initialphase: Differenzierung → Komplexität, *Dissens*
II. Aktionsphase: Strukturierung → Prägnanz, *Konsens*
III. Integrationsphase: Integration → Stabilität, *Konzepte*
IV. Neuorientierungsphase: Kreation → Transgression, *Kooperation*

In der **Initialphase** werden zunächst das Thema und das anvisierte Ziel bestimmt, über das ko-respondiert wird. Alle Beteiligten tragen zusammen, was ihnen dazu einfällt, welche Resonanzen sie dazu haben, welche Gefühle aufkommen, welche sachlichen Informationen und welches Wissen, auch Alltagswissen, sie dazu bereitstellen können. Es kommt so zu einer mehrperspektivischen Zusammenschau, zu einem sich gegenseitig Anregen (Kokreativität) im vielfältigen Wahrnehmen und auf diese Weise auch zu einem Beziehungsaufbau, zur intersubjektiven Begegnung und damit zu ersten Einschätzungen, ob wechselseitige Anerkennung und Wertschätzung auf der Subjektebene gegeben sind. Auf diese Weise entfaltet sich die Komplexität des Themas in seinem Kontext/Kontinuum und wird differenziert herausgearbeitet. Die Funktionen dieser ersten Phase sind somit die *Differenzierung* und das Gewinnen von *Komplexität*, bis eine erste Sättigung erreicht ist (vgl. Petzold 2003a, S. 127f.).

Zur Veranschaulichung der Prozessphasen ziehe ich ein **Beispiel** heran. In einer betreuten Wohngemeinschaft wohnen Frauen verschiedenen Alters, verschiedener Herkunft, Hautfarbe und Bildung. Das Klientinnensystem ist noch in vielen weiteren Dimensionen von hoher Unterschiedlichkeit geprägt. Die Klientinnen werden von Betreuerinnen begleitet, welche alle Mehrheitsgesellschaftsangehörige verschiedenen Alters sind und vorwiegend im psychosozialen Kontext ausgebildet sind. (Eine noch genauere Beschreibung anhand der *Four Layers of Diversity* unterlasse ich an dieser Stelle, um die Anonymität der Supervisandinnen zu gewährleisten.) In der Initialphase fand eine Einigung auf das Thema „Unordnung im Haus" statt und als Zielsetzung wurde formuliert: Ermöglichen von Ordnung, ohne penibel zu sein, und einen guten Umgang dafür finden. Verschiedenste Gefühle, Wahrnehmungen und Bewertungen wurden zusammengetragen und ausgetauscht, wie etwa auf der Affektebene: Ekel; Scham wenn jemand zu Besuch kommt;

Bedürfnis sich zurückzuziehen; Ärger über die Missachtung der bereitgestellten Ressourcen und damit auch Missachtung des Teams. Hier werden sozialpsychologisch gesehen kognitive Schemata deutlich: Wie sollte man miteinander umgehen, was gehört sich, was halte ich von Menschen, die unordentlich sind etc. Über diesen Austausch wurde Unordnung als Beziehungsthema sichtbar. Die Betreuerinnen stellten fest, dass sie in den letzten Wochen weniger Kontakt mit den Klientinnen hatten und dass sie sehr mit sich selbst als Team beschäftigt waren, weil sie seit kurzem in einer völlig neuen Teamkonstellation waren (→ Kontext/Kontinuum). Auf der Vernunfts- und Sachebene verbunden mit Kontext/Kontinuum wurde deutlich, dass die Unordnung in den letzten Wochen zugenommen hatte. Ergänzend zur Kontext/Kontinuum-Perspektive tauschten sich alle Beteiligten über ihre eigenen WG-Erfahrungen und den Umgang mit Unordnung aus. Das führte zu weiteren Überlegungen: Welcher Grad an Ordnung erscheint für alle im Team und für die Klientinnen passend (→ Inklusion, Disability Studies)? Aufgrund der unterschiedlichen Herkunft der Klientinnen wurde auch die Sicht aus den Cultural Studies wichtig: Die Zugehörigkeit zu unterschiedlichen Kulturen impliziert unterschiedliche Bedeutungszuschreibungen zu Gemeinschaftsbesitz und Privatraum und daraus folgend unterschiedliche Umgangsweisen mit dem und unterschiedliches Verantwortlichkeitsempfinden für den Gemeinschaftsbereich (→ Kontext). Dieses Zusammentragen erfolgte etwas weniger systematisch als hier beschrieben und brachte noch weitere Aspekte zutage, die hier nicht weiter erörtert werden.

In der anschließenden *Aktionsphase* wird die Komplexität des Themas reduziert, indem im Ko-respondieren aller Beteiligten das vorliegende Material analysiert und strukturiert wird. Es entsteht ein Vernetzen von Perspektiven und Materialien in einem kreativen Prozess des Erfassens. In dieser Strukturierungsbewegung entsteht zunehmend Prägnanz in Bezug auf die Hintergründe, Aspekte und Ebenen des Themas. Für alle Beteiligten entsteht ein klares Bild und damit ein erster Konsens über das Thema und die Situation: „In diesem Kulminationspunkt der *Synergie* in der Aktionsphase steht das Thema ‚in seiner ganzen Breite', die Lösung vor ihrem gesamten Hintergrund da." (Petzold 2003a,

S. 130; Hervorh. im Orig.) Die Funktionen für die Aktionsphase liegen somit in der *Strukturierung* der aus der Initialphase vorliegenden Komplexität und damit in der Entwicklung der *Prägnanz* des Themas.

Beispiel: Nachdem die ersten Gefühle des Ungehaltenseins verraucht waren, wurde festgestellt, dass es vor allem um Beziehung und Kontakt untereinander und mit den Klientinnen ging, um wechselseitige Achtsamkeit und Wertschätzung. Die Unordnung im Haus wies auf die Unordnung auf der Beziehungsebene hin und es befand sich alles in Bewegung (→ Systemtheorie).

Auf der Basis dieser Strukturierung und Prägnanz aus der Aktionsphase kann in der **Integrationsphase** der gemeinsame Konsens fundiert werden, indem das gemeinsame Bild der Situation und des Themas zum Ausgangspunkt und zur Zielvorstellung in Bezug gesetzt und kritisch beleuchtet wird. Auf diese Weise entstehen erste Ideen für den Umgang mit der Situation, erste Lösungsansätze und Handlungsalternativen. Diese können zu Konzepten werden, wenn sie für alle Beteiligten im Konsens tragfähig sind. Konsens und Konzepte können aber nur erarbeitet werden, wenn alle relevanten Aspekte bei der einzelnen Person und gegebenenfalls auch bei der Gruppe integriert werden. Durch die Integration neuer Sichtweisen und Aspekte verändert sich bereits das System, dem die Ko-respondierenden angehören, und es bildet sich eine neue Stabilität heraus. Damit sind die Funktionen für diese Phase die *Integration* neuer Sichtweisen und Aspekte bei allen Ko-responierenden und damit das Gewinnen einer neuen *Stabilität*.

Beispiel: Die WG-Betreuerinnen bemerkten in dieser Phase, dass das gewonnene Bild über den Konnex von Beziehung und Unordnung ihnen bei der Erklärung der Ausgangssituation und bei der Entwicklung von Ideen half. Es erfolgte somit eine Integration dieser Sichtweise bei jeder Betreuerin und beim Team. Erste Ideen und Gedanken waren: Gespräche mit den Bezugsklientinnen; die Feststellung, dass sich die Betreuerinnen früher viel öfter in den Gemeinschaftsräumen aufgehalten und mit den Klientinnen über Ordnung und Unordnung geredet haben; den Klientinnen erklären, dass sie sich Achtsamkeit wünschen; wenn die Klientinnen etwas verschmutzen, dürfen sie es nicht mehr benutzen; gemeinsamer Putztag etc.

In der **Neuorientierungsphase** schließlich werden diese ersten Konzepte und Ideen vor dem Hintergrund der Umsetzbarkeit im in der Initialphase differenzierten Kontext/Kontinuum und in Bezug auf die Erreichung der gewünschten Ziele bewertet, vertieft und noch genauer ausgearbeitet. „Wer macht was, wie, wann, warum und wie wirkt sich das aus?" könnte die kürzest zusammengefasste Fragestellung für diese Phase sein. Es erfolgt also ein Transfer in die Ausgangssituation und auf diese Weise eine genauere Ausarbeitung der Konzepte und damit neue Kreationen. Die Umsetzung dieser Konzepte erfordert wiederum die Kooperation aller, woraufhin eine Transgression des gesamten Systems entsteht, also eine Überschreitung in eine neue Situation. Diese neue Situation kann wieder zur einem neuen Ko-respondenzprozess führen, indem die neue Situation differenziert wird ... Die Funktion der Neuorientierungsphase liegt somit in der *Kreation* von konsensfähigen Konzepten, welche in Kooperationen umgesetzt werden und damit zur *Transgression* des Systems führen.

Beispiel: Die Betreuerinnen entschieden sich, für möglichst viel Kontakt und Beziehungsaufbau zu sorgen und dabei die Unordnung in der WG zu thematisieren. Sie entschlossen sich zu Einzelgesprächen mit ihren Bezugsklientinnen und dazu, sich viel in den Gemeinschaftsräumen aufzuhalten, den Kontakt zu den Klientinnen zu suchen und wie auf einem Marktplatz über Aktuelles zu plaudern, das Thema Unordnung anzusprechen und auszutauschen, wie es allen Beteiligten damit geht. In der darauf folgenden Sitzung berichtete das Team, dass Unordnung kein Thema mehr war und dass ihre Strategien zum gewünschten Erfolg geführt hatten.

6.3.2 Ko-respondenz und Diversity

Die wesentlichen Momente für den Umgang mit Diversity in Supervision, Coaching und Beratung liegen vor allem in der Gestaltung der Beziehungsebene, indem in der intersubjektiven Auseinandersetzung und damit in der Anerkennung der subjektiven Integrität und der Andersartigkeit des oder der Anderen (siehe auch das Alteritätsprinzip von Emmanuel Levinas) eine Integration aller Phänomene auf der Leib-, Gefühls- und Sachebene erfolgen kann. Es ist ein egalitäres Ko-respondieren, in welchem die Herangehensweisen, Bilder und Ideen aller Beteiligten wichtig sind. Denn sobald eine Perspektive, eine Position oder eine Herangehensweise ohne Konsens ausgeschlossen wird, können weder Konsens (gemeinsamer Sinn) noch Kooperation (gemeinsames Arbeiten) entstehen und wir befinden uns im Bereich von Abwertungen, Diskriminierungen und Entfremdungen. Die Betonung von Konsens und Kooperation impliziert per se Inklusionsprozesse und die Integration der verschiedenen strukturell, interpersonell und persönlich gegründeten Perspektiven, Sichtweisen, Annahmen, Gefühle und Einstellungen. SupervisorInnen, Coaches und BeraterInnen sind in diesem Sinne gefordert, sich selbst in den Ko-respondenzprozess offen, vertrauenserweckend sowie authentisch einzubringen und den Prozess gleichzeitig zu begleiten, zu leiten und ihn zu strukturieren. Die Herausforderungen in dieser Herangehensweise liegen vor allem im Umgang mit der hohen Komplexität und Differenzierung zu Beginn des Prozesses. Was im Integrativen Ansatz ein grundlegender Anspruch ist, der im Umgang mit Diversität hohe Bedeutung hat, stellt für viele Menschen eine Überforderung dar und kann daher destruktive Prozesse auslösen. SupervisorInnen, Coaches und BeraterInnen haben in diesem Zusammenhang die Aufgabe, alle Beteiligten achtsam zu begleiten und die Balance zwischen Differenzierung und Herausforderung vorsichtig anzuleiten.

6.4 Lern- und Verstehensprozesse

In der Beschreibung des Theorie-Praxis-Zyklus des Ko-respondenzprozesses (siehe Kapitel 6.3) wird deutlich, dass es sich dabei auch um Erkenntnis- und Lernprozesse handelt. Diese hat Hilarion G. Petzold im Modell der „hermeneutischen Spirale" des Wahrnehmens, Erfassens, Verstehens und Erklärens (Petzold 2003a, S. 500) abgebildet. Ihr liegt die Erkenntnistheorie des Integrativen Ansatzes zugrunde, für welche die überlieferten Schriften des Theoretikers und Philosophen Heraklit den Ausgangspunkt bilden. Erkenntnis ist in permanentem Wandel: „Alles fließt [...] nichts besteht, noch bleibt es je dasselbe." (Heraklit, zit. n. Petzold 2003a, S. 355) In der hermeneutischen Spirale wird diese Grundlage deutlich erkennbar. Sie integriert die Fähigkeit des „sensorischen Systems', vielfältige Wirklichkeit aus unterschiedlichen Blickwinkeln *wahrzunehmen*, des ‚mnestischen Verarbeitungssystems' sie aufgrund einer Vielfalt aktivierter Erfahrungen zu *erfassen*, und des ‚kognitiven Systems' sie mit ihren Zusammenhängen vor den soziokulturellen und politökonomischen Hintergründen zu *verstehen*, vorhandene Komplexität zu *erklären* – so der neurokognitive und hermeneutische Prozess –, um Problemsituationen dann kooperativ zu strukturieren und in Performanzen, Prozessen ‚komplexen Lernens und Handelns' (Sieper, Petzold 2002) aktiv zu verändern" (Petzold 2005p/2007, S. 289; Hervorh. im Orig.).

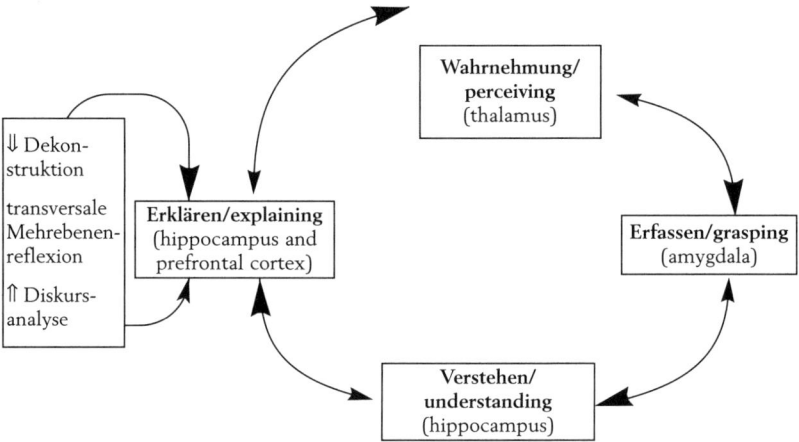

Abb. 2: Die hermeneutische Spirale (Quelle: Petzold 2002a, zit. n. Petzold 2005p/2007, S. 289)

Vertiefend betrachtet beginnt dieser spiralig progredierende und in sich rückbezügliche Prozess mit dem ganzheitlichen, mehrperspektivischen und atmosphärischen *Wahrnehmen (1)* der Phänomene, also aller leiblichen, sozialen, affektiven und kognitiven Ereignisse, die in der Supervision, dem Coaching oder der Beratung in Bezug auf das gewählte Thema auftreten (z. B. alle Gefühle zum Thema Unordnung im Beispiel oben). Dieses Wahrnehmen der Phänomene wird immer weiter verdichtet und konnektiviert, sodass es zu einem *Erfassen (2)* von Strukturzusammenhängen in Bezug auf die Situation und das Thema kommt. Aktuelle Erkenntnisse vernetzen sich mit abgespeicherten Erfahrungen und Erkenntnissen und es entsteht eine präsente *Awareness* und damit Weitung (im **Beispiel:** es geht um die Beziehungsebene zwischen Team und KlientInnen). Wird dieses Erfassen noch weiter intensiviert, ausgetauscht und verdichtet, kommt es zu Überschreitungen im Erfassen. Mit Hilfe von Strukturierung und Reduzierung der Fülle des Erfassten kommt es zu einem im Bewusstsein sprachlich gefassten *Verstehen (3)* als Gewinn von neuem Sinn und neuer Bedeutung (im **Beispiel:** Die Gesamtsituation hat sich durch die neue Teamkonstellation verändert und damit sind auch alle Beziehungen in Veränderung begriffen). Unter weiterem Informationsverlust und Pendeln zwischen Verstehen und Erklären kommt es zum begrifflich präzisen *Erklären (4)* (Engung), welches die Basis für alle weiteren Veränderungsprozesse bildet (im **Beispiel:** Die Unordnung im Haus spiegelt die Unordnung auf der Beziehungsebene wider) (vgl. Petzold 2003a, S. 500).

6.4.1 Diversity

In Supervision, Coaching und Beratung ist die hermeneutische Spirale von großer Bedeutung, weil sie den Weg des Erkennens und Lernens beschreibt. Diversität bringt auch Diversität in den Wahrnehmungs- und Erfassungsmustern sowie Verstehens- und Erklärungsprozessen mit sich. Mit diesem Bewusstsein kann gemeinsames Lernen sensibler begleitet werden. Darüber hinaus kann die hermeneutische Spirale bei der Einschätzung des Beratungsprozesses und seiner Strukturierung behilflich sein. Etwa wenn in Gruppen oder Teams ein Teil im Prozess des Verstehens und Erklärens steht, während ein anderer Teil mit dem Wahrnehmen und Erfassen beschäftigt ist. Dies kann bspw. dann eintreten, wenn unterschiedliche Voraussetzungen im Wissen zu einem Thema oder unterschiedliche emotionale Betroffenheiten bestehen, da diese die Dauer und Intensität der Spiralenphasen mitbestimmen. Auch Unterschiede dieser Art können mithilfe der hermeneutischen Spirale angesprochen und somit bearbeitbar werden, sodass alle beteiligten Personen den Prozess gemeinsam durchlaufen und gestalten können.

6.5 Reflektieren auf mehreren Ebenen

Die „metahermeneutische Mehrebenenreflexion bzw. Triplexreflexion" (Petzold 1994a) baut auf der hermeneutischen Spirale auf und beschreibt Reflexionsprozesse, welche zur Überschreitung des eigenen Denken und Handelns führen können, eine grundlegende Voraussetzung für den Umgang mit Diversity also. Sie gründet darüber hinaus auf dem Konzept der „Metahermeneutik". Als „Metahermeneutik" oder auch „transversale Hermeneutik" (Petzold 1994a, zit. n. Petzold 2005p/ 2007, S. 289) bezeichnet Petzold die Reflexion des hermeneutischen Prozesses in Supervision, Coaching und Beratung. Im Modell der „metahermeneutischen Mehrebenenreflexion" werden die Ebenen dieses Metareflektierens beschrieben:

Ebene I beschreibt die Reflexion von sich selbst in einer bestimmten Situation. Als Supervisorin etwa beobachte ich mich „reflexiv und wachbewusst" (wbw) in der Supervisionssitzung. Am **Beispiel** der Frauen-WG: Das Betreuerinnenteam der Frauen-WG beobachtet sich selbst im Wahrnehmen der Unordnung im Haus und realisiert die unangenehmen Gefühle. Dieses Reflektieren findet vor dem Hintergrund der persönlichen Geschichte mit ihrem zeitgeschichtlichen Kontext statt und wird mit Erfahrungen, Wissen und Kenntnissen vernetzt. Ich begebe mich also in eine intrasubjektive Ko-respondenz mit mir selbst in der aktualen Situation (vgl. Petzold 2003a, S. 34ff.; 1998a, S. 155ff.).

Auf **Ebene II** gehe ich in eine exzentrische Position und beobachte mich beim Beobachten, „ichbewusst (ibw) und vollreflexiv". Ich analysiere die Situation aus der *Exzentrizität*. Dieses Beobachten erfolgt bereits mehrperspektivisch. Auch hier bin ich in *intrasubjektiver Ko-respondenz*, die ich aber auf eine *intersubjektive Ko-respondenz* ausdehnen kann, wenn ich meine Beobachtungen den SupervisandInnen zur Verfügung stelle und wir miteinander darüber ko-respondieren, oder wenn ich mich selbst in Supervision begebe und dort meine Wahrnehmungen und Beobachtungen reflektiere. Intersubjektive Ko-respondenz erfolgt in *Exzentrizität „mitbewusst* (mbw)" (vgl. Petzold 2003a, S. 34ff.; 1998a, S. 155ff.). Im **Beispiel:** Die Teamfrauen reflektieren in der Supervision ihre Wahrnehmungen mehrperspektivisch miteinander und mit mir.

Die metahermeneutische Mehrebenenreflexion bzw. Triplexreflexion

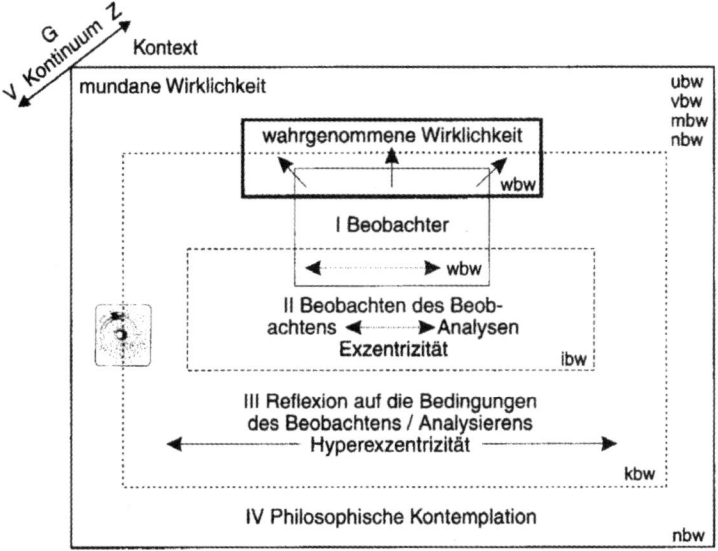

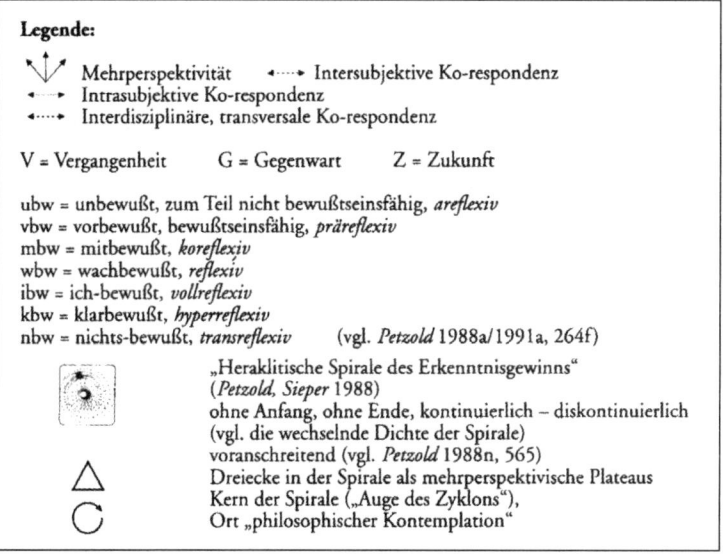

Abb. 3: Metahermeneutische Mehrebenenreflexion bzw. Triplexreflexion
(Quelle: Petzold 1994a, S. 266)

Dieses ko-respondierende Reflektieren führt auf **Ebene III** in ein *polylogisches Metareflektieren* bzw. in die *Hyperexzentrizität*, welche zu „Klarbewusstsein (kbw)" führen können. Dieses Metareflektieren kann mit Hilfe von Diskursanalysen (siehe Diskursbegriff bei Foucault) stattfinden, etwa wenn wir uns im Supervisionssetting fragen, welche soziohistorischen, sozioökonomischen und soziokulturellen Diskurse die Situation mitbestimmen, oder wenn wir mit Hilfe der Dekonstruktion (siehe Derrida) den Sinn hinter dem Sinn erfragen oder nach Ausgeschlossenheiten und der „Pluralität möglichen Sinnes" (Spinner 1974, zit. n. Petzold 1998a, S. 158) Ausschau halten. Dieses Metareflektieren erfolgt mehrperspektivisch und interdisziplinär (vgl. Petzold 2003a, S. 34ff.; 1998a, S. 155ff.). Im **Beispiel**: Der Subtext der Unordnung z. B. ist die Unordnung auf der Beziehungsebene im gesamten System der WG. Oder es wird z. B. die Frage nach den normativen Ordnungsvorstellungen im Kontext aufgeworfen.

Die Wahrnehmung und Reflexion auf diesen drei Ebenen wird als „metahermeneutische Triplexreflexion" bezeichnet. Manchmal kann dieses hyperexzentrische Metareflektieren noch überstiegen werden auf die **Ebene IV**. Hier wird immer noch größere Komplexität erschlossen und in Schritten der Komplexitätsreduktion und -transformation integriert. In Anlehnung an Russell (1967, S. 130, zit. n. Petzold 1998a, S. 156) spricht Petzold von einer „philosophischen Kontemplation", die nach Erkenntnis strebt. Diese kann in einem „nichts-bewussten (nbw)" Zustand entstehen und noch tiefere Erkenntnisse über die Situation bringen (vgl. Petzold 2003a, S. 34ff.; 1998a, S. 155ff.).

6.5.1 Diversity

Beim Umgang mit Diversität in Supervision, Coaching und Beratung kommen wir immer wieder an unsere Grenzen und sind mit Irritationen, Befremden oder auch Überraschungen konfrontiert. Diese haben, wie in Kapitel 2 erläutert, mit unseren eigenen Bildern im Kopf zu tun. Für einen verantwortungsvollen und professionellen Umgang mit Diversität ist es daher unerlässlich, sich selbst zu reflektieren. Die metahermeneutische Triplexreflexion bietet dafür eine geeignete Hilfestellung. Dort wo uns in der Supervision, im Coaching oder in der Beratung befremdende, irritierende oder überraschende usw. Gefühle begegnen, liegen geeignete Anknüpfungspunkte zur Selbstwahrnehmung und Selbstbeobachtung in der Situation. Diese werden mit eigenen Erfahrungen vernetzt und auf Ebene II mehrperspektivisch aus einer exzentrischen Position hinterfragt. Um sich den eigenen Prägungen durch gesellschaftliche Machtdiskurse zu stellen oder sich nach Ausgeschlossenem im eigenen Denken auf die Spur zu machen (Ebene III), empfiehlt es sich in Supervision oder Intervision zu gehen, um zusammen aus dieser hyperexzentrischen Perspektive Denken und Handeln metareflektieren zu können. Das von den Herausgeberinnen für eine diversitysensible mehrperspektivische und multitheoretische Reflexion entwickelte Tool „Diversity reflektiert" (siehe Kapitel 7) soll als Unterstützung für diese Reflexionsprozesse dienen.

6.6 Vielfältige Perspektiven

Ein weiteres zentrales Modell zur Reflexion und Intervention von und in Beratungsprozessen ist das Modell mehrperspektivischer Situationsdiagnostik und Intervention. Es integriert die anthropologische Grundformel (siehe Kapitel 6.2), das Ko-respondenzmodell (Kapitel 6.3), die hermeneutische Spirale (Kapitel 6.4) und das Mehrebenenmodell (Kapitel 6.5) und stellt darüber hinaus die „Mehrperspektivität" ins Zentrum, welche in alle anderen Modelle ebenso integriert ist. Das Konzept der „Mehrperspektivität" zählt zu den Kernkonzepten Integrativer Theorie und gründet neben den genannten Modellen im pluriformen und pluralisierenden Wirklichkeitsverständnis der Integrativen Theorie. Vor diesem Hintergrund gehört es zu den zentralen Aufgaben von SupervisorInnen, BeraterInnen und Coaches, die komplexe und vielgestaltige Lebenswirklichkeit mit Hilfe von Mehrperspektivität wahrzunehmen, zu erfassen, zu verstehen und erklären zu können (Kapitel 6.4).

Die Definition von Mehrperspektivität lautet:

*„**Mehrperspektivität** ist die Fähigkeit, pluriforme Wirklichkeit exzentrisch aus verschiedenen Blickwinkeln [...] mit unterschiedlichen Optiken [...] und mit verschiedenen theoretischen Referenzrahmen [...] zu beobachten, um neue Aspekte zu gewinnen, vorhandene **Komplexität** zu*

> *erfassen und in Ko-respondenzprozessen zu **reduzieren** bzw. zwischen unterschiedlichen Disziplinen oder Kulturen übergreifende Qualitäten (trans-qualities) aufzufinden oder durch Förderung systemischer **Emergenzpotentiale** zu ihrer Generierung beizutragen* (vgl. Petzold 1990o, 1994a; Schreyögg 1994)." (Zit. n. Petzold 1998a, S. 233f.; Hervorh. im Orig.)

Mehrperspektivität ist demnach eine ganzheitliche und differenzierte Form des Wahrnehmens aus einer exzentrischen Position und zugleich des Durchdringens von vielfältigen Lebenswirklichkeiten. Wichtig ist nicht nur der Perspektivenwechsel im Sinne eines Rollentausches, sondern immer auch eine Sicht aus unterschiedlichen Disziplinen und Kulturen (vgl. Petzold 1998a, S. 25). Dies bedeutet, eine Situation, ein Phänomen, ein Thema oder eine Fragestellung werden aus der Theorie heraus betrachtet, wie etwa jene in diesem Buch angeführten, aber auch aus verschiedenen Kulturen, wie etwa der *scientific community*, einer städtischen Kultur, einer Berufskultur etc. Mehrperspektivität erfordert die Fähigkeit zur Flexibilität in den Perspektiven, auf die Perspektiven und im Wechsel der theoretischen Brillen. Für die Systematisierung dieses Vorgehens stellt Petzold das „Modell mehrperspektivischer Situationsdiagnostik und Intervention" (Petzold/Frühmann 1986 I, S. 258, zit. n. Petzold 2003a, S. 966, siehe Abb. 4) zur Verfügung. Das Besondere dieses Modells liegt in der Verknüpfung der Perspektiven auf Kontinuum, Kontext, Einzelperson, Gruppe/Polyade und Dyade mit verschiedenen theoretischen Optiken wie etwa Alltagstheorien, wissenschaftlichem Gedankengut oder fachtheoretischen Grundlagen (vgl. Petzold 1998a, S. 112).

Die Modellpositionen 1, 2 und 3 fokussieren auf die Perspektive des Individuums und seine Einbettung in einer Dyade oder Gruppe/Polyade im sozialen und ökologischen Kontext des Individuums bzw. des Geschehens, d. h. im Setting, in der Organisation, Institution oder im Feld. Position 4 ist die Perspektive des Zeitkontinuums von Vergangenheit (4V), Gegenwart (4G) und Zukunft (4Z). Mit diesen Positionen wird die anthropologische Prämisse Integrativer Theorie (siehe Kapitel 6.2) deutlich. Die exzentrische Perspektive der Beraterin/des Beraters wird

Modell mehrperspektivischer Situationsdiagnostik und Intervention

1 Perspektive Gruppe
2 Perspektive Individuum
3 Perspektive Kontext
   (Szene, Situation, z.B. Institution)
4 Perspektive Zeitkontinuum
   (Vergangenheit, Gegenwart, Zukunft)
5 Therapeut bzw. Supervisor als Beobachter
   (aus exzentrischer Position)
6 weitere Beobachter
   (z.B. Angehörige aus teilexzentrischer Position)
7 Patient in Selbstbeobachtung
   (aus involvierter Position)
8 Multiple Optiken
9 korrespondierende Sichtweisen
10 Metabeobachter aus hyperexzentrischer
   Position

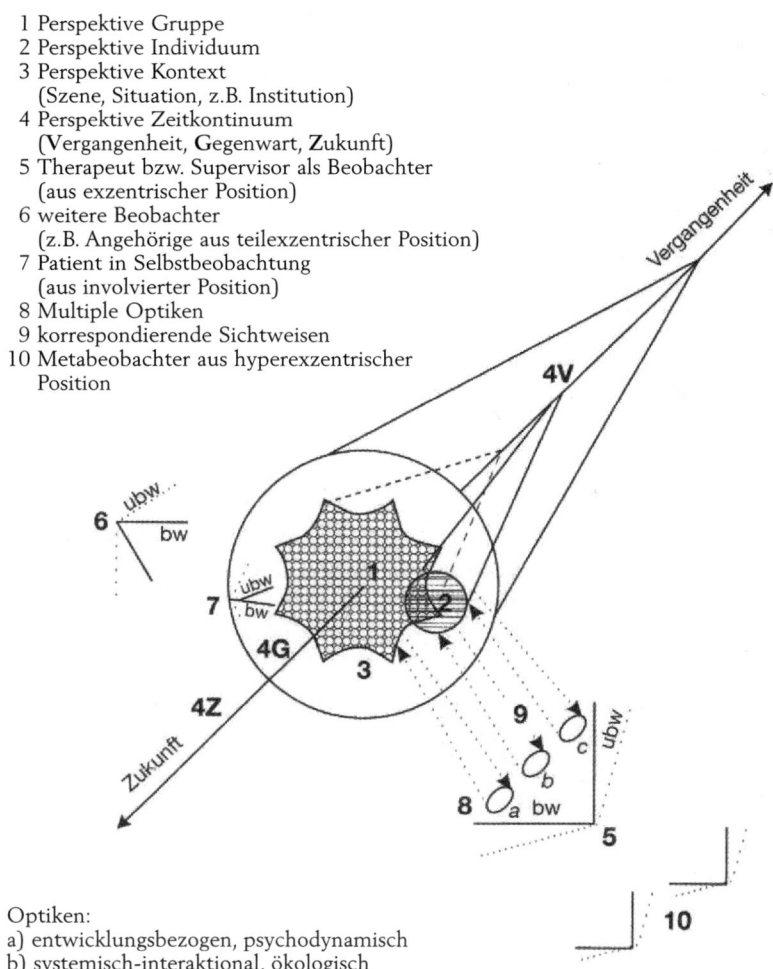

Optiken:
a) entwicklungsbezogen, psychodynamisch
b) systemisch-interaktional, ökologisch
c) kognitiv behavioral

Abb. 4: Modell mehrperspektivischer Situationsdiagnostik und Intervention, erweitert nach Petzolds mehrperspektivischem Gruppenmodell (MPG-Modell, visualisiert von Frühmann), (Quelle: Petzold/Frühmann 1986l, S. 258, zit. n. Petzold 2003a, S. 966)

in der Position 5 verortet, wobei der durchgängig linierte, offene Winkel die bewusste (bw) und der punktierte die unbewusste (ubw) Wahrnehmung kennzeichnet. Mit der Position 6 werden weitere BeobachterInnen aus teilexzentrischer Position (Angehörige, ArbeitskollegInnen, FreundInnen) und mit der Position 7 die Klientin/der Klient in Selbstbeobachtung aus involvierter Position beschrieben. Position 10 bezeichnet MetabeobachterInnen aus hyperexzentrischer Position, z. B. die Supervisorin des Beraters.

Position 8 macht deutlich, dass SupervisorInnen über multiple theoretische Optiken verfügen, also dazu fähig sind, die Situation multitheoretisch zu betrachten, und mit der Position 9 des Modells werden die korrespondierenden Sichtweisen im jeweiligen Setting verdeutlicht. In diesem Modell setzt Petzold die folgenden Optiken ein: entwicklungsbezogen, psychodynamisch (a); systemisch-interaktional, ökologisch (b) und kognitiv-behavioral (c). In diversitykompetenter Beratung sind meines Erachtens darüber hinaus Optiken aus der Soziapsychologie, Soziologie, den Gender, Queer, Cultural, Postcolonial, Disability, Gay and Lesbian, Black und White Studies sowie der Altersforschung u.v.m. einzusetzen, um der Komplexität von Diversität nahezukommen. Eine kleine Auswahl dieser Ansätze wurde in diesem Buch bereits vorgestellt. Diversitykompetente Beratungsarbeit erfordert demnach die Fähigkeit, theoretische Optiken flexibel einnehmen zu können, um auf diese Weise von einem Modell zum nächsten zu gehen und in solchem Gehen Sinn zu erfassen, „der *zwischen* den Sichtweisen, in den Vernetzungen liegt bzw. aus ihnen *emergiert*" (Petzold 1998a, S. 136; Hervorh. im Orig.). In diesem „Dazwischen" liegt meines Erachtens das Erkenntnisinteresse für Diversity. Nur eine Herangehensweise, die verschiedene theoretische Hintergründe in Bezug auf gesellschaftliche, strukturelle, interpersonelle und persönliche Diversität nutzt, kann die Komplexität von Diversität aufzeigen und sie damit in Ko-respondenzprozessen bearbeitbar machen.

6.6.1 Ein Beispiel

Die Anwendung dieses Modells möchte ich anhand eines anderen **Beispiels** aus meiner supervisorischen Tätigkeit illustrieren, indem ich eine mehrperspektivische Situationsdiagnostik mit verschiedenen Optiken für die Individuums-, Dyaden-, Gruppen-/Polyaden- und Kontextperspektive vornehme.

Ein Team einer Wohngemeinschaft für Menschen mit Behinderungen brachte folgendes Thema zur Sprache: Eine Klientin der WG sei in eine der Betreuerinnen verliebt. Die Klientin habe schon immer die Nähe verschiedener Betreuerinnen gesucht, schwärmte manchmal auch für diese. Jetzt käme eine neue Qualität dazu. Die Betreuerin hatte diesen Umstand schon einige Male in der Einstiegsrunde erwähnt und entschied sich zu einer näheren Reflexion, um neue Handlungsmöglichkeiten für sich zu entwickeln. Sie fühlte sich zu diesem Zeitpunkt schon sehr von dieser Klientin okkupiert und bemerkte ihren Wunsch, sich zu distanzieren.

Individuumsperspektive: Die Perspektive auf das Individuum Klientin zeigte Folgendes: Die Klientin wohnte seit etwa 10 Jahren in der WG und baute immer wieder eine sehr beständige Beziehung zu verschiedenen Mitbewohnern auf. Auch zum Zeitpunkt der Supervision lebte sie so eine Beziehung, die sie als Partnerschaft definierte. Sie verbrachte sehr viel Zeit mit ihrem Partner, suchte seine Nähe, distanzierte sich aber im Bereich der Sexualität. Mit der Optik der Sozialpsychologie auf die subjektiv-mentalen Repräsentationen der Klientin in Bezug auf Gender wurde deutlich, dass ihre Identität als Frau wesentlich durch die Beziehung zu einem Mann mitbestimmt war. Die Optik der Disability Studies brachte hervor, dass Menschen mit Behinderungen im vorliegenden Kulturkreis oft nicht als Frauen und Männer gesehen werden. Darin liegt für viele die Aufforderung, ihre Genderidentität so „normal" wie möglich zu leben, womit meist das Streben nach geschlechtsspezifischen Stereotypien verbunden ist. Die Betreuerin arbeitete seit etwa einem Jahr in der WG. Sie war eine sehr erfahrene Sozialarbeiterin und wurde im Team und von den KlientInnen sehr geschätzt. Sie lebte mit einer Frau zusammen und hielt diesen Umstand zwar nicht geheim, wies aber auch nicht dezidiert darauf hin.

Dyadenperspektive: Die Beziehungsdynamik zwischen Klientin und Betreuerin war vor allem durch die Kontaktsuche der Klientin geprägt. Sie weigerte sich, zur Arbeit zu gehen, „hing immer am Rockzipfel" der

Betreuerin und bedrängte diese des Öfteren. Die Betreuerin schätzte die Klientin und setzte ihr immer wieder klare Grenzen. Es entstand die Hypothese, dass die Betreuerin für die Klientin in Bezug auf ihre Genderidentität (→ Gender Studies) zum Modell geworden war. Möglicherweise war diese für sie auch eine Identifikationsfigur für ihr sexuelles Begehren (→ Queer Studies).

Polyaden-/Gruppenperspektive auf das KlientInnensystem: Die kollektiv-mentalen Repräsentationen im KlientInnensystem in Bezug auf Gender (→ Sozialpsychologie und Gender Studies) waren sehr traditionell ausgeprägt. Männer hatten demnach stark zu sein, den Ton anzugeben und stereotyp männliche Dinge zu tun, während die Frauen in der WG sich eher passiv-zurückhaltend verhielten. Sexuelles Begehren (→ Queer Studies) war in dieser *social world* (→ Sozialpsychologie) normativ heterosexuell. Jegliches gleichgeschlechtliche Begehren wurde abgewertet bzw. wurden Unterstellungen in dieser Hinsicht als Beleidigungen eingesetzt.

Kontextperspektive: Der Blick auf das gesamte System (→ Systemtheorie) dieser WG in Beziehung zum Thema und seiner Geschichte machte deutlich, dass das Thema „sexuelle Orientierung" im KlientInnen- und BetreuerInnensystem repräsentiert war: Ein gleichgeschlechtlich liebender Kollege thematisierte sein Privatleben nicht und sorgte dafür, sich nicht zu outen. Er hatte den Eindruck, dass im Kontext heilpädagogischer Betreuung die Homosexualität von Betreuern tabuisiert sei und eine große Homophobie vor allem bei den Eltern der KlientInnen wie auch bei den KlientInnen selbst bestünde. Die gleichgeschlechtlich liebende Kollegin wurde von allen KollegInnen überaus geschätzt. Sie hatte eine Karenzvertretungsstelle und es war klar, dass sie das Team zum großen Bedauern aller verlassen musste (→ Kontinuumperspektive). Die Genderidentitäten im Team wurden reflektiert und es wurde festgestellt, dass alle BetreuerInnen zusammen eine reiche Vielfalt an Genderidentitätsmodellen boten.

So oder ähnlich kann die mehrperspektivische Situationsdiagnostik fortgesetzt werden mit Blick auf andere WGs, NachbarInnen etc., die Supervisorin der Supervisorin und vor allem auf die bewussten und unbewussten Aspekte in der Situation. Allein in diesem Beispiel kamen die Optiken der Sozialpsychologie, Systemtheorie, Gender Studies, Queer Studies, Disability Studies und Alltagstheorien über den Kontext zum Tragen. Im intersubjektiven Prozess wurden noch einige Perspektiven mit weiteren Optiken beleuchtet. Schon in diesem Fallauszug wird deutlich, wie sehr dieses Modell die Komplexität einer Situation erhellen kann und damit zur Anerkennung menschlicher Pluralität beiträgt.

Wie im Integrativen Ansatz im Allgemeinen ist in der Anwendung dieses Modells darauf zu achten, dass es nicht zu Überforderungssituationen kommt. Die Optiken sollten so gewählt werden, dass sie von möglichst vielen eingesetzt werden können, und wenn die Beraterin oder der Berater theoretische Optiken einbringt, sollten sie so vermittelt werden, dass sie zum größeren Verständnis der Situation beitragen. SupervisorInnen, Coaches und BeraterInnen sollten also nicht nur über eine Flexibilität im Einsatz der Optiken verfügen, sondern diese auch situationsadäquat vermitteln können, um ein mehrperspektivisches Arbeiten in Ko-respondenz zu ermöglichen.

6.7 Conclusio

Ausgehend vom Integrativen Wirklichkeitsverständnis der Pluralität wurde im Integrationsbegriff, in der ethischen Grundhaltung der Integrität, im Menschenbild der Integrativen Theorie und in ihrer Erkenntnistheorie deutlich, dass sich der Integrative Ansatz mit seinen theoretischen und metatheoretischen Grundlagen ausgezeichnet für den Umgang mit Diversität eignet. Auf allen Ebenen wird die Vielfalt von Menschlichkeit angenommen und sowohl die Gemeinsamkeit als auch die Unterschiedlichkeit von Menschen zugrunde gelegt und als Einheit gedacht. Im Ko-respondenzmodell fließen die ethischen, anthropologischen und erkenntnistheoretischen Konzepte zusammen und begründen damit ein diversitykompetentes Beratungsverständnis, welches für den Umgang mit Diversität in Supervision, Coaching und Beratung handlungsweisend sein kann. Sowohl der Theorie-Praxis-Zyklus des Ko-respondenzmodells als auch die hermeneutische Spirale, die metahermeneutische Triplexreflexion und das Mehrperspektivitätsmodell können als Instrumente in der diversitykompetenten Supervision und Beratung eingesetzt werden. Sie eignen sich zur Diagnose, Reflexion und Intervention und können zur eigenen Reflexion, zur Intervision oder zur Fallanalyse herangezogen werden. In jedem Fall unterstützen sie die Anerkennung von und den konstruktiven Umgang mit Diversität.

Die Grenzen des Integrativen Ansatzes liegen in der Sinnerfassungs- und Wahrnehmungskapazität sowie in der Reflexionsfähigkeit aller Beteiligten. Jede und jeder könnte am grundlegenden Anspruch dieser Herangehensweise auch verzweifeln, weil es wohl nie möglich ist, sie in ihrer Ganzheit umzusetzen. Der integrative Ansatz kann daher sehr gut als Anspruch und in seiner Umsetzung als Ziel dienen. Im permanenten Wandel wird Integration immer fortzusetzen sein – und das ist gut so.

Wenn die Erhaltung und Entfaltung der Integrität von Menschen, Gruppen und Umwelt zur beraterischen Grundhaltung wird, ist es notwendig, sich damit zu beschäftigen, wo diese Integrität im beraterischen Feld verletzt wird, und sich im Sinne der Integration bestmöglich weiterzubilden, um nicht selbst Prozesse der Integritätsverletzung unbewusst zu unterstützen. „Diversity is about me", sagen Lee Gardenswartz und Anita Rowe in ihren Workshops und fordern uns damit auf, uns selbst laufend zu reflektieren und weiterzubilden.

Literatur

Petzold, Hilarion G. (1978c): Das Ko-respondenzmodell in der integrativen Agogik. In: Integrative Therapie 1, S. 21–58.

Petzold, Hilarion G. (1994a): Mehrperspektivität – ein Metakonzept für die Modellpluralität, konnektivierende Theorienbildung für sozialinterventives Handeln in der Integrativen Supervision. In: Gestalt und Integration 2, S. 225–297, und in: Petzold (1998a) Integrative Supervision, Meta-Consulting & Organisationsentwicklung. Modelle und Methoden reflexiver Praxis. Ein Handbuch. Paderborn: Junfermann Verlag. S. 101–177.

Petzold, Hilarion G. (1996j): Identitätsvernichtung, Identitätsarbeit, „Kulturarbeit" – Werkstattbericht mit persönlichen und prinzipiellen Überlegungen aus Anlaß der Tagebücher von Victor Klemperer; dem hundertsten Geburtstag von Wilhelm Reich und anderer Anstöße. In: Integrative Therapie 4, S. 371–450.

Petzold, Hilarion G. (1997s): „Gestalt Therapy and Cybernetics" – ein verschollener Text von Fritz Perls, vorgestellt und kommentiert aus integrativer Sicht. In: Gestalt (Schweiz), Nr. 30, S. 53–62.

Petzold, Hilarion G. (1998a): Integrative Supervision, Meta-Consulting & Organisationsentwicklung. Modelle und Methoden reflexiver Praxis. Ein Handbuch. Paderborn: Junfermann Verlag.

Petzold, Hilarion G. (2001m): Trauma und „Überwindung" – Menschenrechte, Integrative Traumatherapie und „philosophische Therapeutik". In: Integrative Therapie 4, S. 244–412.

Petzold, Hilarion G. (2003a): Integrative Therapie. 3 Bände. Paderborn: Junfermann Verlag. Überarbeitete und ergänzte Neuauflage.

Petzold, Hilarion G. (2003e): Menschenbilder und Praxeologie. 30 Jahre Theorie- und Praxisentwicklung am „Fritz Perls Institut für Integrative Therapie, Gestalttherapie und Kreativitätsförderung" (1972–2002), Teil II. In: Gestalt 47, S. 9–52.

Petzold, Hilarion G. (2005p/2007): „Vernetzendes Denken". Die Bedeutung der Philosophie des Differenz- und Integrationsdenkens für die Integrative Therapie. In memoriam Paul Ricœur 27. 2. 1913 – 20. 5. 2005 – Integrative Therapie 4 (2005) 398–412, und erw. in: Sieper, Johanna/Orth, Ilse/Schuch, H. Waldemar (Hg.): Neue Wege Integrativer Therapie. Klinische Wissenschaft, Humantherapie, Kulturarbeit – Polyloge – 25 Jahre EAG – Festschrift für Hilarion G. Petzold. Bielefeld: Edition Sirius, Aisthesis Verlag. S. 273–295.

Petzold, Hilarion G. (2007c): Integrative Therapie Kompakt. Definitionen und Kondensate von Kernkonzepten der Integrativen Therapie – Materialien zu „Klinischer Wissenschaft" und „Sprachtheorie". http://www.FPI-Publikationen.de/materialien.htm-POLYLOGE: Materialien aus der Europäischen Akademie für psychosoziale Gesundheit. Eine Internet-Zeitschrift für „Integrative Therapie" – Jg. 2007 [08.01.2008].

Petzold, Hilarion G. (2007q): Positionen im „Polylog". Persönliche Standpunkte zu Fragen der Entwicklung im Felde der Psychotherapie und zum Integrativen Ansatz der Humantherapie. Ein annotiertes Interview (überarbeitet und erweitert von Petzold 2003o). In: Sieper, Johanna/Orth, Ilse/Schuch, H. Waldemar (Hg.): Neue Wege Integrativer Therapie. Klinische Wissenschaft, Humantherapie, Kulturarbeit – Polyloge – 25 Jahre EAG – Festschrift für Hilarion G. Petzold. Bielefeld: Edition Sirius, Aisthesis Verlag. S. 154–217.

Petzold, Hilarion G. (2008): Was ist Integrative Therapie? – Leitideen und Grundkonzepte. http://www.eag-fpi.com/images/stories/downloads/was_ist_integrative_therapie.pdf [27.08.2008].

Sieper, Johanna/Orth, Ilse/Schuch, H. Waldemar (2007) (Hg.): Neue Wege Integrativer Therapie. Klinische Wissenschaft, Humantherapie, Kulturarbeit –

Polyloge – 25 Jahre EAG – Festschrift für Hilarion G. Petzold. Bielefeld: Edition Sirius, Aisthesis Verlag.

Sieper, Johanna (2007): Einführung: Das Modell „transversaler Integration" in der Integrativen Therapie. „Transversale Integration": ein Kernkonzept der Integrativen Therapie – Einladung zu ko-respondierendem Diskurs. In: Sieper, Johanna/Orth, Ilse/Schuch, H. Waldemar (Hg.): Neue Wege Integrativer Therapie. Klinische Wissenschaft, Humantherapie, Kulturarbeit – Polyloge – 25 Jahre EAG – Festschrift für Hilarion G. Petzold. Bielefeld: Edition Sirius, Aisthesis Verlag. S. 64–151.

7 Diversitysensible Reflexion – eine mehrperspektivische und multitheoretische Herangehensweise

Surur Abdul-Hussain, Samira Baig

Im letzten Kapitel wollen wir die verschiedenen theoretischen Perspektiven (Sozialpsychologie, Systemtheorie, Queer & Cultural Studies, Disability Studies), die in diesem Buch vorgestellt wurden, im Sinne der Integrativen Theoriebildung zusammenführen. Ursprünglich wollten wir das in Form einer abschließenden, umfassenden, integrativen Fallreflexion machen, im Rahmen derer wir einen kurzen Fall aus unserer supervisorischen Praxis vorstellen und den Nutzen der unterschiedlichen theoretischen Zugänge herausarbeiten und einander gegenüberstellen wollten. Bei der Auswahl der Fälle ist uns allerdings aufgefallen, dass dieses Vorhaben nicht möglich wäre, ohne die Anonymität der SupervisandInnen zu gefährden. Es hat sich gezeigt, dass, wenn wir Unterschiedlichkeiten (auch anhand der Diversitätsdimensionen) ernst nehmen, es nicht sinnvoll ist, diese auszutauschen: denn ein Team einer Einrichtung für Menschen mit Behinderung lässt sich im Sinne der Anonymisierung nicht verändern in ein Team einer Einrichtung zur Betreuung von Jugendlichen oder einer anderen Zielgruppe. Ebenso spielt die Zusammensetzung eines Teams eine wesentliche Rolle. Es macht einen Unterschied, ob es mehrheitlich Frauen oder Männer sind, ob eine Frau oder ein Mann die eigene sexuelle Orientierung thematisiert und welcher Herkunft sie/er ist. Schließlich gefährdet darüber hinaus die Zusammensetzung der Unterschiedlichkeiten die Anonymität von Einrichtungen und Personen. So können bspw. leicht Bilder zu einer konfessionellen Beratungseinrichtung für Asylantinnen und Asylanten im ländlichen Raum entstehen, wenn klar ist, dass die Autorinnen in Wien arbeiten und sich diese Beratungsstellen im Umland an einer Hand abzählen lassen.

Wir sind somit zu dem Schluss gekommen, dass jede Veränderung im Sinne einer Anonymisierung den Fall für eine diversityorientierte Reflexion dermaßen verfälschen würde, dass die herausgearbeiteten

Schlussfolgerungen mit der realen (nicht anonymisierten) Version in keinem Bezug mehr stünden. Da wir uns gleichzeitig darüber einig waren, dass wir die Anonymität unserer SupervisandInnen in keinster Weise gefährden wollen, entschieden wir uns schlussendlich für eine andere Form der abschließenden Zusammenführung der unterschiedlichen Aspekte dieser Publikation und entwickelten ein diversityorientiertes Reflexionstool für SupervisorInnen, BeraterInnen und Coaches.

Für dieses Tool haben wir wesentliche Grundlagen für eine Reflexion aus Integrativer Perspektive (siehe Kapitel 6) herangezogen, indem wir die Prinzipien der Mehrperspektivität, Transversalität und Konnektivierung mit dem Modell der Mehrebenenreflexion verbunden haben, um so zu einer möglichst umfassenden Reflexion von diversitätssensibler beruflicher und psychosozialer Beratungsarbeit zu kommen.

Dem Prinzip der Mehrperspektivität liegt nicht nur die Perspektivität aus bzw. auf unterschiedliche Positionen zugrunde, sondern auch die Ko-respondenz verschiedener theoretischer Blickwinkel. In dem Tool haben wir daher eine ausgewiesene theoretische Ordnung mit der Perspektivität auf Sie selbst als Person und in Ihrer Rolle, auf Ihre SupervisandInnen/zu Beratenden/Coachees und auf die Beratungs- und Betreuungseinrichtungen und – so vorhanden – auf das AuftraggeberInnen- oder KlientInnensystem zusammengestellt.

Nach dem Mehrebenenmodell kann Reflexion nicht nur aus der involvierten Position in der aktualen Situation stattfinden, sondern braucht auch Reflexionen aus einer exzentrischen Position. Diese kann auf Sie selbst als Person und in Ihrer Rolle, im Austausch mit anderen oder auch mit Ihren SupervisandInnen, Coachees oder zu Beratenden vorgenommen werden. Wir beginnen daher das Tool mit Fragen aus der Sozialpsychologie und Systemtheorie, die diese Reflexionen erleichtern sollen. Allerdings können auch diese Reflexionen in Form einer Metareflexion reflektiert werden. Dazu eignen sich im Besonderen die sogenannten New Humanities (hier: Cultural, Queer und Disability Studies), weil sie gesellschaftliche Werte, Normen und Ideologien hinterfragen. Im zweiten Teil des Tools können Sie mit Hilfe von Fragen aus den Cultural, Queer und Disability Studies die Werte und Normen Ihrer SupervisandInnen/zu Beratenden/Coachees bzw. der jeweiligen

Beratungs- und Betreuungsorganisationen und – so vorhanden – des AuftraggeberInnen- oder KlientInnensystems reflektieren.

Um schließlich dem Prinzip der Transversalität und Konnektivierung, also des Quer- und Durchdenkens sowie der Vernetzung dieser Gedanken und Reflexionen nahezukommen, bieten wir abschließend (Resümee und Conclusio) eine Möglichkeit der Zusammenschau und Vernetzung des Erarbeiteten an.

Wir laden Sie ein,
- sich Zeit zu nehmen und dieses umfassende Tool anhand einer konkreten Situation ausführlich durchzuarbeiten;
- oder das Tool zwischendurch heranzuziehen und dazu zu verwenden, einmal aus der einen und der anderen theoretischen Perspektive heraus eine Situation zu reflektieren;
- oder sich aus dem umfassenden Tool einfach Anregungen für die eigene Reflexionspraxis zu holen.

Dieses Tool soll demnach ganz nach Ihrem Belieben genutzt und vielfältig eingesetzt werden, Sie können es je nach Bedarf ergänzen oder kürzen.

Wir hoffen, Ihnen mit diesem Tool für SupervisorInnen, Coaches und BeraterInnen ein geeignetes Instrument für Ihre Diversity-Reflexionen zur Verfügung zu stellen.

7.1 Diversity reflektiert – Ein TOOL für SupervisorInnen, Coaches & BeraterInnen

Mit diesem Tool möchten wir Ihnen ein Instrumentarium zur diversitysensiblen Reflexion und Vorbereitung Ihrer Beratungsprozesse und -tätigkeiten anbieten (Details entnehmen Sie bitte der Einleitung dieses Kapitels). An dieser Stelle möchten wir darauf hinweisen, dass wir das Tool möglichst umfassend angelegt haben und uns um eine gute Strukturierung bemüht haben. Diese soll es Ihnen erleichtern, Schwerpunkte auszuwählen und je nach Ihren Vorlieben oder Fragen bestimmte theoretische Perspektiven einzunehmen bzw. den Fokus auf Sie selbst als Person und in Ihrer Rolle oder Ihre SupervisandInnen, deren Interaktion mit den KlientInnen oder das AuftraggeberInnensystem zu legen. Die Buchstaben **S C B** markieren dabei die jeweilige Berufsgruppe, für die die angeführte Frage hilfreich sein soll. Das heißt, alle **SupervisorInnen** sind eingeladen, sämtliche Fragen, die mit **S** gekennzeichnet sind, für ihre Reflexion heranzuziehen. Für **Coachees** haben wir die mit **C** gekennzeichneten Fragen zusammengestellt und für alle anderen **BeraterInnen** stehen sämtliche B-Fragen für die Reflexion zur Verfügung. Wir wünschen Ihnen spannende Entdeckungen und Reflexionen, wo auch immer diese Sie hinführen werden.

Beschreibung der zu reflektierenden Situation

S C B Beschreiben Sie die zu reflektierenden Situation bzw. den zu reflektierenden Prozess möglichst ausführlich mit sämtlichen aus Ihrer Sicht relevanten Aspekten:

S C	Wer ist Ihre Auftraggeberin/Ihr Auftraggeber?
B	Für welche Beratungs- bzw. Betreuungsinstitution sind Sie tätig?

....

S	Für welche Organisation ist Ihre Supervisandin/Ihr Supervisand/sind Ihre SupervisandInnen tätig?
C	Für welche Organisation ist Ihr/e Coachee/sind Ihre Coachees tätig?

....

S	Was wissen Sie über das Geschilderte hinaus über das SupervisandInnensystem[1]?
C	Was wissen Sie über das Geschilderte hinaus über die/den Coachee bzw. die Coachees und deren Umfeld?
B	Was wissen Sie über das Geschilderte hinaus über das KlientInnensystem und dessen Umfeld?

....

....

S C B	Welchen Fragen wollen Sie daher im Zuge Ihrer folgenden diversitysensiblen Reflexion nachgehen?

....

....

....

---

[1] Nachdem Supervision in den verschiedensten Settings wie Einzel-, Fall-, Gruppen- oder Teamsupervision etc. stattfindet, haben wir uns dazu entschieden, immer wieder auf den Systembegriff etwa des SupervisandInnen- oder KlientInnensystems zurückzugreifen, um die Formulierungen so einfach wie möglich zu halten.

Reflexion der Situation

An dieser Stelle setzen wir an der zweiten Ebene des Mehrebenenmodells an, nämlich der Reflexion der Situation aus exzentrischer Position. Die folgenden Fragen sollen es Ihnen erleichtern, sich in diese zu begeben und mit Hilfe von Fragestellungen aus der Sozialpsychologie und Systemtheorie mit einer diversitysensiblen Reflexion zu beginnen.

Sozialpsychologische Reflexionen
Zum (ersten) Eindruck

S   Erinnern Sie sich an die erste Begegnung mit Ihrer Supervisandin oder Ihrem Supervisanden, Ihrem SupervisandInnenteam oder Ihrer SupervisandInnengruppe:

C   Erinnern Sie sich an die erste Begegnung mit Ihrer bzw. Ihrem Coachee/Ihren Coachees:

B   Erinnern Sie sich an die erste Begegnung mit Ihrer Klientin/Ihrem Klienten/Ihren KlientInnen:

S   Was waren Ihre ersten Eindrücke in Bezug auf die Supervisandin/den Supervisanden bzw. das Team oder die Gruppe und deren beruflichen Kontext?

C   Was waren Ihre ersten Eindrücke in Bezug auf die/den Coachee bzw. die Coachees und deren bzw. dessen beruflichen Kontext?

B   Was waren Ihre ersten Eindrücke in Bezug auf Ihre Klientin/Ihren Klienten/Ihre KlientInnen?

....
....
....
....

S   Sofern es sich um eine **Fallsupervision** handelt:

S   Welche Gedanken hatten Sie in Zusammenhang mit dem geschilderten Fall Ihres SupervisandInnensystems (Person, Team, Gruppe)?

....

....

....

S   Welche Bilder hatte Ihre Supervisandin/Ihr Supervisand bzw. hatten Ihre SupervisandInnen in Bezug auf die KlientIn bzw. das KlientInnensystem?

....

....

....

S   Inwiefern scheinen diese Bilder den weiteren Beratungs- bzw. Betreuungsprozess beeinflusst oder geprägt zu haben?

....

....

....

....

S   War/ist Ihnen die Supervisandin/der Supervisand besonders sympathisch oder unsympathisch? Beziehungsweise welche Team- oder Gruppenmitglieder sind Ihnen besonders sympathisch oder unsympathisch?

C   War/ist Ihnen die/der Coachee besonders sympathisch oder unsympathisch?

B   War/ist Ihnen die Klientin/der Klient/eine/r der KlientInnen besonders sympathisch oder unsympathisch?

....

S C B Worauf führen Sie die jeweils vorhandenen (Un-) Sympathien zurück?

....

....

S C B Worin sind Ihnen die sympathischen bzw. unsympathischen Personen ähnlich bzw. worin unterscheiden sie sich von Ihnen (ev. Diversity-Rad)?

....

....

S Was wissen Sie darüber hinaus über die Supervisandin/den Supervisanden/die SupervisandInnen?
C Was wissen Sie darüber hinaus über die/den Coachee/die Coachees?
B Was wissen Sie darüber hinaus über Ihre Klientin/Ihren Klienten/Ihre KlientInnen und deren Kontext?

....

....

S Welche Informationen über die Supervisandin/den Supervisanden/die SupervisandInnen wollen/können Sie noch erfragen?
C Welche Informationen über die/den Coachee/die Coachees wollen/können Sie noch erfragen?
B Welche Informationen über Ihre Klientin/Ihren Klienten/Ihre KlientInnen wollen/können Sie noch erfragen?

1. ....
2. ....
3. ....
4. ....
5. ....

S C B Welchen Unterschied würde das Wissen über Punkt 1–5 jeweils machen?

....

....

S C B … und speziell in Bezug auf Ihre (Un-)Sympathien?

....

....

S Sofern es sich um eine **Fallsupervision** handelt:

S Was wissen Sie bereits über die Klientin bzw. den Klienten oder die KlientInnen, deren Kontext und deren Situation?

....

....

S Was vermuten Sie weiß Ihre Supervisandin/Ihr Supervisand/wissen Ihre SupervisandInnen bereits darüber hinaus?

....

....

S Welche Informationen über das KlientInnensystem wollen/können Sie noch erfragen?
1. ....
2. ....
3. ....
4. ....
5. ....

S Welchen Unterschied würde das Wissen über Punkt 1–5 jeweils machen?

....

....

S C B Welche 3 Schlagworte beschreiben Ihre momentane Sicht der Dinge am besten?

_____   _____   _____

S C B Erklären Sie diese 3 Schlagworte und deren Bezug zur zu reflektierenden Situation in kurzen Sätzen einer/einem Außenstehenden:

....
....
....
....

S Welche 3 Schlagworte beschreiben Ihrer Meinung nach die momentane Sicht der Dinge Ihrer Supervisandin/Ihres Supervisanden/Ihrer SupervisandInnen am besten?

C Welche 3 Schlagworte beschreiben Ihrer Meinung nach die momentane Sicht der Dinge Ihrer Coachee/Ihres Coachees/Ihrer Coachees am besten?

B Welche 3 Schlagworte beschreiben Ihrer Meinung nach die momentane Sicht der Dinge der betroffenen Klientin/des betroffenen Klienten/der betroffenen KlientInnen am besten?

_____   _____   _____

S C B Erklären Sie diese 3 Schlagworte und den Bezug zur zu reflektierenden Situation in kurzen Sätzen einer/einem Außenstehenden:

....
....
....
....

Diversity reflektiert – Ein TOOL für SupervisorInnen, Coaches & BeraterInnen

S   Sofern es sich um eine **Fallsupervision** handelt:

S   Welche 3 Schlagworte beschreiben Ihrer Meinung nach die momentane Sicht der Dinge der betroffenen KlientIn/des betroffenen Klienten bzw. der betroffenen KlientInnen am besten?

_____   _____   _____

S   Erklären Sie diese 3 Schlagworte und den Bezug zur zu reflektierenden Situation in kurzen Sätzen einer/einem Außenstehenden:

....
....
....
....

Zur Frage der Zugehörigkeiten
Auf der Basis der *Four Layers of Diversity* (siehe Kapitel 1) ziehen wir eine Reihe von Unterschieden heran, die uns Menschen zu Individuen machen. Gehen Sie diese Diversity-Dimensionen durch und beantworten Sie die im Anschluss gestellten Fragen:
- Nation/ethnische Herkunft
- Region/Bundesland/„kulturelle Minderheiten"
- soziale Herkunft/Milieu
- Ausbildung
- Religion/Weltanschauung
- politische Orientierung
- Lebensalter
- körperliche Fähigkeiten und Beeinträchtigungen
- psychische Beeinträchtigungen
- sexuelle Orientierung
- Beruf
- familiäre Beziehungen
- Freizeit
- Organisation

- Abteilung
- andere auf Gruppen basierende Unterschiedsdimensionen, die für Sie wichtig sind

....

(nach Janet Bennett 2002, vgl. Übersetzung von R. Engel)

S B C Überlegen Sie nun, welchen Diversity-Dimensionen Sie sich zugehörig fühlen. Tragen Sie diese in die erste Spalte ein und gehen Sie anschließend die Fragen in der zweiten und dritten Spalte durch:

Diversity-Dimensionen	Auf einer Skala von 0–10, welche Relevanz hat die jeweilige Zugehörigkeit für Sie? 0 steht für gar nicht – 10 für sehr ausgeprägt.	Auf einer Skala von 0–10, wie integriert in die Mehrheitsgesellschaft fühlen Sie sich jeweils bezüglich der jeweiligen Zugehörigkeit bzw. inwiefern schreiben Sie sich jeweils gesamtgesellschaftlich die Position der Mehrheitsangehörigen zu? 0 steht für gar nicht – 10 für sehr.
1	0-1-2-3-4-5-6-7-8-9-10	0-1-2-3-4-5-6-7-8-9-10
2	0-1-2-3-4-5-6-7-8-9-10	0-1-2-3-4-5-6-7-8-9-10
3	0-1-2-3-4-5-6-7-8-9-10	0-1-2-3-4-5-6-7-8-9-10
4	0-1-2-3-4-5-6-7-8-9-10	0-1-2-3-4-5-6-7-8-9-10
5	0-1-2-3-4-5-6-7-8-9-10	0-1-2-3-4-5-6-7-8-9-10
6	0-1-2-3-4-5-6-7-8-9-10	0-1-2-3-4-5-6-7-8-9-10
7	0-1-2-3-4-5-6-7-8-9-10	0-1-2-3-4-5-6-7-8-9-10
8	0-1-2-3-4-5-6-7-8-9-10	0-1-2-3-4-5-6-7-8-9-10

S C B   Gehen Sie in einem weiteren Schritt die folgenden Fragen durch und machen Sie sich Notizen dazu (nach Lee Gardenswartz und Anita Rowe, Übersetzung von Surur Abdul-Hussain):

S C B   Suchen Sie zwei bis drei Diversity-Dimensionen aus, die Ihren Alltag beeinflussen und die Sie geprägt haben. Welche Bedeutung haben diese Dimensionen für Sie? Wie haben diese Dimensionen Sie beeinflusst?

....
....
....

S C B   Wählen Sie zwei bis drei Diversity-Dimensionen aus, in deren Kontext Ihnen die Kontaktaufnahme mit anderen Menschen am leichtesten fällt. Wie beeinflusst dieser Umstand Ihr Verhalten und Ihre Interaktionen in Ihrer Arbeit?

....
....
....

S C B   Wählen Sie zwei bis bis Diversity-Dimensionen aus, in deren Kontext Sie sich mit anderen Menschen, die sich von Ihnen unterscheiden, am unwohlsten fühlen. Wie beeinflusst dieser Umstand Ihr Verhalten und Ihre Interaktionen in Ihrer Arbeit?

....
....
....

S C B   Was ist Ihnen klar geworden?

....
....
....

S   In Anlehnung an die Diversity-Dimensionen – gibt es relevante Zugehörigkeiten für Ihre Supervisandin/Ihren Supervisanden/Ihre SupervisandInnen? Wenn ja, welche sind Ihnen bekannt? Tragen Sie diese in die erste Spalte ein und gehen Sie anschließend die Fragen in der zweiten und dritten Spalte durch:

C   In Anlehnung an die Diversity-Dimensionen – gibt es relevante Zugehörigkeiten für Ihre/Ihren Coachee/Ihre Coaches? Wenn ja, welche sind Ihnen bekannt? Tragen Sie diese in die erste Spalte ein und gehen Sie anschließend die Fragen in der zweiten und dritten Spalte durch:

B   In Anlehnung an die Diversity-Dimensionen – gibt es relevante Zugehörigkeiten für Ihre Klientin/Ihren Klienten/Ihre KlientInnen? Wenn ja, welche sind Ihnen bekannt? Tragen Sie diese in die erste Spalte ein und gehen Sie anschließend die Fragen in der zweiten und dritten Spalte durch:

Diversity-Dimensionen	Auf einer Skala von 0–10, welche Relevanz hat die jeweilige Zugehörigkeit für die Betroffenen? 0 steht für gar nicht – 10 für sehr ausgeprägt.	Auf einer Skala von 0–10, wie integriert in die Mehrheitsgesellschaft fühlen sich die Betroffenen jeweils bezüglich der jeweiligen Zugehörigkeit bzw. wo entsprechen sie gesamtgesellschaftlich betrachtet der Position einer Mehrheitsangehörigen? 0 steht für gar nicht – 10 für sehr.
1	0-1-2-3-4-5-6-7-8-9-10	0-1-2-3-4-5-6-7-8-9-10
2	0-1-2-3-4-5-6-7-8-9-10	0-1-2-3-4-5-6-7-8-9-10
3	0-1-2-3-4-5-6-7-8-9-10	0-1-2-3-4-5-6-7-8-9-10
4	0-1-2-3-4-5-6-7-8-9-10	0-1-2-3-4-5-6-7-8-9-10
5	0-1-2-3-4-5-6-7-8-9-10	0-1-2-3-4-5-6-7-8-9-10
6	0-1-2-3-4-5-6-7-8-9-10	0-1-2-3-4-5-6-7-8-9-10
7	0-1-2-3-4-5-6-7-8-9-10	0-1-2-3-4-5-6-7-8-9-10
8	0-1-2-3-4-5-6-7-8-9-10	0-1-2-3-4-5-6-7-8-9-10

S C B Vor allem in Bezug auf die zweite Tabelle – wie leicht ist Ihnen die Beantwortung der Fragen gefallen? Brauchen Sie diesbezüglich noch zusätzliche Informationen seitens der Betroffenen? Wenn ja, welche?

....

....

S C B In Bezug auf welche Dimensionen zeigt sich gesamtgesellschaftlich betrachtet eine Mehrheits- und in welchen eine Minderheitenzugehörigkeit?

....

....

S Sofern es sich um eine **Fallsupervision** handelt:

S Welche relevanten Zugehörigkeiten gibt es für die Klientin/den Klienten/die KlientInnen?

....

....

S Ändert sich aus Ihrer Sicht die Mehrheits- und Minderheitenzugehörigkeit im konkreten Kontext der Klientin/des Klienten/der KlientInnen (z. B. einzige Österreicherin unter lauter Männern)?

Ja ☐   Nein ☐

Wenn ja, inwiefern?

....

....

S   Inwiefern erachtet die Supervisandin/der Supervisand/erachten die SupervisandInnen die jeweiligen Zugehörigkeiten der Klientin/des Klienten/der KlientInnen als relevant für das weitere Vorgehen?

....

....

        Teilen Sie diese Sicht als SupervisorIn?

....

S C B   Welche Formen der Ausgrenzung, der Integration und der Inklusion zeigen sich in einer Zusammenschau?

....

....

....

        S C B   ... wie lassen sich diese beschreiben?

....

....

....

        S C B   ... welche Hypothesen haben Sie diesbezüglich?

....

....

....

        S C B   Welche Formen der gesellschaftlichen Ausgrenzung werden aus Ihrer momentanen Sicht reinszeniert?

....

....

....

Zum Umgang mit Diskriminierung

Folgende Strategien im Umgang mit Diskriminierung werden in Kapitel 2 beschrieben:

Auf persönlicher Ebene:
- Das Ansehen und die eigene Erwünschtheit steigern durch
  → Versuch, das Stigma abzubauen,
  → Versuch, die Zugehörigkeit zur diskriminierten Gruppe aufzuheben,
  → Versuch, das Stigma zu verheimlichen (vor allem wenn nicht äußerlich sichtbar),
  → Überkompensation, im Sinne von sichtlich mehr Anstrengung auf sozial anerkannten Dimensionen.
- Rückzug
  → in Form fortschreitender Isolation
  → von Mehrheitsangehörigen bei gleichzeitig vermehrter Zuwendung zu Eigengruppenmitgliedern

Auf kollektiver Ebene:
- soziale Veränderungsstrategien
- soziale Kreativitätsstrategien

S C B Zeigen sich in der zu reflektierenden Situation Verhaltensmuster, die evtl. auch mit diesen genannten Strategien erklärt werden könnten?

　　　　　Ja ☐　　　　　　　　Nein ☐

S C B In Bezug auf Sie als SupervisorIn bzw. als Coach oder BeraterIn?

　　　　　Ja ☐　　　　　　　　Nein ☐

S In Bezug auf die Supervisandin/den Supervisanden/die SupervisandInnen?

C In Bezug auf die/den Coachee/die Coachees und deren bzw. dessen Umfeld?

B In Bezug auf die Klientin/den Klienten/die KlientInnen?

Ja ☐   Nein ☐

S Sofern es sich um eine **Fallsupervision** handelt: In Bezug auf die Klientin/den Klienten/die KlientInnen und deren Lebenswelt?

Ja ☐   Nein ☐

S C B Wenn Sie bei einer der letztgenannten Fragen das „Ja" angekreuzt haben: Welche Relevanz haben diese Verhaltensmuster Ihrer Meinung nach für den weiteren Prozess?

....
....
....

S C B Gibt es erste Ideen, wie Sie damit umgehen könnten? Wenn ja, welche?

....
....
....

S C B Wenn nicht, wie unsicher fühlen Sie sich damit?

0% ──────────────────────────── 100%

S C B Wie sehr ist es möglich, diese Unsicherheit auszuhalten?

0% ──────────────────────────── 100%

Systemische Reflexionen

S C B Skizzieren Sie das Supervisions-, Coaching- bzw. Beratungssystem sowie die aus Ihrer Sicht relevanten Umwelten. Zeichnen Sie ein, wo es Ihrer Meinung nach Wirkungen von einem System auf ein anderes gibt und wo Wechselwirkungen und Rückkoppelungen sowie ob diese in Zusammenhang mit der zu reflektierenden Situation positiv oder negativ zu beurteilen sind. Folgende Fragen sollen darüber hinaus als Anregung für Ihre Skizze dienen:

S Wer gehört alles zum SupervisandInnensystem?
C Wer gehört alles zum System der Coachee/des Coachees?
B Wer gehört alles zum KlientInnensystem?
S C B Was sind die relevanten Umwelten.
S Sofern es sich um eine **Fallsupervision** handelt: Wer gehört alles zum KlientInnensystem? Was sind dessen relevante Umwelten?
S C B Wo verorten Sie sich selbst?

Unterschiede, die einen Unterschied machen

S C B Welche Unterschiede werden benannt, welche nicht und welche Unterscheidungen werden gar nicht gemacht?

....

....

....

S C B Welche Vielfalt wird wann und von wem thematisiert bzw. welche Unterschiede werden von wem und auf welche Weise gemacht?

....

....

....

S C B Welche Bedeutung haben diese Unterschiede im Alltag?

....

....

....

S Welche Unterschiedlichkeiten aufgrund der Diversitätsdimensionen müssten seitens der Supervisorin/des Supervisors anders sein, damit es in der zu reflektierenden Situation einen Unterschied machen würde?

C Welche Unterschiedlichkeiten aufgrund der Diversitätsdimensionen müssten seitens der/des Coaches anders sein, damit es in der zu reflektierenden Situation einen Unterschied machen würde?

B	Welche Unterschiedlichkeiten aufgrund der Diversitätsdimensionen müssten seitens der Beraterin/des Beraters anders sein, damit es in der zu reflektierenden Situation einen Unterschied machen würde?

....

....

S C B	Wie würde dieser Unterschied, wie würden dieser Unterschiede konkret aussehen?

....

....

....

S C B	Wie würde es sich aus Ihrer Sicht konkret auswirken?

....

....

....

S	Welche Unterschiedlichkeiten aufgrund der Diversitätsdimensionen müssten seitens der Supervisandin/des Supervisanden/der SupervisandInnen anders sein, damit es in der zu reflektierenden Situation einen Unterschied machen würde?
C	Welche Unterschiedlichkeiten aufgrund der Diversitätsdimensionen müssten seitens der Coachee/des Coachees/der Coachees anders sein, damit es in der zu reflektierenden Situation einen Unterschied machen würde?
B	Welche Unterschiedlichkeiten aufgrund der Diversitätsdimensionen müssten seitens der Klientin/des Klienten/der KlientInnen anders sein, damit es in der zu reflektierenden Situation einen Unterschied machen würde?

....

....

S C B Wie würde dieser Unterschied, wie würden diese Unterschiede konkret aussehen?

....

....

....

S C B Wie würde es sich aus Ihrer Sicht konkret auswirken?

....

....

....

S Sofern es sich um eine **Fallsupervision** handelt:

S Welche Unterschiedlichkeiten aufgrund der Diversitätsdimensionen müssten seitens der Klientin/des Klienten/der KlientInnen anders sein, damit es in der momentanen Fallsituation einen Unterschied machen würde?

....

....

S Wie würde dieser Unterschied, wie würden diese Unterschiede konkret aussehen?

....

....

S Wie würde es sich aus Ihrer Sicht konkret auswirken?

....

....

....

Zirkuläre Fragen münden in eine Wunderfrage

S   Wie glauben Sie sieht Ihre Supervisandin/ihr Supervisand bzw. sehen Ihre SupervisandInnen Ihre bisherigen Interventionen in diesem Fall?
C   Wie glauben Sie sieht Ihre/Ihr Coachee bzw. sehen Ihre Coachees Ihre bisherigen Interventionen in diesem Fall?
B   Wie glauben Sie sieht Ihre Klientin/Ihr Klient bzw. sehen Ihre KlientInnen Ihre bisherigen Interventionen in diesem Fall?

....
....
....

S C B   Wie würde Ihre Supervisorin/Ihr Supervisor das bisherige Vorgehen aller Beteiligten sehen?

....
....
....

S   Wie glauben Sie sieht die Leitung das bisherige Vorgehen der Supervisandin/des Supervisanden/der SupervisandInnen in der zu reflektierenden Situation?
C   Wie glauben Sie sehen die KollegInnen der Coachee bzw. des Coachees Ihre bisherigen Interventionen in diesem Fall?
B   Wie glauben Sie sieht die Leitung Ihr bisheriges Vorgehen in der zu reflektierenden Situation?

....
....
....

S   Sofern es sich um eine **Fallsupervision** handelt:

S   Wählen Sie zwei relevante Personen aus dem KlientInnensystem. Wie würden diese die Situation der Klientin/des Klienten/der KlientInnen beschreiben?

    ....
    ....
    ....

S   Wählen Sie zwei relevante Personen aus dem KlientInnensystem. Wie würden diese das bisherige Vorgehen Ihrer Supervisandin/Ihres Supervisanden/Ihrer SupervisandInnen in dieser Situation beschreiben?

    ....
    ....
    ....

S   Angenommen heute Nacht käme eine gute Fee und das Problem der Klientin/des Klienten/der KlientInnen ist morgen früh gelöst – woran würde bzw. würden diese das merken? Was wäre dann anders? Wer würde das zuerst merken? Wer dann? Wer wäre am meisten erleichtert? Für wen hätte es vielleicht auch Nachteile?

    ....
    ....
    ....
    ....
    ....
    ....

S	Wenn Sie an Ihre Supervisandin/Ihren Supervisanden/Ihre SupervisandInnen denken – würden diese Ihre Sicht der Dinge teilen? Wo wären Überschneidungen, wo Unterschiede?

....

....

....

S C B	Angenommen heute Nacht käme eine gute Fee und die zu reflektierende Situation ist morgen früh gelöst – woran würden Sie das merken? Was wäre dann anders? Wer würde das zuerst merken? Wer dann? Wer wäre am meisten erleichtert? Für wen hätte es vielleicht auch Nachteile?

....

....

....

S	Wenn Sie an Ihre Supervisandin/Ihren Supervisanden/Ihre SupervisandInnen denken – würden diese Ihre Sicht der Dinge teilen? Wo wären Überschneidungen, wo Unterschiede?
C	Wenn Sie an Ihre/Ihren Coachee bzw. Ihre Coachees denken – würden diese Ihre Sicht der Dinge teilen? Wo wären Überschneidungen, wo Unterschiede?
B	Wenn Sie an Ihre Klientin/Ihren Klienten/Ihre KlientInnen denken – würden diese Ihre Sicht der Dinge teilen? Wo wären Überschneidungen, wo Unterschiede?

....

....

....

Problemorientierte Fragen

S C B Was müssten Sie als SupervisorIn/als Coach/als BeraterIn tun, damit sich die Situation verschlechtert?

....

....

....

....

S Was müsste Ihre Supervisandin/Ihr Supervisand/müssten Ihre SupervisandInnen dazu tun?

C Was müsste Ihre/Ihr Coachee/müssten Ihre Coachees dazu tun?

B Was müsste Ihre Klientin/Ihr Klient/müssten Ihre KlientInnen dazu tun?

....

....

....

....

S Sofern es sich um eine **Fallsupervision** handelt: Was müsste die Klientin bzw. der Klient/müssten die KlientInnen selbst dazu tun?

....

....

....

S C B Was würde passieren, wenn die Situation so weitergeht und niemand interveniert? Auf der Ebene

- **S** der Supervisorin/des Supervisors
- **C** der Coach/des Coachs
- **B** der Beraterin/des Beraters

....
....
....
....

- **S** der Supervisandin/des Supervisanden/der SupervisandInnen
- **C** der Coachees/des Coachees/der Coachees
- **B** der Klientin/des Klienten/der KlientInnen

....
....
....
....

- **S** Sofern es sich um eine **Fallsupervision** handelt: der Klientin/des Klienten/der KlientInnen

....
....
....
....

Diversitysensible Reflexion – eine mehrperspektivische und multitheoretische Herangehensweise

Skalierungsfragen

S C B   Auf einer Skala von 1–10, wie zufrieden sind Sie als SupervisorIn/als Coach bzw. als BeraterIn mit dem Verlauf des Prozesses – von 0 gar nicht bis 10 sehr zufrieden?

```
├──┼──┼──┼──┼──┼──┼──┼──┼──┼──┤
0   1   2   3   4   5   6   7   8   9   10
```

S C B   Was müsste passieren, damit Sie um 2 Punkte „zufriedener" wären?

....

....

....

S   Auf einer Skala von 0–10, wie zufrieden schätzen Sie die Supervisandin/den Supervisanden/die SupervisandInnen mit dem Verlauf des Falles ein – von 0 gar nicht bis 10 sehr zufrieden?

C   Auf einer Skala von 0–10, wie zufrieden schätzen Sie die/den Coachee/die Coachees mit dem Verlauf des Falles ein – von 0 gar nicht bis 10 sehr zufrieden?

B   Auf einer Skala von 0–10, wie zufrieden schätzen Sie die Klientin/den Klienten/die KlientInnen mit dem Verlauf des Falles ein – von 0 gar nicht bis 10 sehr zufrieden?

```
├──┼──┼──┼──┼──┼──┼──┼──┼──┼──┤
0   1   2   3   4   5   6   7   8   9   10
```

S C B   Was müsste passieren, damit diese um 2 Punkte „zufriedener" wären?

....

....

....

S Sofern es sich um eine **Fallsupervision** handelt:
Auf einer Skala von 0–10, wie zufrieden schätzen Sie die Klientin bzw. den Klienten/die KlientInnen mit dem Verlauf des Falles ein – von 0 gar nicht bis 10 sehr zufrieden?

```
├──┼──┼──┼──┼──┼──┼──┼──┼──┼──┤
0  1  2  3  4  5  6  7  8  9  10
```

S Was müsste passieren, damit diese um 2 Punkte „zufriedener" wären?

....

....

....

Metareflexion der Situation

Cultural, Queer und Disability Studies beschäftigen sich mit der gesellschaftlichen Infragestellung von Werten und Normen in Bezug auf Kultur, Geschlecht, Sexualität und Behinderung. Sie eignen sich daher hervorragend als Perspektiven für eine Reflexion Ihrer Reflexionen, also eine Metareflexion (Ebene 3 des Mehrebenenmodells). Mit den folgenden Fragen können Sie Ihre persönlichen sowie die im Beratungs-, AuftraggeberInnen- und KlientInnensystem für die gewählte Situation bedeutungsvollen Werte und Normen reflektieren. Bei einigen Fragen wird es je nach Ihrer Feldkompetenz und Ihrem Informationsstand schwieriger oder leichter sein, die Fragen zu beantworten. Dennoch könnte die eine oder andere Überraschung in Ihren Einschätzungen liegen.

Cultural Studies
SupervisorIn/Coach/BeraterIn

S C B Welche Vorstellungen von Kultur prägen mich?
- Welchen Kulturen (Ausbildung/Beruf, Klasse, Generation, Ethnie/Herkunft, Hautfarbe, geographische Verortung …) gehöre ich an?
- Welche davon sind für mich besonders wichtig und was macht ihre Bedeutung aus?
- Woran erkenne ich meine Kulturzugehörigkeiten?

....
....
....
....
....
....
....

S	SupervisandInnensystem
C	Die/der Coachee bzw. die Coachees und deren Umwelten
B	KlientInnensystem

S Welche Werte und Normen in Bezug auf Kultur vermittelt Ihnen das SupervisandInnensystem?

C Welche Werte und Normen in Bezug auf Kultur vermittelt Ihnen die oder der Coachee bzw. vermitteln Ihnen die Coachees?

B Welche Werte und Normen in Bezug auf Kultur vermittelt Ihnen das KlientInnensystem?

> S Welchen Kulturen gehören die Mitglieder des SupervisandInnensystems an (Gruppe, Team, Person → Ausbildung, Beruf, Stadt/Land, Herkunft, Religion, Generation …)?
>
> C Welchen Kulturen gehört die oder der Coachee bzw. gehören die Coachees an (Ausbildung, Beruf, Stadt/Land, Herkunft, Religion, Generation …)?
>
> B Welchen Kulturen gehören die Mitglieder des KlientInnensystems an (Gruppe, Team, Person → Ausbildung, Beruf, Stadt/Land, Herkunft, Religion, Generation …)?
>
> ....
>
> ....
>
> ....
>
> S C B Wie lassen sich diese Kulturen beschreiben und welche Merkmale haben sie?
>
> ....
>
> ....
>
> ....

S C B Welche interkulturellen Missverständnisse, Unklarheiten, Konflikte lassen sich ausmachen (Interdisziplinarität, Zugehörigkeit zur Organisation, Generation, Stadt/Land, Herkunft, Religion ...)?

....
....
....

S C B Wie zeigen sich diese Missverständnisse, Unklarheiten, Konflikte?

....
....
....

S C B Würden Sie das System eher als monokulturell, multikulturell, interkulturell oder transkulturell beschreiben? Wie begründen Sie diese Einschätzung?

....
....
....
....
....
....

AuftraggeberInnensystem

S C Welche Werte und Normen in Bezug auf Kultur zeigen sich im AuftraggeberInnensystem? Welche vermuten Sie?

....

....

....

S C Wie intensiv ist die Auseinandersetzung des AuftraggeberInnensystems mit dem Thema kulturelle Vielfalt?

☐ gar nicht ☐ wenig intensiv ☐ intensiv ☐ sehr intensiv

S C In welchen Kulturen ist das AuftraggeberInnensystem eingebettet (Branche, gesellschaftspolitisch, Nationalität des Unternehmens, Firmensprache, religiöser Kontext, Berufskultur …)?

....

....

....

S C Wie lässt sich dieser kulturelle Kontext beschreiben? Welche Merkmale hat er?

....

....

....

....

....

....

Die Beratungs- bzw. Betreuungsorganisation

B   Welche Werte und Normen in Bezug auf Kultur zeigen sich in Ihrer Organisation? Welche vermuten Sie?

....

....

....

B   Wie intensiv ist die Auseinandersetzung Ihrer Organisation mit dem Thema kulturelle Vielfalt?

☐ gar nicht   ☐ wenig intensiv   ☐ intensiv   ☒ sehr intensiv

B   In welchen Kulturen ist die Beratungs- bzw. Betreuungsorganisation eingebettet (Branche, gesellschaftspolitisch, Nationalität des Unternehmens, Firmensprache, religiöser Kontext, Berufskultur …)?

....

....

....

B   Wie lässt sich dieser kulturelle Kontext beschreiben? Welche Merkmale hat er?

....

....

....

....

....

KlientInnensystem – sofern es sich um Fallsupervision handelt

S Welche Normen und Werte in Bezug auf Kultur vermuten Sie im KlientInnensystem? Was vermitteln Ihnen Ihre Supervisandin/Ihr Supervisand/Ihre SupervisandInnen über Ihre KlientInnen?

....

....

....

S Welchen Kulturen gehören die Mitglieder des KlientInnensystems an (Ausbildung, Beruf, Stadt/Land, Herkunft, Religion, Generation …)?

....

....

....

S Welche Kulturen dominieren andere? Welche Kulturen geben die Norm vor?

....

....

....

S Wie lässt sich dieser kulturelle Kontext beschreiben? Welche Merkmale hat er?

....

....

....

Zusammenschau

S   Wenn Sie die kulturellen Prägungen dieser vier Ebenen (SupervisorIn, SupervisandIn oder SupervisandInnen, AuftraggeberIn, KlientInnen) noch einmal betrachten und vor Ihrem inneren Auge an sich vorbeiziehen lassen: Welche Kulturen treffen laut Ihrer Einschätzung aufeinander? Welche Gemeinsamkeiten und Unterschiede können Sie feststellen bzw. vermuten Sie?
Notieren Sie sich dazu 3 Schlagworte oder finden Sie ein oder mehrere Symbole für Ihre Erkenntnisse.

_____   _____   _____

C   Wenn Sie die kulturellen Prägungen der drei Ebenen (Coach – Coachee/s – AuftraggeberIn) noch einmal betrachten und vor Ihrem inneren Auge an sich vorbeiziehen lassen: Welche Kulturen treffen laut Ihrer Einschätzung aufeinander? Welche Gemeinsamkeiten und Unterschiede können Sie feststellen bzw. vermuten Sie?
Notieren Sie sich dazu 3 Schlagworte oder finden Sie ein oder mehrere Symbole für Ihre Erkenntnisse.

_____   _____   _____

B   Wenn Sie die kulturellen Prägungen der drei Ebenen (BeraterIn – KlientInnen – Organisation) noch einmal betrachten und vor Ihrem inneren Auge an sich vorbeiziehen lassen: Welche Kulturen treffen laut Ihrer Einschätzung aufeinander? Welche Gemeinsamkeiten und Unterschiede können Sie feststellen bzw. vermuten Sie?
Notieren Sie sich dazu 3 Schlagworte oder finden Sie ein oder mehrere Symbole für Ihre Erkenntnisse.

_____   _____   _____

Queer Studies

SupervisorIn/Coach/BeraterIn

S C B Was verstehe ich unter Identität?

....

....

....

....

S C B Wo bewege ich mich mit meinen Vorstellungen zwischen den Polen von essentialistischen Konzepten von Identität und prozesshaftem, konstruktivistischem Verständnis von Identität?

essentialistisch ————————————— prozesshaft/konstruktivistisch

S C B Wie sehr ist Identität für mich kontext- bzw. nicht kontextgebunden?

kontextgebunden ————————————— nicht kontextgebunden

S C B Wie beweglich ist Identität in meinen Augen?

gar nicht ————————————— sehr beweglich

S C B Wie ein- oder vieldimensional ist Identität für mich?

eindimensional ————————————— vieldimensional

S C B Wie gehe ich mit Intersektionalität um? Ist es für mich selbstverständlich, dass meine SupervisandInnen/Coachees/KlientInnen und KollegInnen nicht nur SupervisandInnen/Coachees/KlientInnen oder KollegInnen, sondern auch Frauen und Männer mit ethnischer Herkunft, sexueller Orientierung, Hautfarbe, Menschen mit physischen oder psychischen Einschränkungen sind, oder blende ich bestimmte Identitätsmerkmale eher aus?
Wenn ja, welche?

....

....

....

S C B Welche Vorstellungen von biologischem Geschlecht, Gender und Sexualität prägen mich?

S C B Wie würden lesbische Frauen und schwule Männer, bisexuelle Menschen, trans- oder intersexuelle Menschen sowie Transgenderpersonen meine Werte und Normen beschreiben?

....

....

....

S C B Wenn Heterosexualität meine vorherrschende Norm ist: Wie mache ich anderen gegenüber deutlich, dass ich der heterosexuellen Norm angehöre?

....

....

....

S C B Wie wirken sich meine Vorstellungen auf mein Genderverständnis aus (der ideale Mann, die ideale Frau – was ist für mich darüber hinaus vorstellbar …)?

....

....

....

S C B Welche Formen von Sexualität und Ihre Sichtbarkeit würden Irritationen, Überraschungen und/oder Abwehr bei mir auslösen?

....

....

....

S C B Wo komme ich an meine Grenzen?

....

....

....

S SupervisandInnensystem

C Die/der Coachee bzw. die Coachees und deren Umwelten

B KlientInnensystem

S Wie wird im SupervisandInnensystem mit Intersektionalität umgegangen? Ist es für Ihre Supervisandin/Ihren Supervisanden/Ihre SupervisandInnen selbstverständlich, dass ihre KlientInnen und KollegInnen nicht nur KlientInnen oder KollegInnen, sondern auch Frauen und Männer mit ethnischer Herkunft, sexueller Orientierung, Hautfarbe, Menschen mit physischen oder psychischen Einschränkungen u. a. sind, oder werden bestimmte Identitätsmerkmale eher ausgeblendet? Wenn ja, welche?

C Wie geht die/der Coachee bzw. gehen die Coachees und deren Umwelten mit Intersektionalität um? Ist es für Ihre/Ihren Coachee/Ihre Coachees selbstverständlich, dass ihre KollegInnen nicht nur KollegInnen, sondern auch Frauen und Männer mit ethnischer Herkunft, sexueller Orientierung, Hautfarbe, Menschen mit physischen oder psychischen Einschränkungen u. a. sind, oder werden bestimmte Identitätsmerkmale eher ausgeblendet? Wenn ja, welche?

B Wie wird im KlientInnensystem mit Intersektionalität umgegangen? Ist es für Ihre Klientin/Ihren Klienten/Ihre KlientInnen selbstverständlich, dass Sie nicht nur Beraterin oder Berater, sondern auch Frau oder Mann mit ethnischer Herkunft, sexueller Orientierung, Hautfarbe, Mensch mit physischen oder psychischen Einschränkungen u. a. sind, oder werden bestimmte Identitätsmerkmale eher ausgeblendet? Wenn ja, welche?

....

....

....

S   Welche Normen und Werte in Bezug auf biologisches Geschlecht, Gender und Sexualität werden im SupervisandInnensystem deutlich?
C   Welche Normen und Werte in Bezug auf biologisches Geschlecht, Gender und Sexualität werden im System der Coachee/des Coachees deutlich?
B   Welche Normen und Werte in Bezug auf biologisches Geschlecht, Gender und Sexualität werden im KlientInnensystem deutlich?

....

....

....

S C B   Ist Heterosexualität die vorherrschende Norm? Wenn ja, wie könnte eine Person in diesem System deutlich machen, dass sie der heterosexuellen Norm angehört?

....

....

S   Welche Formen von Sexualität und ihre Sichtbarkeit würden Irritationen, Überraschungen und/oder Abwehr im SupervisandInnensystem auslösen?
C   Welche Formen von Sexualität und ihre Sichtbarkeit würden Irritationen, Überraschungen und/oder Abwehr bei Ihrer/Ihrem Coachee/Ihren Coachees und in deren bzw. dessen Umfeld auslösen?
B   Welche Formen von Sexualität und ihre Sichtbarkeit würden Irritationen, Überraschungen und/oder Abwehr im KlientInnensystem auslösen?

....

....

....

S	Wie würden lesbische Frauen und schwule Männer, bisexuelle Menschen, trans- oder intersexuelle Menschen sowie Transgenderpersonen die Werte und Normen im SupervisandInnensystem beschreiben?
C	Wie würden lesbische Frauen und schwule Männer, bisexuelle Menschen, trans- oder intersexuelle Menschen sowie Transgenderpersonen die Werte und Normen im System der Coachee/des Coachees/der Coachees beschreiben?
B	Wie würden lesbische Frauen und schwule Männer, bisexuelle Menschen, trans- oder intersexuelle Menschen sowie Transgenderpersonen die Werte und Normen im KlientInnensystem beschreiben?

....

....

....

S	Wie wirken sich diese Sichtweisen auf die Vorstellungen über Gender im SupervisandInnensystem aus (der ideale Mann, die ideale Frau – was ist darüber hinaus vorstellbar …)?
C	Wie wirken sich diese Sichtweisen auf die Vorstellungen über Gender bei Ihrer/Ihrem Coachee/Ihren Coachees und in deren bzw. dessen relevanten Umwelten aus (der ideale Mann, die ideale Frau – was ist darüber hinaus vorstellbar …)?
B	Wie wirken sich diese Sichtweisen auf die Vorstellungen über Gender im KlientInnensystem aus (der ideale Mann, die ideale Frau – was ist darüber hinaus vorstellbar …)?

....

....

....

S	Würden Sie sich im SupervisandInnensystem eher inkludiert oder ausgeschlossen fühlen? Inwiefern?
C	Würden Sie sich im System der Coachee/des Coachees bzw. der Coachees eher inkludiert oder ausgeschlossen fühlen? Inwiefern?
B	Würden Sie sich im KlientInnensystem eher inkludiert oder ausgeschlossen fühlen? Inwiefern?

....

....

....

AuftraggeberInnensystem

S	Wie wird mit Intersektionalität im AuftraggeberInnensystem umgegangen? Ist es selbstverständlich, dass die Supervisandin/der Supervisand/die SupervisandInnen nicht nur MitarbeiterInnen, sondern auch Frauen und Männer mit ethnischer Herkunft, sexueller Orientierung, Hautfarbe, Menschen mit physischen oder psychischen Einschränkungen u. a. sind, oder werden bestimmte Identitätsmerkmale eher ausgeblendet? Wenn ja, welche?
C	Wie wird mit Intersektionalität im AuftraggeberInnensystem umgegangen? Ist es selbstverständlich, dass die/der Coachee/die Coachees nicht nur MitarbeiterInnen, sondern auch Frauen und Männer mit ethnischer Herkunft, sexueller Orientierung, Hautfarbe, Menschen mit physischen oder psychischen Einschränkungen u. a. sind, oder werden bestimmte Identitätsmerkmale eher ausgeblendet? Wenn ja, welche?

....

....

....

S C Welche Normen und Werte in Bezug auf biologisches Geschlecht, Gender und Sexualität werden im AuftraggeberInnensystem deutlich? Welche nehmen Sie an?

....

....

S C Wie intensiv ist die Auseinandersetzung des AuftraggeberInnensystems mit dem Thema (Hetero-)Sexualität?

☐ gar nicht ☐ wenig intensiv ☐ intensiv ☐ sehr intensiv

S C Ist Heterosexualität die vorherrschende Norm? Wenn ja, wie könnte eine Person in diesem System deutlich machen, dass sie der heterosexuellen Norm angehört?

....

....

S C Welche Formen von Sexualität und ihre Sichtbarkeit würden Irritationen und/oder Abwehr im AuftraggeberInnensystem auslösen?

....

....

S C Wie würden lesbische Frauen und schwule Männer, bisexuelle Menschen, trans- oder intersexuelle Menschen sowie Transgenderpersonen die Werte und Normen im AuftraggeberInnen- oder Umfeldsystem beschreiben?

....

....

S C   Wie intensiv ist die Auseinandersetzung des AuftraggeberInnensystems mit dem Thema Gender, Gleichstellung von Frauen und Männern oder Gender Mainstreaming? Woran zeigt sich das konkret?

....

....

Die Beratungs- bzw. Betreuungsorganisation

B   Wie wird mit Intersektionalität in Ihrer Organisation umgegangen? Ist es selbstverständlich, dass die Klientin/der Klient/die KlientInnen und die MitarbeiterInnen nicht nur KlientInnen oder MitarbeiterInnen, sondern auch Frauen und Männer mit ethnischer Herkunft, sexueller Orientierung, Hautfarbe, Menschen mit physischen oder psychischen Einschränkungen u. a. sind, oder werden bestimmte Identitätsmerkmale eher ausgeblendet? Wenn ja, welche?

....

....

....

B   Welche Normen und Werte in Bezug auf biologisches Geschlecht, Gender und Sexualität werden in Ihrer Organisation deutlich? Welche vermuten Sie?

....

....

B   Wie intensiv ist die Auseinandersetzung der Organisation mit dem Thema (Hetero-)Sexualität?

☐ gar nicht   ☐ wenig intensiv   ☐ intensiv   ☐ sehr intensiv

- **B** Ist Heterosexualität die vorherrschende Norm? Wenn ja, wie könnte eine Person in diesem System deutlich machen, dass sie der heterosexuellen Norm angehört?

- **B** Welche Formen von Sexualität und ihre Sichtbarkeit würden Irritationen und/oder Abwehr in der Beratungs- bzw. Betreuungsorganisation auslösen?

- **B** Wie würden lesbische Frauen und schwule Männer, bisexuelle Menschen, trans- oder intersexuelle Menschen sowie Transgenderpersonen die Werte und Normen in Ihrer Organisation beschreiben?

- **B** Wie intensiv ist die Auseinandersetzung Ihrer Organisation mit dem Thema Gender, Gleichstellung von Frauen und Männern oder Gender Mainstreaming? Woran zeigt sich das konkret?

KlientInnensystem, sofern es sich um Fallsupervision handelt

S   Welche Normen und Werte in Bezug auf biologisches Geschlecht, Gender und Sexualität nehmen Sie im KlientInnensystem an? Was vermittelt Ihnen Ihre Supervisandin/Ihr Supervisand/vermitteln Ihre SupervisandInnen über ihr KlientInnensystem?

....

....

S   Ist Heterosexualität die vorherrschende Norm? Wenn ja, wie könnte eine Person in diesem System deutlich machen, dass sie der heterosexuellen Norm angehört?

....

....

S   Welche Formen von Sexualität und ihre Sichtbarkeit würden Irritationen und/oder Abwehr im KlientInnensystem auslösen?

....

....

S   Wie würden lesbische Frauen und schwule Männer, bisexuelle Menschen, trans- oder intersexuelle Menschen sowie Transgenderpersonen die Werte und Normen im KlientInnensystem beschreiben?

....

....

S Welche Normen und Werte in Bezug auf Gender nehmen Sie daher im KlientInnensystem an? Was vermittelt Ihnen Ihre Supervisandin/ Ihr Supervisand/vermitteln Ihre SupervisandInnen über das KlientInnensystem?

....

....

Zusammenschau

S Wenn Sie die Normvorstellungen über biologisches Geschlecht, Gender und Sexualität auf diesen vier Ebenen noch einmal heranziehen und sich dabei Ihre Bilder darüber bewusst machen: Welche Vorstellungen treffen hier vermutlich aufeinander? Welche Gemeinsamkeiten und Unterschiede können Sie feststellen bzw. welche nehmen Sie an?
Notieren Sie sich dazu 3 Schlagworte oder finden Sie ein oder mehrere Symbole für Ihre Erkenntnisse.

_____   _____   _____

C Wenn Sie die Normvorstellungen über biologisches Geschlecht, Gender und Sexualität auf den drei Ebenen (Coach – Coachee/s – AuftraggeberIn) noch einmal heranziehen und sich dabei Ihre Bilder darüber bewusst machen: Welche Vorstellungen treffen hier vermutlich aufeinander? Welche Gemeinsamkeiten und Unterschiede können Sie feststellen bzw. welche nehmen Sie an?
Notieren Sie sich dazu 3 Schlagworte oder finden Sie ein oder mehrere Symbole für Ihre Erkenntnisse.

_____   _____   _____

| B | Wenn Sie die Normvorstellungen über biologisches Geschlecht, Gender und Sexualität auf den drei Ebenen (BeraterIn – KlientIn – Organisation) noch einmal heranziehen und sich dabei Ihre Bilder darüber bewusst machen: Welche Vorstellungen treffen hier vermutlich aufeinander? Welche Gemeinsamkeiten und Unterschiede können Sie feststellen bzw. welche nehmen Sie an?
Notieren Sie sich dazu 3 Schlagworte oder finden Sie ein oder mehrere Symbole für Ihre Erkenntnisse.

_____   _____   _____

Disability Studies

SupervisorIn/Coach/BeraterIn

S C B Welche Vorstellungen von Behinderung bzw. Nichtbehinderung prägen mich?

> **S C B** Was bedeutet für mich „Behinderung"?
>
> ....
>
> ....
>
> **S C B** Was bedeutet für mich „chronische Krankheit"?
>
> ....
>
> ....
>
> **S C B** Was bedeutet für mich „psychische Krankheit"?
>
> ....
>
> ....
>
> **S C B** Welche Zuschreibungen habe ich zu körperlichen Behinderungen, kognitiven Behinderungen und psychischen Krankheiten?
>
> ....
>
> ....
>
> **S C B** Wie gehe ich mit Behinderung in ihren verschiedenen Formen um?
>
> ....
>
> ....

S C B Wie würde mich ein Mensch mit Behinderungen beschreiben, wie körperlich eingeschränkt, gehörlos, sehschwach, kognitiv eingeschränkt, psychisch belastet …?

....

....

S C B In welcher Art und Weise bin ich oder werde ich behindert?

....

....

S	SupervisandInnensystem
C	Die/der Coachee bzw. die Coachees und deren Umwelten
B	KlientInnensystem

S Welche Vorstellungen und Zuschreibungen gegenüber verschiedenen Formen von Behinderung vermuten Sie im SupervisandInnensystem?

C Welche Vorstellungen und Zuschreibungen gegenüber verschiedenen Formen von Behinderung hat Ihre/Ihr Coachee/ haben Ihre Coachees bzw. bestehen in ihrem/seinem Umfeld?

B Welche Vorstellungen und Zuschreibungen gegenüber verschiedenen Formen von Behinderung vermuten Sie im KlientInnensystem?

....

....

....

S	Wie wird mit Behinderung im SupervisandInnensystem umgegangen?
C	Wie geht Ihre/Ihr Coachee/gehen Ihre Coachees mit Behinderung um bzw. wie wird in ihren/seinen relevanten Umwelten mit Behinderung umgegangen?
B	Wie wird mit Behinderung im KlientInnensystem umgegangen?

....

....

....

S	Welche Behinderungsformen werden im SupervisandInnensystem repräsentiert, anerkannt und inkludiert?
C	Welche Behinderungsformen werden im System der Coachee/des Coachees/der Coachees repräsentiert, anerkannt und inkludiert?
B	Welche Behinderungsformen werden im KlientInnensystem repräsentiert, anerkannt und inkludiert?

....

....

....

S	Welche Behinderungsformen werden im SupervisandInnensystem ausgeschlossen?
C	Welche Behinderungsformen werden im System der Coachee/des Coachees bzw. der Coachees ausgeschlossen?
B	Welche Behinderungsformen werden im KlientInnensystem ausgeschlossen?

....

....

....

S C B Was kennzeichnet diese Inklusions-, Integrations- und Ausschlussmechanismen?

....

....

....

S Wie würde ein Mensch mit Behinderungen das SupervisandInnensystem beschreiben, wie körperlich eingeschränkt, gehörlos, sehschwach, kognitiv eingeschränkt, psychisch belastet ...?
C Wie würde ein Mensch mit Behinderungen die/den Coachee/die Coachees bzw. deren/dessen Umfeld beschreiben, wie körperlich eingeschränkt, gehörlos, sehschwach, kognitiv eingeschränkt, psychisch belastet ...?
B Wie würde ein Mensch mit Behinderungen das KlientInnensystem beschreiben, wie körperlich eingeschränkt, gehörlos, sehschwach, kognitiv eingeschränkt, psychisch belastet ...?

....

....

....

S In welcher Art und Weise ist die Supervisandin/der Supervisand bzw. sind die SupervisandInnen behindert oder wird bzw. werden behindert?
C In welcher Art und Weise ist die/der Coachee bzw. sind die Coachees behindert oder wird bzw. werden behindert?
B In welcher Art und Weise ist die Klientin/der Klient bzw. sind die KlientInnen behindert oder wird bzw. werden behindert?

....

....

....

AuftraggeberInnensystem

S C   Welche Vorstellungen und Zuschreibungen gegenüber verschiedenen Formen von Behinderung bestehen Ihres Erachtens im AuftraggeberInnensystem?

....

....

....

S C   Wie intensiv ist die Auseinandersetzung des AuftraggeberInnensystems mit dem Thema Behinderung?

☐   ☐   ☐   ☐
gar nicht   wenig intensiv   intensiv   sehr intensiv

S C   Wie wird mit Behinderung im AuftraggeberInnensystem umgegangen?

....

....

S C   Wie würde ein Mensch mit Behinderungen das AuftraggeberInnensystem beschreiben, wie „körperlich eingeschränkt", „gehörlos", „blind", „kognitiv eingeschränkt", „psychisch belastet" …?

....

....

S C   In welcher Art und Weise wirkt das AuftraggeberInnensystem behindernd?

....

....

Die Beratungs- bzw. Betreuungsorganisation

B Welche Vorstellungen und Zuschreibungen gegenüber verschiedenen Formen von Behinderung bestehen Ihres Erachtens in Ihrer Organisation?

....

....

B Wie intensiv ist die Auseinandersetzung in Ihrer Organisation mit dem Thema Behinderung?

☐ ☐ ☐ ☐
gar nicht wenig intensiv intensiv sehr intensiv

B Wie wird mit Behinderung in Ihrer Organisation umgegangen?

....

....

B Wie würde ein Mensch mit Behinderungen Ihre Organisation beschreiben, wie „körperlich eingeschränkt", „gehörlos", „blind", „kognitiv eingeschränkt", „psychisch belastet" …?

....

....

B In welcher Art und Weise wirkt Ihre Organisation behindernd?

....

....

KlientInnensystem, sofern es sich um Fallsupervision handelt

S   Welche Vorstellungen und Zuschreibungen gegenüber verschiedenen Formen von Behinderung bestehen Ihrer Meinung nach im KlientInnensystem? Was wird Ihnen durch Ihre SupervisandInnen vermittelt?

....

....

S   Wie wird mit Behinderung im KlientInnensystem umgegangen?

....

....

S   Welche Behinderungsformen werden im KlientInnensystem repräsentiert, anerkannt und inkludiert?

....

....

S   Welche Behinderungsformen werden im KlientInnensystem ausgeschlossen?

....

....

S   Was kennzeichnet diese Inklusions-, Integrations- und Ausschlussmechanismen?

....

> S Wie würde ein Mensch mit Behinderungen das KlientInnensystem beschreiben, wie körperlich eingeschränkt, gehörlos, sehschwach, kognitiv eingeschränkt, psychisch belastet …?
>
> ....
>
> ....
>
> S In welcher Art und Weise ist die Klientin/der Klient oder sind die KlientInnen behindert oder wird bzw. werden behindert?
>
> ....
>
> ....

Zusammenschau

> S Lassen Sie die Normvorstellungen über Behinderung auf diesen vier Ebenen noch einmal Revue passieren und verdeutlichen Sie sich dabei Ihre Bilder: Welche Vorstellungen über Behinderung treffen hier Ihres Erachtens aufeinander? Welche Gemeinsamkeiten und Unterschiede können Sie feststellen bzw. welche vermuten Sie?
> Notieren Sie sich dazu 3 Schlagworte oder finden Sie ein oder mehrere Symbole für Ihre Erkenntnisse.
>
> _____   _____   _____

C	Lassen Sie die Normvorstellungen über Behinderung auf den drei Ebenen (Coach – Coachee/s – AuftraggeberIn) noch einmal Revue passieren und verdeutlichen Sie sich dabei Ihre Bilder: Welche Vorstellungen über Behinderung treffen hier Ihres Erachtens aufeinander? Welche Gemeinsamkeiten und Unterschiede können Sie feststellen bzw. welche vermuten Sie? Notieren Sie sich dazu 3 Schlagworte oder finden Sie ein oder mehrere Symbole für Ihre Erkenntnisse.

_____   _____   _____

B	Lassen Sie die Normvorstellungen über Behinderung auf den drei Ebenen (BeraterIn – KlientInnen – Organisation) noch einmal Revue passieren und verdeutlichen Sie sich dabei Ihre Bilder: Welche Vorstellungen über Behinderung treffen hier Ihres Erachtens aufeinander? Welche Gemeinsamkeiten und Unterschiede können Sie feststellen bzw. welche vermuten Sie? Notieren Sie sich dazu 3 Schlagworte oder finden Sie ein oder mehrere Symbole für Ihre Erkenntnisse.

_____   _____   _____

Resümee & Conclusio für SupervisorInnen, Coaches & BeraterInnen

Um Ihnen die Zusammenführung Ihrer Erkenntnisse und Aufschlüsse zu erleichtern, möchten wir Ihnen eine kleine Anleitung bieten, wie Sie Ihre Antworten und vielleicht auch neuen Fragen verbinden und zu einem Gesamtbild kommen können.

Schritt 1

Zusammenfließen und Vernetzungen erfolgen wie von selbst, wenn wir uns in Entspannung und Neugierde versetzen.

Schauen Sie Ihre bisherigen Reflexionen noch einmal durch, um sie sich in Erinnerung zu rufen. Setzen Sie sich nun entspannt hin. Strecken und recken Sie sich. Spannen Sie Ihre Muskeln an, halten Sie sie kurz in der Anspannung und lassen Sie sie dann los. Wiederholen Sie das zwei bis drei Mal, je nachdem wie es Ihnen angenehm ist. Atmen Sie tief durch und lassen Sie sich in die Entspannung fallen, in eine gelöste, fließende Stimmung.

Versuchen Sie nun das Gefühl der Neugierde und des Interesses in sich aufkommen zu lassen. Das geht leichter, wenn Sie die Augenbrauen heben und eine Neugiersmimik aufsetzen, bis Sie das Gefühl der Neugierde deutlich spüren.

Schritt 2

Lassen Sie nun Ihre bisherigen Reflexionen zu Ihrer gewählten Situation vor Ihr inneres Auge treten. Welche Bilder, Gedanken und Gefühle erfüllen Sie, wenn Sie an die Situation und Diversity, Eindrücke, Bilder und Bewältigungsstrategien von verschiedenen Seiten denken, an das System mit seinen Teilsystemen, Unterschieden und Prägungen und schließlich an Werte und Normen in Bezug auf Kultur, Sexualität und Behinderung, die in dieser Situation – sei es aufgrund relevanter Ähnlichkeiten oder Unterschiede – bedeutungsvoll geworden sind?

Geben Sie diesen Bildern, Gedanken und Gefühlen Raum, indem Sie sie erfüllen lassen, und verhelfen Sie ihnen zum Ausdruck. Strecken Sie sich kurz durch und malen, schreiben oder zeichnen Sie dann Ihr inneres Bild auf ein Blatt Papier, so wie es für Sie angenehm bzw. stimmig ist.

Schritt 3

Betrachten Sie Ihr Bild der Situation und stellen Sie sich folgende abschließende Fragen:

Wie hat sich meine Sichtweise auf die Situation verändert?

Was ist hinzugekommen?

Was ist in Bezug auf meine Ausgangsfrage klar geworden?

Welche nächsten Schritte ergeben sich für mich daraus?

Was nehme ich mir als ersten Schritt vor?

Wir hoffen, Ihnen mit diesem Tool ein hilfreiches Instrumentarium zur Verfügung gestellt zu haben, und wünschen Ihnen viel Erfolg bei Ihrer Beratungstätigkeit!

Surur Abdul-Hussain & Samira Baig

AutorInnen

ABDUL-HUSSAIN, Surur, Mag.[a], MSc

Erziehungs- & Bildungswissenschafterin, Trainerin, Supervisorin, Coach & Organisationsentwicklerin (ÖVS) in freier Praxis, Lehrbeauftragte an den Universitäten Wien und Graz, Lehrsupervisorin an der Donauuniversität Krems, fachliche Schwerpunkte: Gender- & Diversitykompetenz sowie interkulturelle Kompetenz.

BAIG, Samira, Mag.[a]

Klinische & Gesundheitspsychologin, Supervisorin & Coach (ÖAGG, ÖVS) in freier Praxis; Lehrbeauftragte am FH Campus Wien, theoretische Schwerpunkte: Diversitykompetenz in Supervision, Coaching und Beratung; sozialpsychologische Aspekte von Managing Diversity und Interkulturalität.

BARGEHR Gabriele, DSA[in], MSc

Geschäftsführende Gesellschafterin des Instituts Im Kontext, www.imkontext.at, Organisationsentwicklungsberatung, Supervision und Coaching (ÖVS), Lehrsupervisionen, Schwerpunkte: Gender- und Diversitätsmanagement, Kooperatives Management und Teamentwicklung, Transkulturelle Konzepte in der Regional- und Stadtentwicklung.

EYBL, Sabine, Mag.[a]

Organisationsberaterin, Supervisorin (ÖVS) und Coach; Geschäftsführerin der LOOP Organisationsberatung GmbH, Lehrbeauftragte der Arge Bildungsmanagement in Wien & Innsbruck, Stellvertretende Leiterin des Instituts für systemische Organisationsforschung; Schwerpunkte: Innovatives Management, Teamentwicklung, Diversity in Organisationen.

KALTENECKER, Siegfried, Mag. Dr.
Organisationsberater, Geschäftsführer der LOOP Organisationsberatung GmbH, Schwerpunkte: IT & Change, Innovatives Management, interkulturelle Teams.

PAUSER, Norbert

Bildungswissenschafter, Berater und Trainer für Managing Gender and Diversity, externer Lehrbeauftragter für Gender Mainstreaming an der Universität Wien, weiterer Arbeitsschwerpunkt: *Diversity and Inclusion* in Organisationen.

Andreas Bergknapp

Supervision und Organisation

Zur Logik von Beratungssystemen

Band 1 der Reihe „Supervision – Coaching – Organisationsberatung"

facultas.wuv 2009, 320 Seiten
ISBN 978-3-7089-0311-8
EUR 29,90 [A] / 29,– [D] / sFr 49,90

Ein Leitungsteam verfällt aufgrund eines Konfliktes mit dem Geschäftsführer in völlige Lähmung. Die Unzufriedenheit eines Teams mit den strukturellen Arbeitsbedingungen verdichtet sich in einer Kultur des Jammerns und Klagens.

Tagtäglich sind in Organisationen Konflikte und Widersprüche zwischen den Ebenen Person, Interaktion und Struktur zu bewältigen. Mit der Supervision steht eine Beratungsform zur Verfügung, die mittlerweile in fast alle Bereiche des Arbeitslebens vorgedrungen ist. Das Buch soll einen Beitrag zu einer Theorie der Beratung mit organisationstheoretischer Akzentsetzung liefern. Das empirische Material sorgt dabei für die notwendige Bodenhaftung der theoretischen Reflexionen. Ziel ist die Entwicklung theoretischer Kernkategorien, um Beratungsprozesse in Differenz zur organisationalen Umwelt konzeptionell besser erfassen und erklären zu können.

www.facultas.wuv.at   facultas.wuv

Iris Appiano-Kugler,
Traude Kogoj (Hg.^in)

Going Gender and Diversity

facultas.wuv 2008, 181 Seiten
ISBN 978-3-7089-0269-2
EUR 24,90 [A] / EUR 24,20 [D] / sFr 43,50

Wo stehen die wichtigsten Institutionen und Unternehmen Österreichs bei der Umsetzung von Gender Mainstreaming und Diversity Management? Und was ist zu tun, um Österreich gerechter und moderner für die Fragen der Zukunft zu gestalten?

Dieses Buch zeigt auf, wo sich Österreichs wichtigste gesellschaftliche und wirtschaftliche Institutionen in Bezug auf Gender Mainstreaming und Diversity Management befinden.
Dieses Buch formuliert Standards für Gender- und Diversitykompetenz in der Arbeit mit lernenden Organisationen.
Dieses Buch wendet sich an Sie, an Personalverantwortliche im HR-Management, Führungskräfte, Lehrerinnen und Lehrer, Trainerinnen und Trainer in der Erwachsenenbildung, Beraterinnen und Berater im Berufsalltag heute.

www.facultas.wuv.at

facultas.wuv